譯註 禮記集說大全 仲尼燕居・孔子閒居

編　陳澔(元)

附　正義・訓纂・集解

譯註 禮記集說大全
仲尼燕居・孔子閒居

編　陳澔（元）

附　正義・訓纂・集解

鄭秉燮　譯

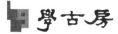

역자서문

『예기』「중니연거(仲尼燕居)」편과 「공자한거(孔子閒居)」편을 한 권으로 묶어 출판한다. 편명의 유사성으로 인해 이 두 편은 밀접한 관련이 있다고 여겨져 왔지만, 내용상으로 봤을 때에는 큰 관련이 없다. 공자와 제자들의 문답을 통해서 내용이 기술된다는 점만 동일할 따름이다.

「중니연거」편과 「공자한거」편은 예(禮)와 정치의 관련성을 논의하고 있는데, 이것은 예치(禮治)를 강조했던 순자계열의 사상과 관련이 깊다. 그러나 거시적 관점에서 예치를 강조하기보다는 주로 세부적 의례 절차에 숨겨진 예의 의미를 분석하여, 그것이 정치의 한 덕목으로 확장될 수 있음을 논의하고 있다. 이것은 순자학문의 특징이라기보다는 전국말기와 전한초기 유가학파의 사상적 특징이라고 할 수 있다. 유가는 예치라는 대전제를 상정한 뒤, 그것에 따른 세부적 예제(禮制)들을 제정했는데, 각 예제들에 대한 정당성 또한 증명할 필요성이 있었으므로, 이러한 기록들이 만들어진 것이라 추측된다. 따라서 두 문헌은 유가의 예치사상을 분석하는데 있어서 중요한 기록이 된다.

다시 세상에 한 권의 번역서를 내놓는다. 매번 오역을 운운하며 자기변

명을 늘어놓는데, 역자의 실력이 부족하여 발생한 문제이니, 독자분들께 죄송스럽다. 본 역서에 나온 오역과 역자의 부족함에 대해 일갈을 해주실 분들이 있다면, bbaja@nate.com 으로 연락을 주시거나 출판사에 제 연락처를 문의하셔서 가르침을 주신다면, 부족한 실력이지만 가르침을 받도록 최선을 다할 것이다.

역자는 성균관 대학교에서 유교철학(儒敎哲學)을 전공했으며, 예악학(禮樂學) 전공으로 박사논문을 작성했다. 역자가 처음『예기』를 접한 것은 경서연구회(經書硏究會)의 오경강독을 통해서이다. 이 모임을 만들어 후배들에게 경전에 대한 이해를 넓혀주신 임옥균 선생님, 경서연구회 역대 회장님인 김동민, 원용준, 김종석, 길훈섭 선배님께도 감사를 드리고, 현재 함께 경서연구회를 하고 있는 김회숙, 손정민, 김아랑, 임용균, 김현태, 하나 회원님께도 감사를 드린다. 끝으로「중니연거」·「공자한거」편을 출판할 수 있도록 허락해주신 학고방의 하운근 사장님께도 감사를 전한다.

일러두기 ≫

1. 본 책은 역주서(譯註書)로써, 『예기집설대전(禮記集說大全)』의 「중니연거(仲尼燕居)」
편과 「공자한거(孔子閒居)」편을 완역하고, 자세한 주석을 첨부했다. 송대(宋代) 이전
의 주석을 포함하고자 하여, 『예기정의(禮記正義)』를 함께 수록하였다. 그리고 송대
이후의 주석인 청대(淸代)의 주석을 포함하고자 하여 『예기훈찬(禮記訓纂)』과 『예기
집해(禮記集解)』를 함께 수록하였다.

2. 『예기』 경문(經文)의 경우, 의역으로만 번역하면 문장을 번역한 방식을 확인하기 어렵
고, 보충 설명 없이 직역으로만 번역하면 내용을 이해하기 힘들다. 따라서 경문에 한하
여 직역과 의역을 함께 수록하였다. 나머지 주석들에 대해서는 의역을 위주로 번역하
였다.

3. 『예기』 경문에 대한 해석은 진호의 『예기집설』 주석에 근거하였다. 경문 해석에 있어
서, 『예기정의』, 『예기훈찬』, 『예기집해』마다 이견(異見)이 많다. 『예기집섭대전』의
소주(小註) 또한 진호의 주장과 이견을 보이는 곳이 있고, 소주 사이에도 이견이 많다.
따라서 『예기』 경문 해석의 표준은 진호의 『예기집설』 주석에 근거했으며, 진호가
설명하지 않은 부분들은 『대전』의 소주를 참고하였다. 또한 경문 해석에 있어서 『예기
정의』, 『예기훈찬』, 『예기집해』에 나타나는 이견들은 특별한 경우를 제외하고는 각각
의 문장을 읽어보면, 경문에 대한 이견을 알 수 있기 때문에, 이러한 경우에는 주석처리
를 하지 않았다.

4. 본 역서가 저본으로 삼은 책은 다음과 같다.
  - 『禮記』, 서울 : 保景文化社, 초판 1984 (5판 1995)
  - 『禮記正義』 1~4(전4권, 『十三經注疏 整理本』 12~15), 北京 : 北京大學出版社, 초판 2000
  - 朱彬 撰, 『禮記訓纂』 上·下(전2권), 北京 : 中華書局, 초판 1996 (2쇄 1998)
  - 孫希旦 撰, 『禮記集解』 上·中·下(전3권), 北京 : 中華書局, 초판 1989 (4쇄 2007)

5. 본 책은 『예기』의 경문, 진호의 『집설』, 호광 등이 찬정한 『대전』의 세주, 정현의 주, 육덕명의 『경전석문』, 공영달의 소, 주빈(朱彬)의 『훈찬』, 손희단(孫希旦)의 『집해』 순으로 번역하였다.

6. 본래 『예기』 「중니연거」편과 「공자한거」편은 목차가 없으며, 내용 구분에 있어서도 학자들마다 의견차이가 있다. 또한 내용의 연관성으로 인하여, 장과 절을 나누기가 애매한 부분이 많다. 본 책의 목차는 역자가 임의대로 나눈 것이며, 세세하게 분절하여, 독자들이 관련내용들을 찾아보기 쉽게 하였다.

7. 본 책의 뒷부분에는 《孔子閒居·仲尼燕居 人名 및 用語 辭典》을 수록하였다. 본문에 처음으로 등장하는 용어 및 인명에 대해서는 주석처리를 하였다. 이후에 같은 용어가 등장할 때마다 동일한 주석처리를 할 수 없어서, 뒷부분에 사전으로 수록한 것이다. 가나다순으로 기록하여, 번역문을 읽는 도중 앞부분에서 설명했던 고유명사나 인명 등에 대해서 쉽게 찾아볼 수 있도록 하였다.

【598c】

子曰, 師, 爾過, 而商也不及.

【598c】 등과 같이 【 】 안에 숫자가 기입되어 있는 것은『예기』의 '경문'을 뜻한다. '598'는 보경문화사(保景文化社)판본의 페이지를 말한다. 'c'는 c단에 기록되어 있다는 표시이다. 밑의 그림은 보경문화사판본의 한 페이지 단락을 구분한 표시이다.

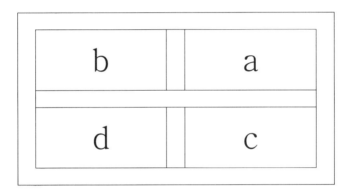

◆ 集說 能食不能敎, 亦爲不及, 故子貢幷以中爲問.

"集說"로 표시된 것은 진호(陳澔)의『예기집설(禮記集說)』주석을 뜻한다.

◆ 大全 臨川吳氏曰: 卜商雖不在坐, 幷言之者, 以其不及, 與子張之過相反也.

"大全"으로 표시된 것은 호광(胡廣) 등이 찬정(撰定)한『예기집설대전』의 세주(細註)를 뜻한다.

◆ **鄭注** 過與不及, 言敏・鈍不同, 俱違禮也.

"**鄭注**"로 표시된 것은 『예기정의(禮記正義)』에 수록된 정현(鄭玄)의 주(注)를 뜻한다.

◆ **釋文** 食音嗣. 敏頓, 徒遜反.

"**釋文**"으로 표시된 것은 『예기정의』에 수록된 육덕명(陸德明)의 『경전석문(經典釋文)』을 뜻한다. 『경전석문』의 내용은 글자들의 음을 설명하고, 간략한 풀이를 한 것인데, 육덕명 당시의 음가로 기록이 되었기 때문에, 현재의 음과는 맞지 않는 부분이 많다. 단순히 참고만 하기 바란다.

◆ **孔疏** ●"子曰"至"教也". ○正義曰: 以上經子貢辨而捷給, 不中於禮.

"**孔疏**"로 표시된 것은 『예기정의』에 수록된 공영달(孔穎達)의 소(疏)를 뜻한다. 공영달의 주석은 경문과 정현의 주에 대해서 세분화하여 기록되어 있다. 따라서 '●'으로 표시된 부분은 공영달이 경문에 대해 주석을 한 부분이고, '◎'으로 표시된 부분은 정현의 주에 대해 주석을 한 부분이다. 한편 'O'으로 표시된 부분은 공영달의 주석 부분이다.

◆ **訓纂** 釋言: 指, 示也.

"**訓纂**"으로 표시된 것은 『예기훈찬(禮記訓纂)』에 수록된 주석이다. 『예기훈찬』 또한 기존 주석들을 종합한 책이므로, 『예기집설대전』 및 『예기정의』와 중복되는 부분은 생략하였다.

◆ **集解** 方氏慤曰: 戎事閑於無事之日, 故於田獵言之.

"**集解**"로 표시된 것은 『예기집해(禮記集解)』에 수록된 주석이다. 『예기집해』 또한 기존 주석들을 종합한 책이므로, 『예기집설대전』 및 『예기정의』

와 중복되는 부분은 생략하였다.

◆ 원문 및 번역문 중 '▼'로 표시된 부분은 한글로 표기할 수 없는 한자를
기록한 부분이다. 예를 들어 '▼(罔/皿)'의 경우 맹(盟)자의 이체자인데, '明'
자 대신 '罔'자가 들어간 한자를 프로그램상 삽입할 수가 없어서, '▼(罔/
皿)'으로 표시한 것이다. 즉 '▼(A/B)'의 형식으로 기록된 경우, A에 해당하
는 글자가 한 글자의 상단 부분에 해당하고, B에 해당하는 글자가 한 글자
의 하단 부분에 해당한다는 표시이다. 또한 '▼(A+B)'의 형식으로 기록된
경우, A에 해당하는 글자가 한 글자의 좌측 부분에 해당하고, B에 해당하
는 글자가 한 글자의 우측 부분에 해당한다는 표시이다. 또한 '▼
((A-B)/C)'의 형식으로 기록된 경우, A에 해당하는 글자에서 B 부분을 뺀
글자가 한 글자의 상단 부분에 해당하고, C에 해당하는 글자가 한 글자의
하단 부분에 해당한다는 표시이다.

목차

그림목차

仲尼燕居

경문목차

仲尼燕居

儒行第四十一

【598a】

仲尼燕居 第二十八 / 「중니연거」 제 28 편

集說 石梁王氏曰: 文雖有首尾, 然辭旨散漫處多, 未必孔子之言.

번역 석량왕씨[1]가 말하길, 문장에는 비록 앞뒤의 구분이 있지만, 말 속에 함축된 의미는 산만한 곳이 많으니, 이 모두가 반드시 공자의 말일 수 없다.

大全 山陰陸氏曰: 退朝曰燕, 退燕曰閒. 言禮燕居之事也, 言詩閒居之事也. 燕居稱仲尼, 閒居稱孔子以此.

번역 산음육씨[2]가 말하길, 조정에서 물러나 한가롭게 있는 것을 연(燕)이라고 하며, 한가롭게 있는 곳에서도 물러나 편히 쉬는 것을 한(閒)이라고 한다. 예(禮)에 대해 말한 것은 한가롭게 머물렀을 때의 일이고, 『시』에 대해 말한 것은 편히 쉴 때의 일이다. 「중니연거」편에서 '중니(仲尼)'라고 지칭하고, 「공자한거」편에서 '공자(孔子)'라고 지칭한 것도 바로 이러한 이유 때문이다.

孔疏 陸曰: 鄭云, "善其不倦, 燕居猶使三子侍, 言及於禮. 著其字, 言可法也. 退朝而處曰燕居."

번역 육덕명[3]이 말하길, 정현[4]은 "게으름을 부리지 않고, 한가롭게 머

---

1) 석량왕씨(石梁王氏, ?~?) : 자세한 이력이 남아 있지 않다.
2) 산음육씨(山陰陸氏, A.D.1042~A.D.1102) : =육농사(陸農師)·육전(陸佃). 북송(北宋) 때의 유학자이다. 자(字)는 농사(農師)이며, 호(號)는 도산(陶山)이다. 어려서 집안이 매우 가난했다고 전해지며, 왕안석(王安石)에게 수학하였으나 왕안석의 신법에 대해서는 반대하였다. 저서로는 『비아(埤雅)』, 『춘추후전(春秋後傳)』, 『도산집(陶山集)』 등이 있다.

물러 있을 때라도 여전히 세 명의 제자로 하여금 시중을 들게 하여, 예(禮)를 언급했다는 사실을 좋게 평가한 것이다. 공자의 자(字)를 편명에 드러낸 것은 그 말을 법도로 삼을 수 있음을 뜻한다. 조정에서 물러나 한가롭게 머무는 것을 '연거(燕居)'라고 부른다."라고 했다.

孔疏 正義曰: 按鄭目錄云: "名曰仲尼燕居者, 善其不倦, 燕居猶使三子侍之, 言及於禮. 著其字, 言事可法. 退朝而處曰燕居. 此於別錄屬通論." 此之一篇是仲尼燕居, 子張·子貢·言游三子侍側, 孔子爲說禮事, 各依文解之.

번역 『정의』5)에서 말하길, 정현의『목록』6)을 살펴보면, "편명을 '중니연거(仲尼燕居)'라고 한 것은 게으름을 부리지 않고, 한가롭게 머물러 있을 때라도 여전히 세 명의 제자로 하여금 시중을 들게 하여, 예(禮)를 언급했다는 사실을 좋게 평가한 것이다. 공자의 자(字)를 편명에 드러낸 것은 공자의 언사를 법도로 삼을 수 있음을 뜻한다. 조정에서 물러나 한가롭게 머무는 것을 '연거(燕居)'라고 부른다."「중니연거」편을『별록』7)에서는 '통론

---

3) 육덕명(陸德明, A.D.550~A.D.630): =육원랑(陸元朗). 당대(唐代)의 경학자이다. 이름은 원랑(元朗)이고, 자(字)는 덕명(德明)이다. 훈고학에 뛰어났으며,『경전석문(經典釋文)』등을 남겼다.

4) 정현(鄭玄, A.D.127 ~ A.D.200): =정강성(鄭康成)·정씨(鄭氏). 한대(漢代)의 유학자이다. 자(字)는 강성(康成)이다.『주역(周易)』,『상서(尙書)』,『모시(毛詩)』,『주례(周禮)』,『의례(儀禮)』,『예기(禮記)』,『논어(論語)』,『효경(孝經)』등에 주석을 하였다.

5) 『정의(正義)』는『예기정의(禮記正義)』또는『예기주소(禮記注疏)』를 뜻한다. 당(唐)나라 때에는 태종(太宗)이 공영달(孔穎達) 등을 시켜서『오경정의(五經正義)』를 편찬하였는데, 이때『예기정의』에는 정현(鄭玄)의 주(注)와 공영달의 소(疏)가 수록되었다. 송대(宋代)에는『오경정의』와 다른 경전(經典)에 대한 주석서를 포함한『십삼경주소(十三經注疏)』가 편찬되어,『예기주소』라는 명칭이 되었다.

6) 『목록(目錄)』은 정현이 찬술했다고 전해지는『삼례목록(三禮目錄)』을 가리킨다.『십삼경주소(十三經注疏)』에서 인용되고 있지만, 이 책은『수서(隋書)』가 편찬될 당시에 이미 일실되어 존재하지 않았다.『수서』「경적지(經籍志)」편에는 "三禮目錄一卷, 鄭玄撰, 梁有陶弘景注一卷, 亡."이라는 기록이 있다.

7) 『별록(別錄)』은 후한(後漢) 때 유향(劉向)이 찬(撰)했다고 전해지는 책이다. 현재는 일실되어 존재하지 않으며,『한서(漢書)』「예문지(藝文志)」편을 통해

(通論)' 항목에 포함시켰다."라고 했다. 「중니연거」편은 공자가 한가롭게 머물고 있을 때, 자장·자공·언유 등 3명의 제자들이 곁에서 모시고 있어서, 공자가 그들을 위해 예에 대한 일을 설명해준 것이니, 각각의 문장에 따라서 풀이하겠다.

● 그림 0-1 ▣ 공자(孔子)

先 聖 別 像

※ 출처: 『삼재도회(三才圖會)』 「인물(人物)」 4권

서 대략적인 내용만을 추측해볼 수 있다.

● 그림 0-2 ▣ 자장(子張)

※ **출처**: 『성현상찬(聖賢像贊)』

● 그림 0-3 ▣ 자공(子貢)

※ 출처: 『성현상찬(聖賢像贊)』

● 그림 0-4 ◼ 자유(子游)

像　游　子

※ **출처**: 『삼재도회(三才圖會)』「인물(人物)」 4권

예(禮)와 야(野)·급(給)·역(逆)

【598a~b】

> 仲尼燕居, 子張·子貢·言游侍, 縱言至於禮. 子曰, "居, 女三人者. 吾語女禮, 使女以禮周流無不徧也." 子貢越席而對曰, "敢問何如?" 子曰, "敬而不中禮謂之野, 恭而不中禮謂之給, 勇而不中禮謂之逆." 子曰, "給奪慈仁."

직역 仲尼가 燕居함에, 子張·子貢·言游가 侍하니, 縱言이 禮에 至라. 子가 曰, "居라. 女히 三人者여. 吾가 女에게 禮를 語하여, 女로 使하여 禮로 周流하여 不徧이 無하리라." 子貢이 席을 越하여 對하여 曰, "敢히 問하니 何如잇고?" 子가 曰, "敬하되 禮에 不中하면 之를 野라 謂하고, 恭하되 禮에 不中하면 之를 給이라 謂하며, 勇하되 禮에 不中하면 之를 逆이라 謂한다." 子가 曰, "給은 慈仁을 奪한다."

의역 공자가 한가롭게 머물고 있는데, 자장·자공·자유가 모시고 있었다. 이런 저런 말들을 하다가 그 사안이 예(禮)에 이르게 되었다. 그러자 공자는 "이리 앉아라, 너희 세 사람이여. 내가 너희들에게 예에 대해 설명하여, 너희들로 하여금 예에 따라 시행하여 알맞지 않은 일이 없게끔 하겠다."라고 했다. 그러자 자공은 본래 있던 자리를 벗어나 대답을 하며, "감히 묻습니다. 예란 어떠한 것입니까?"라고 했다. 공자는 "공경하되 예에 맞지 않으면 야(野)라고 부르고, 공손하되 예에 맞지 않으면 급(給)이라고 부르며, 용맹하되 예에 맞지 않으면 역(逆)이라고 부른다."라고 했다. 계속하여 공자는 "급(給)의 폐단은 인자함을 빼앗는다."라고 했다.

集說 縱言, 汎言諸事也. 周流無不徧者, 隨遇而施, 無不中節也. 敬以心言, 恭以容言. 禮雖以敬恭爲主, 然違於節文, 則有二者之弊. 給者, 足恭便佞之 貌. 逆者, 悖戾爭鬪之事. 夫子嘗言恭而無禮則勞, 勇而無禮則亂, 給則勞, 逆 則亂矣. 夫子於三者之弊, 獨言給之爲害, 何也? 蓋野與逆二者, 猶是直情徑 行而然, 使習於禮, 則無此患矣. 惟足恭便給之人, 是曲意徇物, 致飾於外, 務 以悅人, 貌雖類於慈仁, 而本心之德則亡矣, 故謂之奪慈仁, 謂巧言令色鮮矣 仁, 而恥乎足恭, 正此意也.

번역 '종언(縱言)'은 여러 일들에 대해서 두루 언급한다는 뜻이다. '주류 무불편(周流無不徧)'은 딱 맞는 것에 따라 시행하여 절도에 알맞지 않은 것이 없다는 뜻이다. 공경함[敬]은 마음을 기준으로 말한 것이고, 공손함 [恭]은 행동거지를 기준으로 말한 것이다. 예(禮)가 비록 공경함과 공손함 을 위주로 하더라도 예법에 위배된다면, 이 두 가지에 대한 폐단이 생긴다. '급(給)'은 지나치고 공손하며 실제가 없이 말주변만 좋은 모습을 뜻한다. '역(逆)'은 이치를 어그러트리며 다투는 일을 뜻한다. 공자는 일찍이 "공손 하되 예가 없으면 수고롭고, 용맹하되 예가 없으면 혼란스럽다."[1]라고 했 으니, 급(給)하게 되면 수고롭게 되고 역(逆)하게 되면 혼란스럽게 된다. 공자는 세 가지 폐단에 대해서 유독 급(給)의 폐해만 언급한 것은 어째서인 가? 무릇 야(野)와 역(逆)이라는 두 가지 것들은 여전히 감정에만 충실하고 경솔하게 시행하여 그처럼 된 것이므로, 예를 익히게 한다면 이러한 우환 이 없게 된다. 그러나 오직 지나치게 공손하며 교묘하게 말주변을 늘어놓 는 자라면, 자신의 뜻을 굽혀 외부 대상에만 따르고 겉을 치장하는데 주력 하여 남을 기쁘게 만드는 일에만 힘쓰니, 그 모습이 비록 인자함과 비슷하 더라도 본래의 마음에 있는 덕은 없어진 것이다. 그렇기 때문에 "인자함을 빼앗는다."라고 했으니, "말을 교묘하게 하고 낯빛을 꾸미는 자들 중에는 인한 사람이 드물다."[2]고 말하고, "지나친 겸손을 부끄러워했다."[3]고 말한

---

1) 『논어』「태백(泰伯)」: 子曰, "恭而無禮則勞, 愼而無禮則葸, 勇而無禮則亂, 直 而無禮則絞. 君子篤於親, 則民興於仁, 故舊不遺, 則民不偸."
2) 『논어』「양화(陽貨)」: 子曰, "巧言令色, 鮮矣仁."

것은 바로 이러한 뜻을 나타낸다.

大全 嚴陵方氏曰: 敬言其心, 恭言其貌. 心敬而不中禮則文辭寡, 故謂之野. 貌恭而不中禮則文辭多, 故謂之給. 勇而不中禮則以力而不以德, 故謂之逆. 給, 卽論語所謂口給也.

번역 엄릉방씨[4]가 말하길, 공경함은 마음을 뜻한 것이고 공손함은 태도를 뜻한 것이다. 마음이 공경하더라도 예에 맞지 않으면 격식에 맞는 말이 적어지기 때문에 야(野)라고 부른다. 태도가 공손하더라도 예에 맞지 않으면 격식에 맞는 말이 많아지기 때문에 급(給)이라고 부른다. 용맹스럽더라도 예에 맞지 않으면 힘으로만 하고 덕을 쓰지 않기 때문에 역(逆)이라고 부른다. '급(給)'은 『논어』에서 말한 '약삭빠른 언변[口給]'[5]이다.

鄭注 言游, 言偃, 子游也. 縱言, 汎說事. "居, 女三人者", 女三人且坐也, 使之坐. 凡與尊者言, 更端則起. 對, 應也. 奪, 猶亂也, 巧言足恭之人似慈仁, 實鮮仁. 特言是者, 感子貢也. 子貢辨, 近於給.

번역 '언유(言游)'는 언언(言偃)이니 자유(子游)를 가리킨다. '종언(縱言)'은 일들에 대해 범범하게 말한다는 뜻이다. '거녀삼인자(居女三人者)'라고 했는데, 너희 세 사람은 앉으라는 뜻으로, 그들로 하여금 자리에 앉게 만든 것이다. 무릇 존귀한 자와 말을 할 때, 주제를 바꾸게 되면 자리에서 일어난다.[6] '대(對)'자는 "응대한다[應]."는 뜻이다. '탈(奪)'자는 "어지럽힌

---

3) 『논어』「공야장(公冶長)」: 子曰, "巧言令色足恭, 左丘明恥之, 丘亦恥之. 匿怨而友其人, 左丘明恥之, 丘亦恥之."

4) 엄릉방씨(嚴陵方氏, ?~?): =방각(方慤)・방씨(方氏)・방성부(方性夫). 송대(宋代)의 유학자이다. 이름은 각(慤)이다. 자(字)는 성부(性夫)이다. 『예기집해(禮記集解)』를 지었고, 『예기집설대전(禮記集說大全)』에는 그의 주장이 많이 인용되고 있다.

5) 『논어』「공야장(公冶長)」: 或曰, "雍也仁而不佞." 子曰, "焉用佞? 禦人以口給, 屢憎於人. 不知其仁, 焉用佞?"

6) 『예기』「곡례상(曲禮上)」【22b】: 侍坐於君子, 君子問更端, 則起而對.

다[亂].”는 뜻이니, 말을 교묘히 하고 지나치게 공손하게 행동하는 자는 인
자한 것 같지만 실상은 인한 자가 드물다는 뜻이다. 특별히 이것을 언급한
것은 자공을 깨우치고자 해서이다. 자공은 분별하길 잘하여, 급(給)에 가까
웠다.

釋文　燕, 於見反. 汎, 芳劒反. 女音汝, 後同, 本亦作汝. 語, 魚據反, 下及注
“語女”皆同. 徧音遍. 中, 丁仲反, 下同. 給音急, 徐渠急反, 又其劫反, 下同.
足, 將注反, 又如字. 鮮, 仙淺反. 近, 附近之近.

번역　‘燕’자는 ‘於(어)’자와 ‘見(견)’자의 반절음이다. ‘汎’자는 ‘芳(방)’자
와 ‘劒(검)’자의 반절음이다. ‘女’자의 음은 ‘汝(여)’이며, 뒤에 나오는 글자도
그 음이 이와 같고, 판본에 따라서는 또한 ‘汝’자로도 기록한다. ‘語’자는
‘魚(어)’자와 ‘據(거)’자의 반절음이며, 아래문장 및 정현의 주에 나오는 ‘語
女’에서의 ‘語’자도 모두 그 음이 이와 같다. ‘徧’자의 음은 ‘遍(편)’이다. ‘中’
자는 ‘丁(정)’자와 ‘仲(중)’자의 반절음이며, 아래문장에 나오는 글자도 그
음이 이와 같다. ‘給’자의 음은 ‘急(급)’이고, 서음(徐音)은 ‘渠(거)’자와 ‘急
(급)’자의 반절음이며, 또한 ‘其(기)’자와 ‘劫(겁)’자의 반절음이고, 아래문장
에 나오는 글자도 그 음이 이와 같다. ‘足’자는 ‘將(장)’자와 ‘注(주)’자의 반
절음이며, 또한 글자대로 읽기도 한다. ‘鮮’자는 ‘仙(선)’자와 ‘淺(천)’자의
반절음이다. ‘近’자는 ‘부근(附近)’이라고 할 때의 ‘近’자이다.

孔疏　●“仲尼”至“徧也”. ○正義曰: 此一節論問更端, 三子陪侍夫子, 欲語
以禮之大綱.

번역　●經文: “仲尼”~“徧也”. ○이곳 문단은 논의하고 질문하며 주제
를 바꾸고 있었는데, 세 제자가 공자를 곁에서 모시고 있어서, 예의 큰 기준
에 대해서 말하고자 했던 것이다.

孔疏　●“縱言至於禮者”, 縱, 謂放縱. 仲尼與三子等放縱廣言, 汎說諸事,

遂至於禮.

번역 ●經文: "縱言至於禮者". ○'종(縱)'자는 아무렇게나 내버려둔다는 뜻이다. 공자는 세 제자들과 함께 이런저런 사안에 대해서 폭넓게 말했으니, 여러 사안들에 대해서 범범히 말을 하다가 그 주제가 결국 예(禮)에 미치게 되었다.

孔疏 ●"使女以禮周流, 無不徧也", 周流, 謂周旋流轉, 言我使女等恒以禮周旋流轉, 無不徧於天下.

번역 ●經文: "使女以禮周流, 無不徧也". ○'주류(周流)'는 나아가거나 물러나며 몸을 이리저리 움직인다는 뜻으로, 내가 너희들을 항상 예에 따라 행동하게 만들어서 천하 사람들에 대해 치우친 것이 없게끔 하겠다는 뜻이다.

孔疏 ●"子貢"至"慈仁". ○正義曰: 此一節明子貢問禮, 辨而不讓, 夫子因感而喩之. 言若不中禮, 則於事爲失.

번역 ●經文: "子貢"~"慈仁". ○이곳 문단은 자공이 예(禮)에 대해 질문한 것을 나타내는데, 자공은 변별을 잘했지만 사양을 하지 않았으므로, 공자는 그에 따라 그를 감동시켜 깨우치고자 한 것이다. 만약 예에 맞지 않다면 일에 대해 잘못을 저지르게 된다는 뜻이다.

孔疏 ●"敬而不中禮謂之野"者, 野, 謂鄙野. 雖有恭敬, 而不合禮, 是謂鄙野之人, 無所知也.

번역 ●經文: "敬而不中禮謂之野". ○'야(野)'자는 비루하고 야만스럽다는 뜻이다. 비록 공손하고 공경하더라도 예에 맞지 않다면, 이러한 자는 비루하고 야만스러운 자라고 부르니, 아는 바가 없다는 의미이다.

孔疏 ●"恭而不中禮謂之給"者, 給, 謂捷給便僻. 足恭而不合禮, 是謂捷給足恭之貌.

번역 ●經文: "恭而不中禮謂之給". ○'급(給)'자는 재빠르며 치우치고 궁벽하다는 뜻이다. 지나치게 공손하며 예에 맞지 않다면 말만 급급하고 지나치게 공손한 모습이 된다는 뜻이다.

孔疏 ●"勇而不中禮謂之逆", 逆, 謂逆亂, 雖有壯勇而不合禮, 則爲逆亂.

번역 ●經文: "勇而不中禮謂之逆". ○'역(逆)'자는 거스르고 어지럽힌다는 뜻이니, 비록 건장하고 용맹스러운 점이 있더라도 예에 맞지 않다면 거스르고 어지럽히게 된다는 뜻이다.

孔疏 ●"子曰: 給奪慈仁"者, 言捷給之人貌爲恭敬, 似慈愛寬仁, 而實不慈仁, 但其貌奪亂眞慈仁也. 故注云"特言是者, 感子貢也. 子貢辨, 近於給".

번역 ●經文: "子曰: 給奪慈仁". ○말만 급급한 자는 그 모습이 공손하고 공경스러워서, 인자하고 관대한 것처럼 보이지만 실제로는 인자하지 않은 것이다. 따라서 단지 이러한 태도는 진심에서 비롯된 인지함을 빼앗고 어지럽힌다. 그렇기 때문에 정현의 주에서는 "특별히 이것을 언급한 것은 자공을 깨우치고자 해서이다. 자공은 분별하길 잘하여, 급(給)에 가까웠다."라고 말한 것이다.

訓纂 方性夫曰: 周, 言其不虧於一方. 流, 言其不滯於一曲. 故其用無所不徧.

번역 방성부가 말하길, '주(周)'는 한 측면으로 이지러지지 않았다는 뜻이다. '유(流)'는 한 단락에서 정체되지 않았다는 뜻이다. 그렇기 때문에 그 쓰임에 두루 하지 않는 점이 없는 것이다.

集解 愚謂: 禮經緯萬端, 故明於禮則可以此周旋流轉, 而無所不徧也.

번역 내가 생각하기에, 예(禮)는 모든 일들에 대해 기준이 되므로, 예에 해박하다면 매끄럽게 행동하여 두루 하지 못하는 점이 없게 된다.

集解 三子侍坐, 以齒爲序. 子貢居子張之次, 越子張之席而先對也. 敬以主於中者言, 恭以見於貌者言. 敬而不中禮, 則質勝其文, 故失於鄙野. 恭而不中禮, 則文過其質, 故失於便給. 勇而不中禮, 則不度於禮義而妄動, 故失於逆亂. 然野與亂, 猶爲徑情直行之失, 給則有務外說人之意, 故足以奪其本心慈仁之德, 張釋之所謂"徒文具而無惻怛之意"也. 就三子言之, 則子張之辟, 於給爲近與.

번역 세 제자가 모시고 앉아 있을 때에는 나이에 따라 서열을 정한다. 자공은 자장 다음 순번에 앉아 있었는데, 자장의 자리를 뛰어넘어 먼저 대답을 한 것이다. 공경함은 마음에 보존하고 있는 것으로 한 말이며, 공손함은 모습으로 나타난 것으로 한 말이다. 공경하되 예에 맞지 않다면 바탕이 형식을 이기게 되므로, 비루하고 야만스러운 잘못을 범한다. 공손하되 예에 맞지 않다면 형식이 바탕보다 지나치게 되므로, 말만 교묘하게 하며 재빠르게 늘어놓는 잘못을 범한다. 용맹하되 예에 맞지 않다면 예의를 살피지 않고 망령스럽게 행동하므로, 거스르고 혼란스럽게 만드는 잘못을 범한다. 그런데 야만스럽고 혼란스럽게 만드는 것은 오히려 감정대로 행동하는 잘못이 되며, 말만 교묘하게 하는 것은 외적으로 남을 기쁘게 만들려는데 힘쓰는 뜻이 있는 것이기 때문에, 본래의 마음에 있는 인자한 덕을 빼앗기에 충분하다. 이것을 두고 장석지는 "단지 격식만 갖췄을 뿐이며 측은하게 여기는 뜻이 없다."[7]라고 했다. 세 제자에게 나아가 말을 했다면, 자장의 치우침이 급(給)에 가까웠을 것이다.

---

7) 『사기(史記)』「장석지풍당열전(張釋之馮唐列傳)」: 且秦以任刀筆之吏, 吏爭以亟疾苛察相高, 然其敝徒文具耳, 無惻隱之實.

참고 원문비교

예기대전·중니연거(仲尼燕居) 仲尼燕居, 子張·子貢·言游侍, 縱言至 於禮. 子曰, "居, 女三人者. 吾語女禮, <u>使女以禮</u>周流無不徧也." 子貢越席而 對曰, "敢問何如?" 子曰, "敬而不中禮謂之野, 恭而不中禮謂之給, 勇而不中 禮謂之逆." 子曰, "給奪慈仁."

공자가어·논례(論禮) 孔子閒居, 子張·子貢·言游侍, 論及於禮. 孔子 曰, "居, 汝三人者. 吾語汝以禮, 周流無不遍也." 子貢越席而對曰, "敢問如 何?" 子曰, "敬而不中禮謂之野①, 恭而不中禮謂之給, 勇而不中禮謂之逆." 子曰, "給奪慈仁②."

王注-① 中, 陟仲反, 下同.

번역 '中'자는 '陟(척)'자와 '仲(중)'자의 반절음이다. 아래문장에 나오는 글자도 그 음이 이와 같다.

王注-② 巧言足恭, 捷給之人, 似仁非仁, 故言給奪慈仁.

번역 말을 교묘하게 꾸미고 지나치게 공손한 것은 급급한 자들로, 인 (仁)한 것 같지만 인은 아니다. 그렇기 때문에 "급(給)은 인자함을 빼앗는 다."라고 했다.

예(禮)와 중(中)

【598c】

子曰, "師, 爾過, 而商也不及. 子產猶衆人之母也, 能食之, 不能教也." 子貢越席而對曰, "敢問將何以爲此中者也?" 子曰, "禮乎禮. 夫禮所以制中也."

직역 子가 曰, "師야, 爾는 過하고, 商은 不及이라. 子產은 衆人의 母와 猶하여, 能히 食이나, 教는 不能이라." 子貢이 席을 越하여 對하여 曰, "敢히 問하니 將히 何히 此히 中者로 爲잇고?" 子가 曰, "禮乎인가, 禮라. 夫히 禮는 中을 制하는 所以니라."

의역 공자가 말하길, "자장아 너는 지나친데, 자하는 미치지 못한다. 정나라 자산은 백성들의 어머니와 같아서 그들을 잘 먹여 살릴 수 있었지만 제대로 가르치지 못했다."라고 했다. 그러자 자공은 본래 있던 자리를 벗어나 대답을 하며, "감히 묻습니다. 무엇을 가지고 중도로 삼아야 합니까?"라고 했다. 공자는 "예인가? 바로 예이다. 예라는 것은 중도에 맞게끔 하는 것이다."라고 했다.

集說 能食不能教, 亦爲不及, 故子貢幷以中爲問.

번역 밥은 잘 먹여주었지만 가르치지 못했다는 것 또한 미치지 못한 것이 된다. 그렇기 때문에 자공은 두 경우를 아울러 중도에 대해 질문한 것이다.

大全 臨川吳氏曰: 卜商雖不在坐, 幷言之者, 以其不及, 與子張之過相反也. 子產母道有餘, 父道不足, 有餘者爲過, 不足者爲不及. 師商二人, 而一過一不及, 子産一人而有過亦有不及, 故因言師商之過不及而幷言之. 中者, 無過不及. 制者, 裁也. 子貢見夫子言師商之過不及, 遂問夫子何以得爲無過不及之中, 而夫子答以禮也. 蓋禮有節, 以禮裁制之, 使中其節, 則無過亦無不及矣. 先云禮乎者, 設爲問辭, 後云禮者, 設爲答辭也.

번역 임천오씨[1]가 말하길, 복상(卜商: =자하)은 비록 그 자리에 없었지만 함께 언급한 것은 그의 미치지 못하는 점은 자장의 지나친 점과 상반되기 때문이다. 정나라 자산은 모친의 도에 있어서는 넘치는 점이 있었지만 부친의 도에 있어서는 부족하였으니, 넘치는 것은 지나침이 되며 부족한 것은 미치지 못함이 된다. 자장과 자하 두 사람은 한 쪽은 지나치지만 다른 한 쪽은 미치지 못했고, 자산 한 사람은 지나친 점도 있고 또 미치지 못하는 점도 있었다. 그렇기 때문에 자장과 자하의 지나치고 미치지 못한 점을 언급함에 따라서 함께 말한 것이다. '중(中)'은 지나치거나 미치지 못한 점이 없는 것이다. '제(制)'자는 마름질하는 것이다. 자공은 공자가 자장과 자하의 지나치거나 미치지 못한 점을 언급한 것을 보고서, 결국 공자에게 질문하여 무엇을 가지고 지나치거나 미치지 못함이 없는 중도로 삼을 수 있느냐고 말한 것이고, 공자는 예(禮)에 따라야 한다고 대답했다. 예에는 절도가 있으니, 예를 통해 절제하여 절도에 맞게끔 한다면, 지나침도 없고 미치지 못한 점도 없게 된다. 앞서 '예호(禮乎)'라고 한 말은 질문한 말을 위해 발설한 것이며, 뒤의 '예(禮)'라고 한 말은 대답을 위해 발설한 것이다.

鄭注 過與不及, 言敏·鈍不同, 俱違禮也. 衆人之母, 言子産慈仁, 多不矜莊, 又與子張相反. 子産嘗以其乘車濟冬涉者, 而車梁不成, 是慈仁亦違禮. 禮乎禮, 唯有禮也.

번역 지나치고 미치지 못하다는 것은 민첩하고 둔함이 다르지만, 둘 모

---

1) 오징(吳澄, A.D.1249~A.D.1333) : =임천오씨(臨川吳氏)·오유청(吳幼淸)·초려오씨(草廬吳氏). 송원대(宋元代)의 유학자이다. 이름은 징(澄)이다. 자(字)는 유청(幼淸)이다. 저서로 『예기해(禮記解)』가 있다.

두 예(禮)에는 어긋난다는 뜻이다. '중인지모(衆人之母)'는 자산은 인자하여 대체로 위엄이나 엄숙함을 갖추지 않았으니, 또한 자장과 상반된다는 뜻이다. 자산은 일찍이 자신이 타던 수레를 이용해서 겨울에 물을 건너는 자들을 태워주었지만,[2] 교량을 완성하지 않았으니,[3] 이것은 인자하지만 또한 예를 어긴 것이다. '예호례(禮乎禮)'는 오직 예만 있을 뿐이라는 뜻이다.

釋文 食音嗣. 敏頓, 徒遜反. 乘, 繩證反, 又如字.

번역 '食'자의 음은 '嗣(사)'이다. '敏頓'에서의 '頓'자는 '徒(도)'자와 '遜(손)'자의 반절음이다. '乘'자는 '繩(승)'자와 '證(증)'자의 반절음이며, 또한 글자대로 읽기도 한다.

孔疏 ●"子曰"至"敎也". ○正義曰: 以上經子貢辨而捷給, 不中於禮, 故此經因明不中禮之人, 亦言子張之過, 子夏不及, 子產之恩惠·不能敎也.

번역 ●經文: "子曰"~"敎也". ○앞의 경문에서 자공은 변별을 잘했지만 말주변만 늘어놓는 것과 같아서 예에 알맞지 않았다고 했다. 그렇기 때문에 이곳에서는 예에 알맞지 않은 자를 나타내는 것에 따라 또한 자장의 지나침과 자하의 미치지 못함 또 자산의 은혜로움과 제대로 가르치지 못한 점을 언급한 것이다.

孔疏 ●"子產猶衆人之母也"者, 言父義母慈, 父能敎而不能愛, 母則能愛而不能敎, 言子產若衆人之母, 但能恩慈食之, 不能嚴厲敎之.

번역 ●經文: "子產猶衆人之母也". ○부친은 의롭고 모친은 자애로워서, 부친은 가르치길 잘 하지만 애정을 나타내기 어렵다. 반면 모친은 애정을 잘 나타내지만 가르치진 못한다. 즉 자산은 마치 백성들의 모친과 같아

---

2) 『맹자』「이루하(離婁下)」: 子產聽鄭國之政, 以其乘輿濟人於溱洧.
3) 『맹자』「이루하(離婁下)」: 孟子曰, 惠而不知爲政. 歲十一月, 徒杠成, 十二月, 輿梁成, 民未病涉也.

서 단지 은혜와 인자함을 베풀어 백성들을 잘 먹여 살릴 수 있었지만 엄격
하게 가르치지는 못했다는 뜻이다.

孔疏 ◎注"過與"至"違禮". ○正義曰: 敏·鈍不同者, 師也過, 是於事敏
疾; 商也不及, 是於事遲鈍, 故言"敏·鈍不同". 云"子産嘗以其乘車濟冬涉者,
而車梁不成"者, 孟子云"子産聽鄭國之政, 以其乘車濟人於溱洧. 孟子曰: '惠
而不知爲政. 歲十一月, 徒杠成, 十二月, 輿梁成, 民未病涉也.'"是鄭約孟子
爲注. 旣言十一月·十二月, 明是濟冬涉者.

번역 ◎鄭注: "過與"~"違禮". ○정현이 "민첩하고 둔함이 다르다."라고
했는데, 자장은 지나치니 이것은 일에 대해서 매우 민첩한 것이며, 자하는
미치지 못하니 이것은 일에 대해서 매우 더딘 것이다. 그렇기 때문에 "민첩
하고 둔함이 다르다."라고 했다. 정현이 "자산은 일찍이 자신이 타던 수레를
이용해서 겨울에 물을 건너는 자들을 태워주었지만, 교량을 완성하지 않았
다."라고 했는데,『맹자』에서는 "자산은 정나라 정치를 다스릴 때, 자신이
타고 있던 수레로 진수(溱水)와 유수(洧水)를 건너는 자들을 태워주었다.
맹자는 '은혜롭기는 하지만 정치를 시행하는 법은 모른 것이다. 11월에 행
인이 다니는 다리가 완성되고, 12월에 수레가 다니는 다리가 완성된다면,
백성들은 강 건너는 것을 어렵게 여기지 않는다.'"라고 했다. 정현은 이러한
『맹자』의 기록을 요약하여 주석을 작성한 것이다.『맹자』의 원문에서 11월
과 12월이라고 했으니, 겨울에 강 건너는 자들을 도왔음을 나타낸다.

集解 過不及之義, 朱子於論語訓之至矣. 子産於其民, 能食而不能敎, 猶
母之於子, 親而不尊, 蓋於仁爲過, 而於義爲不及者也. 始言"禮乎"者, 設爲疑
辭以問之也. 繼又曰"禮"者, 又爲決辭以答之也. 禮者天理之節文, 所以裁制
人事之宜, 而使歸於中者也.

번역 지나치거나 미치지 못하는 뜻에 대해서 주자가『논어』에서 풀이
한 해석이 매우 지극하다. 자산은 자신의 백성들에 대해서 먹여 살릴 수

있었지만 제대로 가르치지 못했는데, 이것은 모친이 자신의 자식에 대해서 친근하지만 존엄스럽지 못한 것과 같다. 무릇 인(仁)에는 지나치지만 의(義)에는 미치지 못한 것이다. 처음에 '예호(禮乎)'라고 말한 것은 의문시하는 말을 해서 질문하는 듯이 말한 것이다. 뒤이어 재차 '예(禮)'라고 말한 것은 또한 단정을 하며 대답해준 것이다. 예는 천리의 법칙이니, 사람과 관련된 일의 마땅함에 대해 재단하여, 중도로 귀의토록 하는 것이다.

참고 『논어』「선진(先進)」

經文 子貢問, "師與商也孰賢?" 子曰, "師也過, 商也不及."

경문 자공이 묻기를 "자장과 자하 중 누가 더 뛰어납니까?"라고 하자 공자는 "자장은 지나치고, 자하는 미치지 못한다."라고 했다.

何注 孔曰, 言俱不得中.

하주 공씨가 말하길, 둘 모두 알맞지 못하다는 뜻이다.

邢疏 ●"子貢"至"猶不及". ○正義曰: 此章明子張·子夏才性優劣.

형소 ●經文: "子貢"~"猶不及". ○이곳 문장은 자장과 자하의 재질과 본성에 나타나는 우열을 나타내고 있다.

邢疏 ●"子貢問: 師與商也孰賢"者, 師, 子張名. 商, 子夏名. 孰, 誰也. 子貢問孔子曰: "子張與子夏二人誰爲賢才?"

형소 ●經文: "子貢問: 師與商也孰賢". ○'사(師)'는 자장의 이름이다. '상(商)'은 자하의 이름이다. '숙(孰)'자는 누구[誰]라는 뜻이다. 즉 자공은 공자에게 질문을 하며, "자장과 자하 두 사람 중 누가 더 뛰어납니까?"라고 말한 것이다.

邢疏 ●"子曰: 師也過, 商也不及"者, 孔子答言: "子張所爲過當而不已, 子夏則不及而止." 言俱不得中也.

형소 ●經文: "子曰: 師也過, 商也不及". ○공자는 대답을 하며, "자장이 행동하는 것은 마땅함을 지나쳤는데도 그치지 않고, 자하의 경우에는 미치지 못했는데도 그만둔다."라고 말한 것이다. 즉 둘 모두 알맞지 못하다는 뜻이다.

集註 子張才高意廣, 而好爲苟難, 故常過中. 子夏篤信謹守, 而規模狹隘, 故常不及.

집주 자장은 재주가 높고 뜻이 넓지만 구차하고 어려운 일을 시행하길 좋아했기 때문에 항상 중도에서 지나쳤다. 반면 자하는 독실하고 자신에 대해 삼가고 잘 지켰지만 규모가 협소하였기 때문에 항상 미치지 못했다.

經文 曰, "然則師愈與?"

경문 자공이 말하길, "그렇다면 자장이 더 뛰어납니까?"라고 했다.

何注 愈, 猶勝也

하주 '유(愈)'자는 "뛰어나다[勝]."는 뜻이다.

邢疏 ●"曰: 然則師愈與"者, 愈, 猶勝也. 子貢未明夫子之旨, 以爲師也過 則是賢才, 過於子夏, 故復問曰: "然則子張勝於子夏與?" 與爲疑辭.

형소 ●經文: "曰: 然則師愈與". ○'유(愈)'자는 "뛰어나다[勝]."는 뜻이다. 자장은 공자의 본지를 깨닫지 못하여, 자장은 지나치므로 그의 재질은 자하보다 뛰어나다고 여긴 것이다. 그렇기 때문에 재차 질문을 하며, "그렇다면 자장이 자하보다 뛰어납니까?"라고 말한 것이다. '여(與)'자는 의문을 표시하기 위해 쓴 말이다.

集註 愈, 猶勝也.

집주 '유(愈)'자는 "뛰어나다[勝]."는 뜻이다.

經文 子曰, "過猶不及."

경문 공자가 말하길, "지나침은 미치지 못함과 같다."라고 했다.

邢疏 ●"子曰: 過猶不及"者, 子貢不解, 故復解之, 曰: "過當猶如不及." 俱不中理也.

형소 ●經文: "子曰: 過猶不及". ○자공이 이해하지 못했기 때문에 재차 이해하도록 한 것으로, "마땅함을 지나친 것은 미치지 못하는 것과 같다."라고 말한 것이다. 즉 둘 모두 도리에 알맞지 못하다는 뜻이다.

集註 道以中庸爲至, 賢知之過, 雖若勝於愚不肖之不及, 然其失中則一也.

집주 도는 중용을 지극함으로 삼으니, 현명하고 지혜로운 자의 지나침이 비록 우둔하고 불초한 자의 미치지 못함보다 뛰어난 것 같지만, 중도를 잃었다는 측면에서는 동일하다.

集註 尹氏曰: 中庸之爲德也其至矣乎. 夫過與不及均也, 差之毫釐, 繆以千里, 故聖人之敎, 抑其過, 引其不及, 歸於中道而已.

집주 윤씨가 말하길, 중용의 덕은 지극하구나. 지나침과 미치지 못함은 동일하니, 처음에는 털끝만큼의 차이가 있더라도 끝내 천리의 차이를 보이게 된다. 그렇기 때문에 성인의 가르침에서는 지나침을 억누르고 미치지 못함을 이끌어서 중도로 회귀하도록 했을 따름이다.

참고 원문비교

예기대전·중니연거(仲尼燕居) 子曰, "師, 爾過, 而商也不及. 子産猶衆人之母也, 能食之, 不能教也." 子貢越席而對曰, "敢問將何以爲此中者也?" 子曰, "禮乎禮. 夫禮所以制中也."

공자가어·논례(論禮) 子貢曰, "敢問將何以爲此中禮者?" 子曰, "禮乎! 夫禮所以制中也."

그림 2-1 ◼ 자하(子夏)

※ **출처**: 『성현상찬(聖賢像贊)』

그림 2-2 ▣ 자산(子産)

像 産 子 鄭

※ 출처: 『삼재도회(三才圖會)』「인물(人物)」 4권

• 제3절 •

예(禮)와 전호(全好)

【598d~599a】

> 子貢退, 言游進曰, "敢問禮也者, 領惡而全好者與?" 子曰,
> "然." "然則何如?" 子曰, "郊社之義, 所以仁鬼神也. 嘗禘
> 之禮, 所以仁昭穆也. 饋奠之禮, 所以仁死喪也. 射鄕之禮, 所
> 以仁鄕黨也. 食饗之禮, 所以仁賓客也."

직역 子貢이 退하니, 言游가 進하여 曰, "敢히 問하니 禮라는 者는 惡을 領하여
好를 全하는 者입니까?" 子가 曰, "然이라." "然이면 何如고?" 子가 曰, "郊社의
義는 鬼神을 仁하는 所以이다. 嘗禘의 禮는 昭穆을 仁하는 所以이다. 饋奠의 禮는
死喪을 仁하는 所以이다. 射鄕의 禮는 鄕黨을 仁하는 所以이다. 食饗의 禮는 賓客
을 仁하는 所以이다."

의역 자공이 물러나자 자유가 앞으로 나아가 "감히 묻겠습니다. 예(禮)라는 것
은 악함을 통솔하고 좋음을 온전히 하는 것입니까?"라고 묻자 공자는 "그렇다."라
고 대답했다. 자유는 재차 "그렇다면 어떻게 하는 것입니까?"라고 묻자 공자는 "교
사(郊社)[1]의 예의는 귀신 섬기는 것을 선하게 인도하는 방법이다. 상체(嘗禘)[2]의
예의는 소목(昭穆)에 속한 자손들을 선하게 인도하는 방법이다. 궤전(饋奠)[3]의 예

---

1) 교사(郊社)는 본래 천지(天地)에 대한 제사를 뜻한다. 교(郊)는 천(天)에 대
   한 제사를 뜻하고, 사(社)는 지(地)에 대한 제사를 뜻한다. '교사(郊祀)'라고
   도 부르고, '교제(郊祭)'라고도 부른다. 또한 하늘에 대한 제사만을 지칭하기
   도 한다.
2) 상체(嘗禘)는 본래 종묘에서 정규적으로 지내는 가을제사인 상(嘗)과 여름제
   사인 체(禘)를 합쳐서 부른 말이다. 따라서 '상체'는 종묘제사를 범칭하는 용
   어로 사용되었으며, 후대에는 제사 자체를 범칭하는 용어로도 사용되었다.

의는 사상례를 선하게 인도하는 방법이다. 향사례나 향음주례는 향당에 있는 자들을 선하게 인도하는 방법이다. 사향(食饗)⁴⁾의 예의는 빈객들을 선하게 인도하는 방법이다."라고 했다.

集說 前言禮釋回, 增美質, 此言領惡全好, 大意相類. 仁昭穆, 謂祭時則群昭群穆咸在也. 饋奠, 喪奠也, 非吉祭. 鄉射鄉飲酒, 皆行之於鄉, 故曰仁鄉黨. 人而不仁, 如禮何? 此五者之禮, 皆發於本心之仁也.

번역 앞에서는 예(禮)가 사벽함을 제거하고 아름다운 본바탕을 배양시킨다고 했고, 이곳에서는 악함을 다스려서 좋음을 온전히 한다고 했는데, 큰 의미에서는 그 뜻이 비슷하다. "소목(昭穆)을 인(仁)하게 한다."는 말은 제사를 지낼 때라면 뭇 소묘(昭廟)와 뭇 목묘(穆廟)에 해당하는 자손들이 모두 모여 있게 된다는 뜻이다. '궤전(饋奠)'은 상전(喪奠)⁵⁾을 뜻하니, 길제(吉祭)⁶⁾가 아니다. 향사례(鄉射禮)⁷⁾와 향음주례(鄉飲酒禮)⁸⁾는 모두 향당

---

3) 궤전(饋奠)은 상중(喪中)에 시행하는 전제사[奠祭]를 가리킨다.
4) 사향(食饗)은 술과 음식을 준비하여, 빈객(賓客)들을 대접하거나, 종묘(宗廟)에서 제사를 지내는 등의 일을 뜻한다. 『예기』「악기(樂記)」편에는 "食饗之禮, 非致味也."라는 기록이 있는데, 이에 대한 공영달(孔穎達)의 소(疏)에서는 "食饗, 謂宗廟祫祭."라고 풀이했으며, 『공자가어(孔子家語)』「논례(論禮)」편에는 "食饗之禮, 所以仁賓客也."라는 기록이 있다.
5) 상전(喪奠)은 상례(喪禮)를 시행하는 도중 아직 장례(葬禮)를 치르지 않은 상태에서, 음식물들을 진설하며 지내는 전(奠)제사를 뜻한다.
6) 길제(吉祭)는 상례(喪禮)의 단계를 뜻한다. 우제(虞祭)를 지낸 뒤, 졸곡(卒哭)을 하며 제사를 지내게 되는데, 이 단계부터 지내는 제사를 '길제'라고 부른다. 상(喪)은 흉사(凶事)에 해당하는데, 그 이전까지는 슬픔에서 벗어나기 힘들기 때문에 흉제(凶祭) 또는 상제(喪祭)라고 부르며, 이 단계부터는 평상시처럼 길(吉)한 때로 접어들기 때문에 '길제'라고 부른다. 『예기』「단궁하(檀弓下)」편에는 "是月也, 以虞易奠, 卒哭曰成事. 是日也, 以吉祭易喪祭."라는 기록이 있다. 또한 평상시 정규적으로 지내는 제사를 '길제'라고도 부른다.
7) 향사례(鄉射禮)는 활쏘기를 하며 음주를 했던 의례(儀禮)이다. 크게 두 가지로 나뉘는데, 하나는 지방의 수령이 지방학교인 서(序)에서 사람들을 모아서 활쏘기를 익히며 음주를 했던 의례이고, 다른 하나는 향대부(鄉大夫)가 3년마다 치르는 대비(大比)라는 시험을 끝내고 공사(貢士)를 한 연후에, 향대부가 향로(鄉老) 및 향인(鄉人)들과 향학(鄉學)인 상(庠)에서 활쏘기를 익히고

에서 시행하는 것이다. 그렇기 때문에 "향당을 인(仁)하게 한다."라고 했다. 사람이 되고서 인(仁)하지 못하다면 예를 어떻게 하겠는가?[9] 이러한 다섯 가지 예법은 모두 본래의 마음에 있는 인(仁)에서 나타난 것이다.

集說 應氏曰: 領, 謂總攬收拾之也. 好惡對立, 一長一消, 惡者收斂而無餘, 則善者渾全而無虧矣. 夫禮之制中, 非屑屑然與惡爲敵而去之也, 養其良心, 啓其善端, 而不善者自消矣. 仁者, 善之道也, 祭祀聘享, 周旋委曲焉者, 凡以全此而已. 仁心發於中, 而後禮文見於外, 及禮之旣擧而是心達焉, 則幽明之間, 咸順其序, 驩欣浹洽, 皆在吾仁之中, 是仁之周流暢達也.

번역 응씨[10]가 말하길, '영(領)'은 총괄하고 수습한다는 뜻이다. 좋음과 나쁨은 대립이 되는데, 어떤 것이 늘어나면 다른 것은 줄어드니, 나쁨이 수렴되어 남김이 없게 된다면 선함이 온전해져서 이지러진 것이 없게 된다. 예(禮)가 중도에 맞게 재단하는 것은 소소하게 악과 대적시켜서 그것들을 제거하는 것이 아니니, 양심을 배양하고 선한 단서를 열어주면 선하지 않은 것들은 저절로 없어지게 된다. '인(仁)'이란 선의 도리이니, 제사나 빙문 및 연회에서 행동하는 모든 것들은 무릇 이를 통해 온전히 할 따름이다.

음주를 했던 의례이다. 『주례』「지관(地官) · 향대부(鄉大夫)」편에는 "退而以 鄉射之禮五物詢衆庶."라는 기록이 있는데, 이에 대한 손이양(孫詒讓)의 『정의(正義)』에서는 "退, 謂王受賢能之書事畢, 鄉大夫與鄉老, 則退各就其鄉學之庠而與鄉人習射, 是爲鄉射之禮."라고 풀이하였다.

8) 향음례(鄉飲禮)는 '향음주례(鄉飲酒禮)'라고도 부른다. 주(周)나라 때에는 향학(鄉學)에서 3년마다 대비(大比)라는 시험을 치러서, 선발된 자들을 천거하였다. 이러한 행사를 실시할 때 향대부(鄉大夫)는 음주 연회의 자리를 만들어서, 선발된 자들에게 빈례(賓禮)에 따라 대접을 하며, 그들에게 술을 따라주었는데, 이 의식을 '향음례' 또는 '향음주례'라고 불렀다. 『의례』「향음주례(鄉飲酒禮)」편에 대한 가공언(賈公彥)의 소(疏)에서는 정현의 『삼례목록(三禮目錄)』을 인용하여, "諸侯之鄉大夫三年大比, 獻賢者能於其君, 以賓禮待之, 與之飲酒. 於五禮屬嘉禮."라고 풀이했다. 또한 일반적으로 음주를 즐기며 연회를 하는 것을 뜻하기도 한다.

9) 『논어』「팔일(八佾)」: 子曰, "人而不仁, 如禮何? 人而不仁, 如樂何?"

10) 금화응씨(金華應氏, ?~?): =응용(應鏞) · 응씨(應氏) · 응자화(應子和). 이름은 용(鏞)이다. 자(字)는 자화(子和)이다. 『예기찬의(禮記纂義)』를 지었다.

인(仁)한 마음은 속마음에서 발현하고 그 이후에 예의 격식을 통해 겉으로 드러나는데, 예를 이미 시행한 데에 미쳐서 이 마음이 통하게 된다면 그윽한 저 세상이나 밝은 인간 세상에서 모두들 그 순서에 따르게 되고 기뻐하며 화목하게 되니, 이 모두는 내 속마음에 있는 인(仁)함에 달려 있는 것으로, 이것은 인(仁)이 두루 퍼져서 통한 것이다.

集說 劉氏曰: 領惡, 猶言克己也, 視聽言動, 非禮則勿, 所以克去己私之惡, 而全天理之善也. 一日克己復禮, 則天下歸仁, 所以鬼神·昭穆·死喪·鄕黨·賓客之禮, 無所往而不爲仁也.

번역 유씨[11]가 말하길, '영악(領惡)'은 자신을 극복한다는 뜻과 같으니, 보고·듣고·말하고·행동하는 것들은 예(禮)가 아니면 하지 말아야 하며,[12] 이것이 바로 자신의 삿된 악함을 극복하여 천리의 선함을 온전히 하는 방법이다. 하루라도 자신을 극복하여 예로 복귀할 수 있다면, 천하 사람들이 모두 인(仁)으로 회귀할 것이니, 이것이 바로 귀신·소목·사상·향당·빈객의 예에 있어서 어느 곳에 가더라도 인(仁)하지 못하는 경우가 없게 되는 방법이다.

大全 嚴陵方氏曰: 子游固知領惡全好, 在乎禮矣. 然未知所以謂之禮者果安在哉, 故問. 鬼爲陰, 神爲陽, 天地主乎陰陽, 故郊社言仁鬼神. 自禘而下, 皆言禮, 而特於郊社言義者, 蓋義者禮之所尊, 故特於郊社言之. 死喪, 死言其事, 喪言其禮也. 射以賓賢能, 鄕以序長幼. 鄕以大言之, 黨以小言之也. 食以

---

11) 장락유씨(長樂劉氏, A.D.1017~A.D.1086) : =유씨(劉氏)·유이(劉彝)·유집중(劉執中). 북송(北宋) 때의 성리학자이다. 자(字)는 집중(執中)이다. 복주(福州) 출신이며, 어려서 호원(胡瑗)에게서 학문을 배웠다. 『정속방(正俗方)』, 『주역주(周易注)』를 지었으나 현존하지 않는다. 『칠경중의(七經中議)』, 『명선집(明善集)』, 『거이집(居易集)』 등이 남아 있다.

12) 『논어』「안연(顏淵)」 : 顏淵問仁. 子曰, "克己復禮爲仁. 一日克己復禮, 天下歸仁焉. 爲仁由己, 而由人乎哉?" 顏淵曰, "請問其目." 子曰, "非禮勿視, 非禮勿聽, 非禮勿言, 非禮勿動." 顏淵曰, "回雖不敏, 請事斯語矣."

養陰氣, 饗以養陽氣. 賓以君言之, 客以臣言之也. 先郊社, 後嘗禘, 尊親之序也. 先嘗禘, 後饋奠, 吉凶之序也. 先饋奠, 後射鄕, 重輕之序也. 先射鄕, 後食饗, 衆寡之序也.

번역 엄릉방씨가 말하길, 자유는 진실로 악함을 통솔하고 좋음을 온전히 하는 것은 예(禮)에 달려 있다는 사실을 알고 있었다. 그러나 예라고 부르는 것이 과연 어디에 있다는 것인지는 몰랐기 때문에 물어보았다. 귀(鬼)는 음(陰)에 해당하고 신(神)은 양(陽)에 해당하는데, 천지는 음양을 위주로 작용하기 때문에 교사(郊社)에 대해서 "귀신을 선하게 인도한다."라고 했다. 체(禘)제사로부터 그 이하의 대상에 대해서는 모두 '예(禮)'라고 했는데, 유독 교사에 대해서만 '의(義)'라고 했다. 그 이유는 의(義)라는 것은 예(禮)에서 존귀하게 높이는 것이기 때문에, 특별히 교사에 대해서 의(義)라고 말한 것이다. '사상(死喪)'이라고 했는데, 사(死)는 그 사안을 말한 것이고, 상(喪)은 그 사안을 치르는 예법을 말한 것이다. 사례(射禮)13)로는 현명하고 능력이 뛰어난 자들을 예우하고, 향음례(鄕飮禮)로는 장유관계의 질서를 세운다. '향(鄕)'은 큰 규모를 말하는 것이고 '당(黨)'은 작은 규모를 말하는 것이다. 사례(食禮)14)로는 음기를 배양하고 향례(饗禮)15)로는 양기

---

13) 사례(射禮)는 활 쏘는 예법을 가리킨다. 고대에는 활쏘기가 문무(文武)에 두루 관련이 있다고 생각하여서 중시하였다. 따라서 행사를 거행할 때에는 이러한 '사례'를 실시하였다. '사례'에는 대략 4종류가 있다. 즉 대사례(大射禮), 빈사례(賓射禮), 연사례(燕射禮), 향사례(鄕射禮)를 가리키는데, '대사례'는 제사를 지내고자 할 때, 제사에 참가하는 사(士)들을 선발하기 위해 실시하는 '사례'이다. '빈사례'는 제후들이 천자를 찾아뵙거나, 또는 제후들끼리 서로 회동을 할 때에, 활쏘기를 하며 연회를 베푸는 것이다. '연사례'는 연회를 즐기며 실시하는 '사례'를 뜻한다. '향사례'는 향(鄕)을 담당하는 향대부(鄕大夫)가 자신의 행정구역에서 관리로 등용될 사(士)들을 선발한 뒤에, 그들에게 연회를 베풀며 시행하는 '사례'이다.
14) 사례(食禮)는 연회의 한 종류이다. '사례'는 그 행사에 밥이 있고 반찬이 있는 것이니, 비록 술도 두었지만 마시지는 않았다. 그 예법에서는 밥을 위주로 한 것이기 때문에, '사례'라고 부른 것이다. 『예기』「왕제(王制)」편에는 "殷人以食禮."라는 기록이 있고, 이에 대한 진호(陳澔)의 주에서는 "食禮者, 有飯有殽, 雖設酒而不飲, 其禮以飯爲主, 故曰食也."라고 풀이했다. 또한 연회를 범칭하는 말로도 사용된다.

를 배양한다. '빈(賓)'은 군주를 기준으로 말한 것이고, '객(客)'은 신하를 기준으로 말한 것이다. 먼저 교사(郊社)를 언급하고 이후에 상체(嘗禘)를 언급한 것은 존귀하게 여기고 친근하게 여기는 것에 따른 순서이다. 먼저 상체(嘗禘)를 언급하고 이후에 궤전(饋奠)을 언급한 것은 길례(吉禮)와 흉례(凶禮)에 따른 순서이다. 먼저 궤전(饋奠)을 언급하고 이후에 사향(射鄕)을 언급한 것은 경중에 따른 순서이다. 먼저 사향(射鄕)을 언급하고 이후에 사향(食饗)을 언급한 것은 인원의 차이에 따른 순서이다.

鄭注 領, 猶治也. 好, 善也. 仁, 猶存也, 凡存此者, 所以全善之道也. 郊社·嘗禘·饋奠, 存死之善者也. 射鄕·食饗, 存生之善者也. 郊有后稷, 社有句龍.

번역 '영(領)'자는 "다스린다[好]."는 뜻이다. '호(好)'자는 선함[善]을 뜻한다. '인(仁)'자는 "보존하다[存]."는 뜻이니, 무릇 이러한 것들을 보존하는 것이 바로 선을 온전히 하는 도라는 뜻이다. 교사(郊社)·상체(嘗禘)·궤전(饋奠)은 죽은 자에 대한 마음을 보존시키는 것 중에서도 좋은 것이다. 사향(射鄕)·사향(食饗)은 살아 있는 자의 우호를 보존하는 것 중에서도 좋은 것이다. 교제사에서는 후직(后稷)16)을 배향하고, 사(社)제사에서는 구룡(句龍)17)을 배향한다.

---

15) 향례(饗禮)는 연회의 한 종류이다. 또한 연회를 범칭하는 용어로도 사용된다. 본래 '향례'를 시행할 때에는 희생물을 통째로 바치지만, 그것을 먹지는 않는다. 또 술잔을 가득 채우지만, 마시지는 않으며, 자리에 서 있기만 하고, 앉지는 않는다. 또한 신분의 존비(尊卑)에 의거해서 술잔을 바치게 되는데, 정해진 술잔 바치는 회수가 끝나면, 의식을 끝낸다. 다만 숙위(宿衛)들과 기로(耆老) 및 고아들에게 향례를 할 때에는 술을 취할 때까지 마시게 하는 것을 법도로 삼았다.
16) 후직(后稷)은 전설상의 인물이다. 주(周)나라의 선조(先祖) 중 한 사람이다. 강원(姜嫄)이 천제(天帝)의 발자국을 밟고 회임을 하여 '후직'을 낳았는데, 불길하다고 생각하여 버렸기 때문에, 이름을 기(棄)로 지어졌다 한다. 이후 순(舜)이 '기'를 등용하여 농사를 담당하는 신하로 임명해서, 백성들에게 농사짓는 법을 가르쳤기 때문에, '후직'으로 일컬어지게 되었다. 『시』「대아(大雅)·생민(生民)」편에는 "厥初生民, 時維姜嫄. …… 載生載育, 時維后稷."이라는 기록이 있다. 한편 농사를 주관하는 관리를 '후직'으로 부르기도 한다.

釋文 與音餘, 下"無相與"同. 昭穆, 上遙反, 穆亦作繆, 音同. 食饗, 音嗣, 注同. 句, 古侯反.

번역 '與'자의 음은 '餘(여)'이며, 뒤에 나오는 '無相與'에서의 '與'자도 그 음이 이와 같다. '昭穆'에서의 '昭'자는 '上(상)'자와 '遙(요)'자의 반절음이 며, '穆'자는 또한 '繆'자로도 기록하는데, 그 음은 동일하다. '食饗'에서의 '食'자는 그 음이 '嗣(사)'이며, 정현의 주에 나오는 글자도 그 음이 이와 같다. '句'자는 '古(고)'자와 '侯(후)'자의 반절음이다.

孔疏 ●"子貢"至"衆也". ○正義曰: 此一節明子游問禮, 夫子爲說禮之事. 凡有三節, 各隨文解之.

번역 ●經文: "子貢"~"衆也". ○이곳 문단은 자유가 예(禮)에 대해 질문하여, 공자가 그를 위해 예를 설명한 사안을 나타내고 있다. 무릇 이곳은 세 절로 나눠지는데, 각각의 문장에 따라서 풀이하겠다.

孔疏 ●"領惡而全好者與", 領, 治也; 好, 善也; "與"是語辭. 子游問禮之 爲體, 治去惡事而留全善事者與? 子曰然. 然, 猶[18]如是, 夫子答以禮之爲意, 如是領惡全善也.

번역 ●經文: "領惡而全好者與". ○'영(領)'자는 "다스린다[治]."는 뜻이 다. '호(好)'자는 선함[善]을 뜻한다. '여(與)'자는 어조사이다. 자유는 질문을 하며, 예(禮)의 본체는 악한 일을 다스리고 제거하여 선한 일을 온전히

---

17) 구룡(句龍)은 공공(共工)의 아들이었다고 전해지며, 치수 사업을 잘했던 인물이다. 후세에는 그를 후토(后土)의 신(神)으로 여겨서, 그에게 제사를 지내기도 했다. 『춘추좌씨전』「소공(昭公) 29년」편에는 "共工氏有子曰句龍, 爲后土."라는 기록이 있다.

18) '유(猶)'자에 대하여. '유'자는 본래 없던 글자인데, 완원(阮元)의 『교감기(校勘記)』에서는 "혜동(惠棟)의 『교송본(校宋本)』에는 '연(然)'자 뒤에 '유'자가 기록되어 있고, 위씨(衛氏)의 『집설(集說)』에도 동일하게 기록되어 있다. 따라서 이곳 판본에는 '유'자가 누락된 것이다."라고 했다.

보존하는 것이냐고 물었다. 공자는 "그렇다."라고 대답했다. '연(然)'자는
"그와 같다[如是]."는 뜻이니, 공자는 예의 뜻에 대해서 그처럼 악함을 다스
리고 선함을 온전히 하는 것이라고 대답한 것이다.

孔疏 ●"然則何如"者, 子游既聞夫子稱治惡全好之事, 更問夫子治惡全好
之事如何.

번역 ●經文: "然則何如". ○자유는 이미 공자가 악함을 다스리고 선함
을 온전히 해야 한다고 했던 사안을 들었으므로, 재차 공자에게 질문하여
악함을 다스리고 선함을 온전히 하는 일은 어떻게 해야 하는지 물어본 것
이다.

孔疏 ●"子曰: 郊社之義, 所以仁鬼神也"者, 仁, 謂仁恩, 相存念也. 郊社
之祭, 所以存念鬼神也.

번역 ●經文: "子曰: 郊社之義, 所以仁鬼神也". ○'인(仁)'자는 인자함과
은혜로움을 뜻하는데, 서로 상념을 남겨두는 것이다. 즉 교사(郊社)의 제사
는 귀신에 대한 상념을 보존하는 것이다.

孔疏 ●"饋奠之禮, 所以仁死喪也"者, 謂人之初死, 設此饋食之奠, 所以存
念死喪. 此以上皆是存留死事之善者, 善事既全, 則惡事除去也.

번역 ●經文: "饋奠之禮, 所以仁死喪也". ○사람이 최초 죽게 되면 이러
한 궤식(饋食)19)의 전(奠)제사20)를 진설하니, 이것은 죽은 자에 대한 사상

---

19) 궤식(饋食)은 음식을 바친다는 뜻이다. 고대에는 천자 및 제후들이 매월 초
하루마다 종묘(宗廟)에서 음식을 바치는 의식을 치렀는데, 이것을 '궤식'이라
고도 부른다.『주례』「춘관(春官)・대종백(大宗伯)」편에는 "以饋食享先王."이
라는 기록이 있다. 한편 조사(朝事)를 시행할 때, 조천(朝踐)을 끝낸 뒤, 생고
기를 삶아서 재차 바치는 의식을 가리키기도 한다.
20) 전제(奠祭)는 죽은 자 및 귀신들에게 음식을 헌상하는 제사이다. 상례(喪禮)
를 치를 때, 빈소를 차리고 나면, 매일 아침과 저녁에 음식을 바치며 제사를

례에 대해서 상념을 보존하는 것이다. 이곳 구문으로부터 그 이상의 내용
은 모두 죽은 자가 시행했던 일들 중에서도 선한 것들을 상념 속에 보존하
는 것으로, 선한 일을 이미 온전히 했다면 악한 일은 제거된다.

孔疏 ●"射鄉之禮, 所以仁鄉黨也", 射, 謂鄉射; 鄉, 謂鄉飲酒也. 禮: 鄉黨
中有鄉射, 有鄉飲酒者, 存鄉黨故也. 然射在鄉上者, 欲明鄉射與鄉飲酒別也.
此"仁鄉黨"及下"仁賓客"皆是存生之善者也.

번역 ●經文: "射鄉之禮, 所以仁鄉黨也". ○'사(射)'자는 향사례(鄉射禮)
를 뜻한다. '향(鄉)'자는 향음주례(鄉飲酒禮)를 뜻한다. 예법에 따르면 향당
에서 향사례를 시행하기도 하고 향음주례를 시행하기도 하는데, 이것은 향
당 구성원들의 선함을 보존하는 것이다. 그런데 향사례가 향음주례 앞에
기록되어 있는 것은 향사례는 향음주례와 구별된다는 사실을 드러내고자
했기 때문이다. 이곳에서 "향당을 인(仁)하게 한다."라고 말하고 뒤에서
"빈객을 인(仁)하게 한다."라고 한 것은 모두 살아있는 자들의 선함을 보존
하는 것이다.

孔疏 ◎注"郊有后稷, 社有句龍". ○正義曰: 注稱此者, 解經郊社仁鬼神
之義. 鬼神, 謂人之鬼神, 故以后稷 · 句龍言之. 此鬼神與昭穆死喪相類, 故知
非陰陽七八九六之鬼神也.

번역 ◎鄭注: "郊有后稷, 社有句龍". ○정현의 주에서 이러한 말을 언급
한 것은 경문에서 "교사(郊社)가 귀신을 인(仁)하게 한다."고 했던 뜻을 풀
이한 것이다. '귀신(鬼神)'은 사람이 죽어서 된 귀신을 뜻한다. 그렇기 때문
에 후직(后稷)과 구룡(句龍)으로 언급했다. 이곳에 나온 귀신(鬼神)과 소목
(昭穆) 및 사상(死喪)은 서로 비슷한 부류가 되기 때문에, 음양의 칠팔 · 구
륙[21]에 해당하는 귀신이 아니라는 사실을 알 수 있다.

지내게 되는데, '전제'는 주로 이러한 제사를 뜻한다.
21) 음양(陰陽)의 칠팔(七八)과 구륙(九六)은 『역(易)』에서 사용하는 개념이다. 『

集解 領, 猶治也. 惡者氣質之偏, 好者德性之美. 領惡・全好, 猶禮器之言 "釋回增美"也. 仁者, 謂行之以至誠惻怛之意, 而不徒以其文也. 射, 謂鄉射. 鄉, 謂鄉飲酒.

번역 '영(領)'자는 "다스린다[[治].]"는 뜻이다. '악(惡)'은 기질의 편향됨을 뜻하고, '호(好)'는 덕성의 아름다움을 뜻한다. 악함을 다스리고 미덕을 온전히 하는 것은 『예기』「예기(禮器)」편에서 "사벽한 마음을 없애고, 아름다운 본질을 증진시킨다."[22]라고 했던 뜻과 같다. '인(仁)'은 그것을 시행할 때 지극히 성실하고 슬퍼하는 뜻으로 시행하며, 단순히 격식에만 따르지 않는다는 뜻이다. '사(射)'자는 향사례(鄉射禮)를 뜻한다. '향(鄉)'자는 향음주례(鄉飲酒禮)를 뜻한다.

集解 吳澄曰: 上言"以禮制中", 損其過, 益其不及, 蓋因其氣質之偏而除治之, 所謂"領惡"也. 此言"仁鬼神"至"仁賓客", 蓋因其德性之美而充周之, 所謂"全好"也.

번역 오징이 말하길, 앞에서는 "예(禮)로써 중도에 맞게끔 한다."라고 했는데, 이것은 지나친 것을 줄이고 미치지 못하는 것을 더해주는 것이니, 기질의 편향됨에 따라서 그것을 제거하거나 다스리는 것을 '영악(領惡)'이라고 부른다. 이곳에서 "귀신을 인(仁)하게 한다."라고 한 말로부터 "빈객을 인(仁)하게 한다."라는 말까지는 덕성의 아름다움에 따라서 확충하는 것으로, 이른바 '전호(全好)'라는 말에 해당한다.

역』에서는 이러한 숫자를 음수(陰數)와 양수(陽數) 및 생성수(生成數) 등과 관련시켜 설명한다.

22) 『예기』「예기(禮器)」【294a~b】: 禮器, 是故大備. 大備, 盛德也. 禮釋回, 增美質, 措則正, 施則行. 其在人也, 如竹箭之有筠也, 如松栢之有心也. 二者居天下之大端矣, 故貫四時而不改柯易葉. 故君子有禮, 則外諧而內無怨. 故物無不懷仁, 鬼神饗德.

참고 원문비교

예기대전 · 중니연거(仲尼燕居) 子貢退, 言游進曰, "敢問禮也者, 領惡而全好者與?" 子曰, "然." "然則何如?" 子曰, "郊社之義, 所以仁鬼神也. 嘗禘之禮, 所以仁昭穆也. 饋奠之禮, 所以仁死喪也. 射鄕之禮, 所以仁鄕黨也. 食饗之禮, 所以仁賓客也."

공자가어 · 논례(論禮) 子貢退, 言游進曰, "敢問禮也, 領惡而全好者與①?" 子曰, "然." 子貢問, "何也?" 子曰, "郊社之禮, 所以仁鬼神也②. 禘嘗之禮, 所以仁昭穆也. 饋奠之禮, 所以仁死喪也. 射鄕之禮, 所以仁鄕黨也. 食饗之禮, 所以仁賓客也."

王注-① 領, 理. 惡, 烏故反. 好, 呼報反. 與, 羊諸反.

번역 '영(領)'자는 다스린다는 뜻이다. '惡'자는 '烏(오)'자와 '故(고)'자의 반절음이다. '好'자는 '呼(호)'자와 '報(보)'자의 반절음이다. '與'자는 '羊(양)'자와 '諸(제)'자의 반절음이다.

王注-② 郊, 祀天.

번역 '교(郊)'는 하늘에 대해 제사지내는 것이다.

그림 3-1 ▣ 후직(后稷)

※ **출처:** 『삼재도회(三才圖會)』「인물(人物)」4권

● 제 4 절 ●

예(禮)와 치국(治國)

【599c】

子曰, "明乎郊社之義 · 嘗禘之禮, 治國其如指諸掌而已乎."

직역 子가 曰, "郊社의 義와 嘗禘의 禮에 明하면, 國을 治함은 그 掌을 指함과 如할 따름이다."

의역 공자가 계속하여 말하길, "교사(郊社) 및 상체(嘗禘)의 예의에 해박하다면, 나라를 다스리는 것이 마치 손바닥을 가리키는 것처럼 쉬울 것이다."라고 했다.

集說 明乎郊社之義, 則事天如事親; 明乎嘗禘之禮, 則事親如事天. 仁人孝子明於此, 故能推民胞物與之心, 而天下國家有不難治者矣.

번역 교사(郊社)의 예의에 해박하다면 하늘을 섬길 때 부모를 섬기는 것처럼 하고, 상체(嘗禘)의 예의에 해박하다면 부모를 섬길 때 하늘을 섬기는 것처럼 한다.[1] 인(仁)한 자와 효자는 이러한 것에 해박하기 때문에, "백성들은 나의 동포이고 사물들은 나와 함께 한다."는 마음을 미루어 볼 수 있어서, 천하와 국가를 다스림에 어려울 것이 없게 된다.

大全 馬氏曰: 郊社, 所以事天地, 而義藏於其中. 嘗禘, 所以事宗廟, 而禮

---

1) 『예기』「애공문(哀公問)」【597c】: 孔子蹴然辟席而對曰, "仁人不過乎物, 孝子不過乎物. 是故仁人之事親也如事天, 事天如事親. 是故孝子成身." 公曰, "寡人既聞此言也, 無如後罪何?" 孔子對曰, "君之及此言也, 是臣之福也."

陳於其外. 因義以設禮, 因禮以考義. 神而明之存乎人, 則治國其如示諸掌乎.

번역 마씨[2]가 말하길, 교사(郊社)는 천지를 섬기는 것이며, 의(義)는 그 속에 포함되어 있다. 상체(嘗禘)는 종묘에서 제사를 지내는 것이며, 예(禮)는 그 겉으로 드러난다. 의에 따라서 예를 시행하고 예에 따라서 의를 고찰한다. 신령스럽고도 밝음이 사람에게 보존되어 있다면, 나라를 다스리는 것은 손바닥을 가리키는 것처럼 쉬울 것이다.

鄭注 治國指諸掌, 言易知也. 郊社·嘗禘, 尊卑之事, 有治國之象焉.

번역 나라를 다스리는 것이 손바닥을 가리키는 것과 같다는 말은 알기 쉽다는 뜻이다. 교사(郊社)와 상체(嘗禘)는 존비를 드러내는 일이므로, 나라를 다스리는 형상이 포함되어 있다.

釋文 易, 以豉反.

번역 '易'자는 '以(이)'자와 '豉(시)'자의 반절음이다.

孔疏 ●"子曰"至"其宜". ○正義曰: 前經明郊社等之禮各有所由, 故此經更廣明郊社·嘗禘, 明而用之, 則有功也; 又廣明諸禮所用有功之事.

번역 ●經文: "子曰"~"其宜". ○앞의 경문에서는 교사(郊社) 등의 예법에는 각각 유래하는 점이 있음을 나타내고 있다. 그렇기 때문에 이곳 경문에서는 재차 교사(郊社)와 상체(嘗禘)를 폭넓게 나타내고 있으니, 그것에 대해 해박하게 알고 시행한다면 공적을 쌓게 된다는 뜻이다. 또 여러 예법들에 대해서 해박하게 알고 그것을 시행하여 공적을 쌓는 일들에 대해서도 폭넓게 나타내고 있다.

---

2) 마희맹(馬睎孟, ?~?) : =마씨(馬氏)·마언순(馬彦醇). 자(字)는 언순(彦醇)이다. 『예기해(禮記解)』를 찬술했다.

孔疏 ●"治國其如指諸掌而已乎"者, 郊社, 所以祭天地; 嘗禘, 所以祭宗廟, 皆是事之難者. 若能明之得理, 則治國[3]之諸事, 其如指掌中之物, 言其易了.

번역 ●經文: "治國其如指諸掌而已乎". ○교사(郊社)는 천지에게 제사 지내는 방법이다. 상체(嘗禘)는 종묘에서 제사지내는 방법이다. 이 모두는 일 중에서도 어려운 것이다. 만약 그것을 해박하게 알아서 그 이치를 터득하게 된다면, 나라를 다스리는 여러 사안들은 손바닥 위에 있는 사물을 가리키는 것과 같으니, 매우 쉽다는 뜻이다.

訓纂 釋言: 指, 示也.

번역 『이아』「석언(釋言)」편에서 말하길, '지(指)'자는 "보다[示]."는 뜻이다.[4]

참고 원문비교

예기대전 · 중니연거(仲尼燕居) 子曰, "明乎郊社之義 · 嘗禘之禮, 治國其如指諸掌而已乎."

공자가어 · 논례(論禮) "明乎郊社之義 · 禘嘗之禮, 治國其如指諸掌而已."

---

3) '국(國)'자에 대하여. '국'자는 본래 없던 글자인데, 완원(阮元)의 『교감기(校勘記)』에서는 "혜동(惠棟)의 『교송본(校宋本)』에는 '국'자가 기록되어 있으니, 이곳 판본에는 '국'자가 누락된 것이다."라고 했다.

4) 『이아』「석언(釋言)」 : 觀 · 指, 示也.

【599d】

"是故以之居處有禮, 故長幼辨也; 以之閨門之內有禮, 故三族和也; 以之朝廷有禮, 故官爵序也; 以之田獵有禮, 故戎事閑也; 以之軍旅有禮, 故武功成也."

직역 "是故로 之로써 居處하여 禮가 有하니, 故로 長幼가 辨하며; 之로써 閨門의 內하여 禮가 有하니, 故로 三族이 和하고; 之로써 朝廷하여 禮가 有하니, 故로 官爵이 序하며; 之로써 田獵하여 禮가 有하니, 故로 戎事가 閑하고; 之로써 軍旅하여 禮가 有하니, 故로 武功이 成한다."

의역 공자가 계속하여 말하길, "이러한 까닭으로 이를 통해 거처하게 되면 예가 있게 되므로 장유관계가 변별된다. 이를 통해 집안에서 시행하면 예가 있게 되므로 삼족이 화목하게 된다. 이를 통해 조정에서 시행하면 예가 있게 되므로 관직과 작위에 질서가 생긴다. 이를 통해 사냥을 하게 되면 예가 있게 되므로 군대와 관련된 일들이 정돈된다. 이를 통해 군대에서 시행하면 예가 있게 되므로 무공이 이루어진다."라고 했다.

集說 三族, 父·子·孫也. 上文言郊社以下五者, 此又言居處以下五事, 皆所以明禮之無乎不在也.

번역 '삼족(三族)'은 부모·자식·손자이다. 앞에서는 교사(郊社)로부터 그 이하의 다섯 가지를 언급했고, 이곳에서는 재차 거처(居處)로부터 그 이하의 다섯 가지 사안을 언급했는데, 이 모두는 예(禮)가 있지 않은 곳이 없음을 드러내는 것이다.

大全 嚴陵方氏曰: 居言其常居, 處言其暫處. 田以所取之利言之, 獵以所獲之物言之. 室有奧阼, 席有上下, 所謂居處有禮也, 故長幼辨. 父父·子子·兄兄·弟弟·夫夫·婦婦, 所謂閨門有禮也, 故三族和. 設官分職, 列爵分土,

所謂朝廷有禮也, 故官爵序. 春蒐 · 夏苗 · 秋獮 · 冬狩, 所謂田獵有禮也, 故
戎事閑. 進退有度, 左右有局, 所謂軍旅有禮也, 故武功成. 或曰戎事, 或曰武
功, 何也? 以器言則曰戎, 以道言則曰武. 器之所用者小, 而道之所致者大, 故
於事則曰戎, 於功則曰武. 戎事閑, 然後武功成, 固其序也.

번역 엄릉방씨가 말하길, '거(居)'자는 항상 머무는 곳을 뜻하며, '처(處)'
자는 잠시 머무는 곳을 뜻한다. '전(田)'은 사냥을 통해 취하는 이득을 기준
으로 한 말이고, '엽(獵)'은 사냥을 통해 포획한 사물을 기준으로 한 말이다.
실(室)에는 아랫목과 동쪽계단이 구분되고, 자리[席]에는 상하의 구분이 있
으니, 이른바 거처함에 예가 있다는 뜻이 되므로 장유관계가 변별된다. 부
친이 부친답고 자식이 자식다우며 형이 형답고 동생이 동생다우며 남편이
남편답고 부인이 부인다우니, 이른바 가정에 예가 있다는 뜻이 되므로 삼
족이 화목하게 된다. 관직을 설치하고 직분을 나누며, 작위를 서열대로 나
누고 땅을 나눠주니, 이른바 조정에 예가 있다는 뜻이 되므로 관직과 작위
가 질서정연하게 된다. 봄사냥인 수(蒐)[5] · 여름사냥인 묘(苗)[6] · 가을사냥
인 선(獮)[7] · 겨울사냥인 수(狩)[8]는[9] 이른바 사냥이 예가 있다는 뜻이 되

---

5) 수(蒐)는 수전(蒐田)이라고도 부른다. 봄에 시행하는 사냥을 뜻하며, 또한 사
   냥 전체를 범칭하는 용어로도 사용되었다. '수'자는 "찾는다[索]."는 뜻으로,
   사냥을 할 때 새끼를 잉태하지 않은 동물을 가려서 잡기 때문에 이러한 명칭
   이 붙었다.
6) 묘(苗)는 사냥의 한 종류이다. 동물들이 곡식의 싹을 해치는 것을 방지하기
   위해, 여름에 사냥을 시행했는데, 이러한 뜻에서 여름에 실시하는 사냥을
   '묘'라고 불렀다. 참고적으로 각 계절에 따라 사냥의 명칭을 다르게 부르는
   데, 봄에 실시하는 사냥은 수(蒐)라고 불렀고, 가을은 선(獮)이라고 불렀으
   며, 겨울은 수(狩)라고 불렀다. 『춘추좌씨전』 「은공(隱公) 5년」편에는 "故春
   蒐, 夏苗, 秋獮, 冬狩, 皆於農隙以講事也."라는 기록이 있는데, 이에 대한 두
   예(杜預)의 주에서는 "苗, 爲苗除害也."라고 풀이했다. 한편 일설(一說)에는
   봄에 시행하는 사냥을 묘(苗)라고 부른다고 주장한다. 『춘추공양전』 「환공(桓
   公) 4년」편에는 "春曰苗."라는 기록이 있다.
7) 선(獮)은 가을철에 실시하는 사냥을 뜻한다. '선'자는 "죽인다[殺]."는 뜻이다.
   가을 사냥을 죽인다는 뜻의 '선'자로 부르는 것은 가을의 숙살(肅殺)하는 기
   운에 따르기 때문이다.
8) 수(狩)는 겨울에 시행하는 사냥을 뜻한다. '수'자는 포위한다는 뜻이다. 겨울

므로 군대의 일들이 정돈된다. 나아가고 물러남에 법도가 있고, 좌측과 우측에 각각 분담하는 영역이 있는 것[10]이 이른바 군대에 예가 있다는 뜻이 되므로 무공이 이루어진다. 어떤 곳에서는 '융사(戎事)'라고 부르고 또 어떤 곳에서는 '무공(武功)'이라고 부른 것은 어째서인가? 기물을 기준으로 말한다면 '융(戎)'이라고 부르고, 도리를 기준으로 말한다면 '무(武)'라고 부른다. 기물은 사용되는 범위가 작고 도리로 이루는 것은 크기 때문에 구체적인 일에 대해서는 '융(戎)'이라고 부르고 공적에 대해서는 '무(武)'라고 부른 것이다. 군대와 관련된 일들이 정돈된 뒤에야 무공이 완성되니, 진실로 그 순서가 이와 같은 것이다.

鄭注 辨, 別也. 三族, 父·子·孫也.

번역 '변(辨)'자는 "구별하다[別]."는 뜻이다. '삼족(三族)'은 부모·자식·손자이다.

釋文 長, 丁丈反, 後皆同.

번역 '長'자는 '丁(정)'자와 '丈(장)'자의 반절음이며, 이후에 나오는 글자는 모두 그 음이 이와 같다.

訓纂 釋詁: 閑, 習也.

번역 『이아』「석고(釋詁)」편에서 말하길, '한(閑)'자는 "익히다[習]."는 뜻이다.[11]

에는 만물이 완성되는 시기이므로, 겨울철 사냥에서는 포위해서 동물을 취하며, 잉태한 동물 등을 가리는 절차가 없게 된다.
 9) 『춘추좌씨전』「은공(隱公) 5년」: 故春蒐·夏苗·秋獮·冬狩, 皆於農隙以講事也.
10) 『예기』「곡례상(曲禮上)」【39d】: 進退有度, 左右有局, 各司其局.
11) 『이아』「석고(釋詁)」: 閑·狎·串·貫, 習也.

참고 원문비교

예기대전 · 중니연거(仲尼燕居) "是故以之居處有禮, 故長幼辨也; 以之閨門之內有禮, 故三族和也; 以之朝廷有禮, 故官爵序也; 以之田獵有禮, 故戎事閑也; 以之軍旅有禮, 故武功成也."

공자가어 · 논례(論禮) "是故居家有禮, 故長幼辨, 以之閨門有禮, 故三族和; 以之朝廷有禮, 故官爵序; 以之田獵有禮, 故戎事閑; 以之軍旅有禮, 故武功成."

【600a】

"是故宮室得其度, 量鼎得其象, 味得其時, 樂得其節, 車得其式, 鬼神得其饗, 喪紀得其哀, 辨說得其黨, 官得其體, 政事得其施, 加於身而錯於前, 凡衆之動得其宜."

직역 "是故로 宮室은 그 度를 得하고, 量鼎은 그 象을 得하며, 味는 그 時를 得하고, 樂은 그 節을 得하며, 車는 그 式을 得하고, 鬼神은 그 饗을 得하며, 喪紀는 그 哀를 得하고, 辨說은 그 黨을 得하며, 官은 그 體를 得하고, 政事는 그 施를 得하여, 身에 加하여 前에 錯하니, 凡衆의 動이 그 宜를 得한다."

의역 공자가 계속하여 말하길, "이러한 까닭으로 궁실의 제도는 그 법도를 얻게 되고, 양(量)이나 정(鼎)과 같은 기물들은 그 형상을 얻게 되며, 맛은 적절한 시기를 얻게 되고, 음악은 절도를 얻게 되며, 수레는 정해진 법식을 얻게 되고, 귀신은 흠향을 얻게 되며, 상례의 규정들은 그에 알맞은 슬픔을 나타내게 되고, 변설은 때와 장소에 알맞게 되며, 관부는 자신이 담당해야 할 본체를 얻게 되고, 정사는 적절하게 시행되니, 이러한 것들을 자신에게 부여하여 앞서 그것들을 시행하므로, 대중들의 행실이 그 마땅함을 얻게 된다."라고 했다.

集說 方氏曰: 奧爲尊者所居, 阼爲主者所在, 寢則無侵, 房則有方, 至是極而中者爲極, 自是衰而殺者爲榱, 楹以盈而有所任也, 檐以瞻而有所至也. 櫨, 若顱然; 楣, 若眉然, 如是則宮室得其度矣. 若魯莊公丹楹刻桷, 臧文仲山節藻梲, 蓋失其度故也. 量, 左爲升, 以象陽之所升; 右爲合, 以象陰之所合. 仰者爲觓, 以象顯而有所承; 覆者爲斗, 以象隱而有所庇. 外圜其形, 動以天也; 內方其形, 靜以地也. 鼎口在上, 以象有所安乎上; 足在下, 以象有所立乎下. 大者爲鼐, 以象氣之所仍; 揜者爲鼒, 以象才之所任. 足奇其數, 參乎天也; 耳偶其數, 兩乎地也. 非特此而已, 以兆之則有庇, 以旣之則有槪, 而量之所象又有如此者; 以貫之則有耳, 以舉之則有鉉, 而鼎之所象又有如此者. 其音足以中黃鍾, 而量又有樂之象焉; 其亨足以享上帝, 而鼎又有禮之象焉. 易曰, "以制器者尙其象", 蓋謂是矣. 然其器疏以達者所以象春, 高以粗者所以象夏, 廉以深之象秋, 閎以奄之象冬, 器固無適而非象也. 止以量·鼎爲言者, 蓋量爲器之大者, 大者得其象則小者從可知; 鼎爲器之重者, 重者得其象, 則輕者從可知. 若春多酸, 夏多苦, 秋多辛, 冬多鹹, 所謂味得其時也. 陽而不散, 陰而不密, 剛氣不怒, 柔氣不慴, 所謂樂得其節也. 車得其式者, 六等之數, 作車之式也; 五路之用, 乘車之式也. 鬼神得其饗者, 若天神皆降, 地祇皆出, 人鬼皆格, 可得而禮是矣. 喪紀得其哀者, 或發於容體, 或發於聲音, 或發於言語飮食, 或發於居處衣服, 而各得其哀也. 辨說得其黨, 若在官言官, 在府言府, 在庫言庫, 在朝言朝之類. 官得其體, 若天官掌邦治, 地官掌邦敎之類. 政事得其施, 若施典于邦國, 施則於都鄙, 施法于官府之類.

번역 방씨가 말하길, 아랫목은 존귀한 자가 머무는 곳이고 동쪽계단은 주인이 위치하는 곳이며, 침(寢)에는 구석지고 누추한 곳이 없고 방(房)에는 반듯하게 지어졌는데, 지극히 높고 가운데 알맞게 자리한 것은 대들보[極]이고, 후미진 곳으로부터 크기가 줄어드는 것은 서까래[榱]이며, 기둥[楹]은 가득 차서 떠받들고 있는 것이 있으며, 처마[檐]는 우러러보며 점점 높아지는 점이 있다. 두공[櫨]은 두개골처럼 된 것이고, 차양[楣]은 눈썹처럼 된 것이니, 이와 같다면 궁실이 그 법도를 얻은 것이다. 마치 노(魯)나라 장공(莊公)처럼 기둥에 붉은색의 옻칠을 하고[12] 서까래에 조각을 하며,[13]

장무중(臧文仲)처럼 두공에 산 모양을 조각하고 동자기둥에 수초를 그린 것14)들은 법도를 잃어버렸기 때문이다. '양(量)'의 좌측은 승(升)15)이 되니 양(陽)이 상승[升]하는 것을 상징하고, 우측은 합(合)16)이 되니 음(陰)이 합하는 것을 상징한다. 위로 치켜든 것은 곡(斛)17)이 되니 드러나서 받들고 있음을 상징하고, 덮는 것은 두(斗)18)가 되니 드러나지 않고 덮어주는 것이 있음을 상징한다. 겉에 있어 그 형태를 둥글게 한 것은 움직일 때에는 하늘의 도에 따르는 것이고, 안에 있어 그 형태를 사각형으로 한 것은 고요할 때 땅의 도에 따르는 것이다. 솥[鼎]의 입구는 위에 있어서 위에 있어 편안하게 하는 바가 있음을 상징하고, 다리는 아래에 있어서 아래로 서는 점이 있음을 상징한다. 큰 것은 내(鼐)가 되니 기운이 거듭되는 것을 상징하고, 작은 것은 자(鼒)가 되니 재질에 따라 맡고 있는 것을 상징한다. 다리를 홀수로 만드는 것은 하늘의 도에 참여하는 것이고, 귀를 짝수로 만드는 것은 땅의 도에 따르는 것이다. 단지 여기에만 한정된 것이 아니니, 그것에 채우면 채워지지 않고 움푹 들어간 곳이 있고, 수북하게 쌓이면 그것을 다

---

12) 『춘추』「장공(莊公) 23년」: 秋, 丹桓宮楹.

13) 『춘추』「장공(莊公) 24년」: 二十有四年, 春, 王三月, 刻桓宮桷.

14) 『논어』「공야장(公冶長)」: 子曰, "臧文仲居蔡, 山節藻梲, 何如其知也?"

15) 승(升)은 용량을 재는 단위이다. 지역 및 각 시대마다 다소 차이를 보이는데, 고대에는 10합(合)을 1승(升)으로 여겼고, 10승(升)을 1두(斗)로 여겼다. 『한서(漢書)』「율력지상(律曆志上)」편에는 "合龠爲合, 十合爲升."이라는 기록이 있다.

16) 합(合)은 용량을 재는 단위이다. 10분의 1승(升)이다. 『손자산경(孫子算經)』에서는 "十抄爲一勺, 十勺爲一合, 十合爲一升."이라고 했다. 즉 10초(抄)는 1작(勺)이 되고, 10작(勺)은 1합(合)이 되며, 10합(合)은 1승(升)이 된다는 뜻이다. 또 유향(劉向)의 『설원(說苑)』「변물(辨物)」편에서는 "千二百黍爲一龠, 十龠爲一合, 十合爲一升."이라고 했다. 즉 서(黍) 1,250개의 알갱이는 1약(龠)이 되고, 10약(龠)은 1합(合)이 되며, 10합(合)은 1승(升)이 된다는 뜻이다.

17) 곡(斛)은 곡(斛)이라고도 기록한다. '곡'은 곡식의 양을 재는 기구이자, 그 수량을 표시하는 단위였다. 지역 및 각 시대마다 다소 차이를 보이는데, 고대에는 10두(斗)가 1곡이었다. 『의례』「빙례(聘禮)」편에는 "十斗曰斛."이라는 기록이 있다.

18) 두(斗)는 곡식 등의 양을 재는 기구이자, 그 수량을 표시하는 단위였다. 지역 및 각 시대마다 다소 차이를 보이는데, 고대에는 10승(升)이 1두였다.

듣는 평미레가 있으니, 양(量)이 상징하는 것에는 또한 이와 같은 점도 있
는 것이다. 또 그것에 들 것을 끼우게 되면 끼우는 귀가 있는 것이고 그것을
들게 되면 현(鉉)이 있으니, 정(鼎)이 상징하는 것에는 또한 이와 같은 점이
있는 것이다. 그리고 양(量)의 소리는 충분히 황종(黃鍾)이라는 음에 알맞
아서, 양(量)에는 또한 음악의 상이 있는 것이고, 정(鼎)으로 희생물을 삶으
면 충분히 상제(上帝)를 흠향시킬 수 있어서, 정(鼎)에는 또한 예(禮)의 상
이 있는 것이다. 『역』에서 "기물을 만드는 자는 그 상을 숭상한다."19)라고
한 말도 아마 이러한 뜻을 나타낼 것이다. 그리고 기물을 세밀하지 않은
거친 문양으로 새겨놓으면서도 곧고 매끈하게 만드는 것은 봄을 상징하는
것이고,20) 높게 만들면서도 거칠고 크게 만드는 것은 여름을 상징하는 것
이며,21) 뾰족하게 만들면서도 깊게 만드는 것은 가을을 상징하는 것이
고,22) 가운데는 넓게 만들되 윗부분은 좁게 만드는 것은 겨울을 상징하는
것이니,23) 기물은 그 상을 나타내지 않는 것들이 없다. 그런데 단지 양(量)

---

19) 『역』「계사상(繫辭上)」 : 易有聖人之道四焉, 以言者尙其辭, 以動者尙其變, 以
制器者尙其象, 以卜筮者尙其占.
20) 『예기』「월령(月令)・맹춘(孟春)」【188d】: 乘鸞路, 駕倉龍, 載靑旂, 衣靑衣,
服倉玉, 食麥與羊, 其器, 疏以達. / 『예기』「월령・중춘(仲春)」【193c】: 天子,
居靑陽太廟, 乘鸞路, 駕倉龍, 載靑旂, 衣靑衣, 服倉玉, 食麥與羊, 其器, 疏以達.
/ 『예기』「월령・계춘(季春)」【196b】: 天子, 居靑陽右个, 乘鸞路, 駕倉龍, 載
靑旂, 衣靑衣, 服倉玉, 食麥與羊, 其器, 疏以達.
21) 『예기』「월령(月令)・맹하(孟夏)」【200a】: 乘朱路, 駕赤駵, 載赤旂, 衣朱衣,
服赤玉, 食菽與雞, 其器, 高以粗. / 『예기』「월령・중하(仲夏)」【202c】: 天子,
居明堂太廟, 乘朱路, 駕赤駵, 載赤旂, 衣朱衣, 服赤玉, 食菽與雞, 其器, 高以粗.
/ 『예기』「월령・계하(季夏)」【205c】: 天子, 居明堂右个, 乘朱路, 駕赤駵, 載
赤旂, 衣朱衣, 服赤玉, 食菽與雞, 其器, 高以粗.
22) 『예기』「월령(月令)・맹추(孟秋)」【209d】: 載白旂, 衣白衣, 服白玉, 食麻與
犬, 其器, 廉以深. / 『예기』「월령・중추(仲秋)」【211b】: 天子, 居總章太廟,
乘戎路, 駕白駱, 載白旂, 衣白衣, 服白玉, 食麻與犬, 其器, 廉以深. / 『예기』「월
령・계추(季秋)」【214a】: 天子, 居總章右个, 乘戎路, 駕白駱, 載白旂, 衣白衣,
服白玉, 食麻與犬, 其器, 廉以深.
23) 『예기』「월령(月令)・맹동(孟冬)」【217c】: 服玄玉, 食黍與彘, 其器, 閎以奄. /
『예기』「월령・중동(仲冬)」【220a~b】: 天子, 居玄堂太廟, 乘玄路, 駕鐵驪,
載玄旂, 衣黑衣, 服玄玉, 食黍與彘, 其器, 閎以奄. / 『예기』「월령・계동(季冬)」
【222d】: 天子, 居玄堂右个, 乘玄路, 駕鐵驪, 載玄旂, 衣黑衣, 服玄玉, 食黍與

과 정(鼎)으로만 말한 것은 양(量)은 기물 중에서도 큰 것이고, 큰 것이 그 상을 얻으면 작은 것들도 상을 얻게 됨을 그에 따라 알 수 있기 때문이고, 정(鼎)은 기물 중에서도 중요한 것인데, 중요한 것이 그 상을 얻으면 상대적으로 덜 중요한 것들도 상을 얻게 됨을 그에 따라 알 수 있기 때문이다. 예를 들어 "봄에는 신맛을 많이 내고, 여름에는 쓴맛을 많이 내며, 가을에는 매운 맛을 많이 내고, 겨울에는 짠맛을 많이 낸다."[24]라고 한 것들이 바로 맛이 그 때를 얻었다는 뜻이다. "양(陽)에 해당하는 것들이 흩어지지 않게끔 하고, 음(陰)에 해당하는 것들이 숨지 않도록 했으며, 굳센 기운이 성냄에 이르지 않도록 했고, 부드러운 기운이 겁냄에 이르지 않도록 한다."[25]라고 한 것들이 바로 음악이 절도를 얻는다는 뜻이다. "수레가 식(式)을 얻는다."라고 했는데, 여섯 등급[26]이 규정에 따라 수레 만드는 법식을 지킨다는 뜻이며, 오로(五路)[27]의 쓰임에 있어서 수레를 타는 법식을 뜻한다. "귀신이 향(饗)을 얻는다."라고 했는데, 예를 들어 천신이 모두 강림하고, 지기가 모두 나타나며, 인귀(人鬼)가 모두 이르러서 예(禮)에 따라 흠향시킬 수 있는 것을 가리킨다.[28] "상기(喪紀)가 애(哀)를 얻는다."라고 했는데, 어떤 때

毚, 其器, 閎以奄.

24) 『예기』「내칙(內則)」【356b】: 凡和, 春多酸, 夏多苦, 秋多辛, 冬多鹹, 調以滑甘.

25) 『예기』「악기(樂記)」【470a】: 是故先王本之情性, 稽之度數, 制之禮義, 合生氣之和, 道五常之行, 使之陽而不散, 陰而不密, 剛氣不怒, 柔氣不懾, 四暢交於中, 而發作於外, 皆安其位而不相奪也. 然後立之學等, 廣其節奏, 省其文采, 以繩德厚, 律小大之稱, 比終始之序, 以象事行, 使親疏貴賤長幼男女之理, 皆形見於樂. 故曰, "樂觀其深矣."

26) 육등(六等)은 여섯 종류의 계급을 뜻한다. 주로 제후국의 계급에 해당한다. 순서에 따라 군(君) · 경(卿) · 대부(大夫) · 상사(上士) · 중사(中士) · 하사(下士)를 뜻한다. 『맹자』「만장하(萬章下)」편에는 "君一位, 卿一位, 大夫一位, 上士一位, 中士一位, 下士一位, 凡六等."이라는 기록이 있다.

27) 오로(五路)는 오로(五輅)라고도 기록한다. 고대의 천자가 탔던 다섯 종류의 수레를 뜻한다. 다섯 종류의 수레는 옥로(玉路) · 금로(金路) · 상로(象路) · 혁로(革路) · 목로(木路)이다. 또한 왕후(王后)가 탔던 다섯 종류의 수레를 뜻하기도 한다. 왕후가 탔던 다섯 종류의 수레는 중적(重翟) · 염적(厭翟) · 안거(安車) · 적거(翟車) · 연거(輦車)이다.

28) 『주례』「춘관(春官) · 대사악(大司樂)」: 凡樂, 圜鍾爲宮, 黃鍾爲角, 大蔟爲徵,

에는 용모와 몸을 통해 나타나고,[29] 어떤 때에는 소리와 음을 통해 나타나
며,[30] 어떤 때에는 언어[31]와 음식[32]으로 나타나며, 어떤 때에는 거처[33]와
의복[34]을 통해 나타나서 각각 그 슬픔에 합당하게 됨을 뜻한다. "변설(辨
說)이 당(黨)을 얻는다."라고 했는데, 예를 들어 군주의 명령이 관부[官]에
대한 내용이라면 관부에 대해서 논의하고, 부(府)에 대한 내용이라면 부
(府)에 대해서 논의하며, 고(庫)에 대한 내용이라면 고(庫)에 대해서 논의
하고, 조정[朝]에 대한 내용이라면 조정에 대해서 논의한다고 했던 부류에
해당한다.[35] "관(官)이 체(體)를 얻는다."라고 했는데, 예를 들어 천관(天
官)에 속한 자들이 나라의 정사를 담당하고,[36] 지관(地官)에 속한 자들이

姑洗爲羽, 雷鼓雷鼗, 孤竹之管, 雲和之琴瑟, 雲門之舞, 冬日至, 於地上之圜丘
奏之, 若樂六變, 則天神皆降, <u>可得而禮矣</u>. 凡樂, 函鍾爲宮, 大蔟爲角, 姑洗爲
徵, 南呂爲羽, 靈鼓靈鼗, 孫竹之管, 空桑之琴瑟, 咸池之舞, 夏日至, 於澤中之
方丘奏之, 若樂八變, 則<u>地示皆出, 可得而禮矣</u>. 凡樂, 黃鍾爲宮, 大呂爲角, 大
蔟爲徵, 應鍾爲羽, 路鼓路鼗, 陰竹之管, 龍門之琴瑟, 九德之歌, 九韶之舞, 於
宗廟之中奏之, 若樂九變, 則<u>人鬼可得而禮矣</u>.

29) 『예기』「간전(間傳)」【665a~b】: 斬衰何以服苴? 苴, 惡貌也, 所以首其內而見
諸外也. 斬衰貌若苴, 齊衰貌若枲, 大功貌若止, 小功緦麻容貌可也. <u>此哀之發於
容體者也</u>.

30) 『예기』「간전(間傳)」【665c】: 斬衰之哭若往而不反, 齊衰之哭若往而反, 大功
之哭三曲而偯, 小功緦麻哀容可也. <u>此哀之發於聲音者也</u>.

31) 『예기』「간전(間傳)」【665d】: 斬衰唯而不對, 齊衰對而不言, 大功言而不議,
小功緦麻議而不及樂. <u>此哀之發於言語者也</u>.

32) 『예기』「간전(間傳)」【666a】: 斬衰三日不食, 齊衰二日不食, 大功三不食, 小
功緦麻再不食, 士與斂焉則壹不食. 故父母之喪旣殯食粥, 朝一溢米, 莫一溢米.
齊衰之喪疏食水飮, 不食菜果. 大功之喪不食醯醬, 小功緦麻不飮醴酒. <u>此哀之
發於飮食者也</u>.

33) 『예기』「간전(間傳)」【666b~c】: 父母之喪居倚廬, 寢苫枕塊, 不說絰帶. 齊衰
之喪, 居堊室, 苄翦不納. 大功之喪寢有席. 小功緦麻牀可也. <u>此哀之發於居處者
也</u>.

34) 『예기』「간전(間傳)」【666d】: 斬衰三升, 齊衰四升五升六升, 大功七升八升九
升, 小功十升十一升十二升, 緦麻十五升, 去其半. 有事其縷無事其布曰緦. <u>此哀
之發於衣服者也</u>.

35) 『예기』「곡례하(曲禮下)」【65d】: 君命, 大夫與士肄, <u>在官言官, 在府言府, 在
庫言庫, 在朝言朝</u>.

36) 『주례』「천관총재(天官冢宰)」: 乃立<u>天官</u>冢宰, 使帥其屬而<u>掌邦治</u>, 以佐王均邦
國.

나라의 교화를 담당하는 부류와 같다.[37] "정사(政事)가 시(施)를 얻는다."
라고 했는데, 예를 들어 나라에 육전(六典)[38]을 시행하고,[39] 도비(都鄙)[40]
에 팔칙(八則)[41]을 시행하며,[42] 관부에 팔법(八法)[43]을 시행하는 부류와

---

37) 『주례』「지관사도(地官司徒)」: 乃立地官司徒, 使帥其屬而掌邦敎, 以佐王安擾
邦國.

38) 육전(六典)은 치전(治典), 교전(敎典), 예전(禮典), 정전(政典), 형전(刑典), 사
전(事典)을 뜻한다. 고대에 국가를 통치하던 여섯 방면의 법령을 가리킨다.
국가의 전반적인 통치, 교화, 예법, 전장제도(典章制度), 형벌, 임무수행에 대
한 법이다. 『주례』「천관(天官)·대재(大宰)」편에는 "大宰之職, 掌建邦之六典,
以佐王治邦國. 一曰治典, 以經邦國, 以治官府, 以紀萬民. 二曰敎典, 以安邦國,
以敎官府, 以擾萬民. 三曰禮典, 以和邦國, 以統百官, 以諧萬民. 四曰政典, 以
平邦國, 以正百官, 以均萬民. 五曰刑典, 以詰邦國, 以刑百官, 以糾萬民. 六曰
事典, 以富邦國, 以任百官, 以生萬民."이라는 기록이 있다.

39) 『주례』「천관(天官)·대재(大宰)」: 乃施典于邦國, 而建其牧, 立其監, 設其參,
傅其伍, 陳其殷, 置其輔.

40) 도비(都鄙)는 천자의 수도에 있는 신하 및 자제들의 채지(采地)를 뜻한다. 『
주례』「천관(天官)·대재(大宰)」편에는 "以八則治都鄙."라는 기록이 있는데,
이에 대한 정현의 주에서는 "都鄙, 公卿大夫之采邑, 王子弟所食邑."이라고 풀
이했고, 손이양(孫詒讓)의 정의(正義)에서는 "凡公卿大夫貴戚有功德, 得世祿
者, 皆頒邑以爲其祿, 是謂采邑. 在王子弟無官者, 雖無祿, 而得以恩澤食邑"이
라고 풀이했다.

41) 팔칙(八則)은 제사(祭祀), 법칙(法則), 폐치(廢置), 녹위(祿位), 부공(賦貢), 예
속(禮俗), 형상(刑賞), 전역(田役)을 뜻한다. 도비(都鄙)를 다스리던 여덟 가
지 법령을 의미한다. '제사'는 채지(采地)에 포함된 대상들에 대해서 제사를
지냄으로써 귀신들을 좋은 쪽으로 인도하는 것이다. '법칙'은 관부에서 따르
고 있는 제도이니, 제도에서 벗어나지 않게끔 하여 관부를 좋은 쪽으로 인도
하는 것이다. '폐치'는 잘못을 저질렀거나 무능한 자라면 물러나게 하고 현명
하고 유능한 자라면 등용하는 것으로, 이를 통해 아전들을 좋은 쪽으로 인도
하는 것이다. '녹위'는 학사(學士)들 중에서 뛰어난 행실과 학문적 성취가 높
은 자를 가려서 녹봉과 작위를 주는 것으로, 이를 통해 학사들을 좋은 쪽으
로 인도하는 것이다. '부공'은 채지(采地)의 백성들에게서 세금을 거두고, 관
부에서 재화의 쓰임을 절제함으로써 재화의 쓰임을 좋은 쪽으로 인도하는
것이다. '예속'은 예법에 따라 풍속을 변화하고, 백성들이 그에 따라 행동하
도록 만들어서 백성들을 좋은 쪽으로 인도하는 것이다. '형상'은 죄를 지은
자에게는 형벌을 부여하고 공을 이룬 자에게는 상을 하사하여 백성들을 좋
은 쪽으로 인도하고 위엄을 외경하게 만드는 것이다. '전역'은 사냥을 하며
백성들을 동원할 때, 그들이 농사를 지어야 할 시기를 놓치지 않게끔 하여
대중들을 좋은 쪽으로 인도하는 것이다. 『주례』「천관(天官)·대재(大宰)」편

같다.[44]

集說　劉氏曰: 禮以制中, 無過無不及, 克己復禮爲仁, 則溥博淵泉而時出

에는 "以八則治都鄙: 一曰祭祀, 以馭其神; 二曰法則, 以馭其官; 三曰廢置, 以
馭其吏; 四曰祿位, 以馭其士; 五曰賦貢, 以馭其用; 六曰禮俗, 以馭其民; 七曰
刑賞, 以馭其威; 八曰田役, 以馭其衆."이라는 기록이 있다.

42) 『주례』「천관(天官)·대재(大宰)」: 乃施則于都鄙, 而建其長, 立其兩, 設其伍,
陳其殷, 置其輔.

43) 팔법(八法)은 관속(官屬), 관직(官職), 관련(官聯), 관상(官常), 관성(官成), 관
법(官法), 관형(官刑), 관계(官計)를 뜻한다. 국가를 통치하기 위해 마련된 법
(法)을 뜻하는 것으로, 앞서 열거했던 여덟 가지 항목들은 국가에 소속된 관
리들과 백성들에게 통상적으로 적용되는 여덟 가지 법률 가리킨다. 첫 번째
'관속(官屬)'은『주례』에 기록된 천관(天官), 지관(地官), 춘관(春官), 하관(夏
官), 추관(秋官), 동관(冬官) 등 여섯 개의 관부를 뜻하는 말이며, 각각의 관
부에는 60개의 관직이 소속되어 있다. 그렇기 때문에 '관속'이라고 부르는 것
으로, 이러한 '관속'을 통해서 국가의 정치를 시행하게 된다. 두 번째 '관직
(官職)'은 여섯 관부에서 각자 맡고 있는 직무를 뜻한다. 직무는 또한 그 분
야에 따라 치직(治職), 교직(敎職), 예직(禮職), 정직(政職), 형직(刑職),
사직(事職) 등 여섯 가지로 나뉘는데, '관직'은 이러한 여섯 가지 직무를 통
해 국가의 정치를 분야별로 구분하는 것이다. 세 번째 '관련(官聯)'은 국가의
큰 행사가 있을 때, 관련된 임무를 협조하여 함께 시행한다는 뜻으로, 이러
한 '관련'을 통해 각 관부의 기능과 치적을 규합하게 된다. 네 번째 '관상(官
常)'은 각 관부에게 고유하게 주어진 각자의 임무를 뜻한다. 이러한 임무들
은 각 관부에서 일상적으로 시행하는 것들을 뜻한다. 다섯 번째 '관성(官成)'
은 일종의 규범으로, 각 관부에서 업무를 처리하며 작성한 문서들이다. 각
사안마다 일을 처리하는 방식을 기록하여, 새로운 업무를 처리할 때 참고하
여 따르게 된다. 여섯 번째 '관법(官法)'은 각 관부에서 따르고 있는 규율 및
법칙을 뜻한다. 즉 각 관부에서는 해당 부서의 규율 및 법칙에 따라 임무를
시행하며, 국가의 각 분야를 통치한다는 뜻이다. 일곱 번째 '관형(官刑)'은 각
종 형벌 제도를 뜻한다. '관형'에 따라서 국가의 규율을 세우게 된다. 여덟 번
째 '관계(官計)'는 각 관부의 치적을 평가하여 상벌을 시행하는 것이다. 『주
례』「천관(天官)·대재(大宰)」편에는 "以八法治官府. 一曰官屬, 以擧邦治. 二
曰官職, 以辨邦治. 三曰官聯, 以會官治. 四曰官常, 以聽官治. 五曰官成, 以經
邦治. 六曰官法, 以正邦治. 七曰官刑, 以糾邦治. 八曰官計, 以弊邦治."라는 기
록이 있다.

44) 『주례』「천관(天官)·대재(大宰)」: 乃施法于官府, 而建其正, 立其貳, 設其攷,
陳其殷, 置其輔.

之, 故凡衆之動, 無不得其時中之宜. 經禮三百, 曲禮三千, 無一事之非仁也.

번역 유씨가 말하길, 예에 따라 중도에 맞게 하여 지나침도 없고 미치지 못함도 없게 하며, 자신을 극복하여 예(禮)로 복귀할 수 있어서 인(仁)을 이루게 된다면, 넓고 광대하며 깊고 근본이 있어서 때에 맞게 나오기 때문에,[45] 대중들의 행실에 시중(時中)의 마땅함을 얻지 못함이 없게 된다. 또한 경례(經禮)는 300가지이고, 곡례(曲禮)는 3000가지라고 하지만[46] 하나라도 인(仁)하지 않은 것이 없다.

大全 石林葉氏曰: 人莫不有所居, 凡所遇之地, 與所安之地, 皆居處也. 其禮異於閨門, 故尙齒則言長幼, 尙親則言三族. 見於戰伐攻取, 所謂軍旅也. 其禮異於田獵, 故習其坐作進退則言戎事, 獻俘執馘則曰武功. 至於朝廷, 則序爵下賢之地, 止於官爵序而已矣. 宮室者, 居其身也, 有所居而不可無所養, 故量鼎與味, 養其身也. 有其養不可無所安, 故樂安其心, 車安其行也. 自宮室而車安其行, 則奉身者已備, 故幽而事鬼神, 饗則受福, 明而治喪紀, 哀不滅性. 出而從辨說, 則不失人, 以之居官, 則不失爲政之體, 政事則不失先後之施, 擧而措之, 衆動無不當於理, 亦禮之達者與.

번역 석림섭씨[47]가 말하길, 사람은 머물지 않는 곳이 없으니, 가게 된 곳이나 편안하게 여기는 장소도 모두 거처하는 곳이 된다. 그 예법이 집안과 다르기 때문에 나이를 숭상한다고 했을 때라면 장유관계를 말한 것이고, 친애함을 숭상한다고 했을 때라면 삼족을 말한 것이다. 전쟁이나 정벌을 통해 나타나는 것을 '군려(軍旅)'라고 부른다. 그 예법이 사냥과 다르기 때문에 앉거나 일어남 또 나아가거나 물러남을 익히는 것을 말할 때라면 융

---

45) 『중용』「31장」: 溥博淵泉, 而時出之.

46) 『예기』「예기(禮器)」【305c~d】: 禮也者, 猶體也. 體不備, 君子謂之不成人. 設之不當, 猶不備也. 禮有大有小, 有顯有微. 大者不可損, 小者不可益, 顯者不可揜, 微者不可大也. 故經禮三百, 曲禮三千, 其致一也. 未有入室而不由戶者.

47) 석림섭씨(石林葉氏, ?~A.D.1148): =섭몽득(葉夢得)·섭소온(葉少蘊). 남송(南宋) 때의 유학자이다. 자(字)는 소온(少蘊)이고, 호(號)는 몽득(夢得)이다. 박학다식했다고 전해지며, 『춘추(春秋)』에 대한 조예가 깊었다.

사(戎事)라고 말한 것이고, 포로를 종묘에 바치거나 적의 귀를 베는 것을 말할 때라면 무공(武功)이라고 말한 것이다. 조정에 있어서는 작위에 따라 차례를 정하고 자신을 낮춰 현명한 자를 높이는 곳이 되는데, 관직과 작위에 따라 서열을 정하는 것에 그칠 따름이다. '궁실(宮室)'은 자신의 몸이 머무는 곳인데, 머무는 곳이 있더라도 자신의 몸을 배양할 것이 없어서는 안 된다. 그렇기 때문에 양(量)·정(鼎) 및 맛이 그 몸을 길러주는 것이다. 길러주는 것이 있더라도 편안하게 해주는 것이 없어서는 안 된다. 그렇기 때문에 음악으로 그 마음을 편안하게 해주고, 수레로 이동을 편안하게 해주는 것이다. 궁실로부터 수레로 이동을 편안하게 해주는 것에 이르게 되면, 자신을 봉양해주는 것이 이미 갖춰진 것이다. 그렇기 때문에 그윽한 세상에 대해서는 귀신을 섬기니, 흠향을 하게 된다면 복을 받게 된다. 또 밝은 인간 세상에 대해서 상례의 법도를 다스리면 지나친 슬픔이 생명을 잃게 하지 않는다. 집밖으로 나와서 합당한 변설에 따른다면 남에 대해 잘못을 저지르지 않고, 이를 통해 관직에 몸담는다면 정치를 시행하는 본체를 잃지 않고, 정사는 선후의 시행을 놓치지 않으니, 이것을 시행한다면 대중들의 행동이 이치에 합당하지 않는 경우가 없게 된다. 따라서 이것은 또한 예(禮)가 두루 통한 것이 아니겠는가.

鄭注 凡言得者, 得法於禮也. 量, 豆·區·斗·斛也. 味, 酸苦之屬也. 四時有所多, 及獻所宜也. 式, 謂載也, 所載有尊卑. 辨禮之說, 謂禮樂之官教學者. 黨, 類也. 體, 尊卑異而合同.

번역 무릇 '득(得)'이라고 말한 것들은 예에 비춰보아 그 법도를 얻었다는 뜻이다. '양(量)'은 두(豆)[48]·구(區)[49]·두(斗)·곡(斛) 등을 뜻한다.

---

48) 두(豆)는 고대에 사용된 용기(容器)이다. 그 안에 수용되는 양을 표준으로 삼아서, 용량의 단위로 사용되기도 하였다. 4승(升) 만큼을 1'두'라고 불렀다. 『춘추좌씨전』「소공(昭公) 3년」편에는 "齊 舊四量, 豆·區·釜·鍾. 四升爲豆."라는 기록이 있고, 『의례』「사상례(士喪禮)」편에는 "稻米一豆實於筐."이라는 기록이 있는데, 이에 대한 정현의 주에서는 "豆, 四升."이라고 풀이했다. 한편 한 손에 담을 수 있는 양을 일(溢)이라고 부르고, 두 손에 담을 수 있는

‘미(味)’는 신맛이나 쓴맛 등을 뜻한다. 사계절에 따라 많이 첨가해야 할 점이 있고, 헌상할 때에도 각각 합당한 것이 있다. ‘식(式)’자는 “싣는다[載].”는 뜻이니, 싣는 것에도 존비의 차이가 있다. 예법에 대해 변별하는 말들은 예악을 담당하는 관리가 학생들을 가르치는 것 등을 뜻한다. ‘당(黨)’자는 부류[類]를 뜻한다. ‘체(體)’는 존비의 차이가 있지만 함께 하는 것이다.

釋文 量音諒, 注及下同. 錯, 七故反, 本又作措, 後同. 別, 彼列反, 下“其別”同. 區, 烏侯反.

번역 ‘量’자의 음은 ‘諒(량)’이며, 정현의 주 및 아래문장에 나오는 글자도 그 음이 이와 같다. ‘錯’자는 ‘七(칠)’자와 ‘故(고)’자의 반절음이며, 판본에 따라서는 또한 ‘措’자로도 기록하고, 뒤에 나오는 글자도 이와 같다. ‘別’자는 ‘彼(피)’자와 ‘列(렬)’자의 반절음이며, 아래문장에 나오는 ‘其別’에서의 ‘別’자도 이와 같다. ‘區’자는 ‘烏(오)’자와 ‘侯(후)’자의 반절음이다.

孔疏 ●“是故宮室得其度”者, 前經以說明乎郊社 · 嘗禘, 治國如指物於掌中, 此以下明治國諸事各得其所.

번역 ●經文: “是故宮室得其度”. ○앞의 경문에서는 변설을 통해 교사(郊社)와 상체(嘗禘)를 나타내며, 나라를 다스리는 것이 손바닥 위에 있는 사물을 가르치는 것과 같다고 했다. 이곳 문장으로부터 그 이하의 내용에서는 나라를 다스리는 여러 사안들이 각각 제자리를 찾는다는 사실을 나타내었다.

양을 국(掬)이라고 부르는데, ‘국’ 4개만큼을 1‘두’라고 부른다. 『소이아(小爾雅)』「광량(廣量)」편에는 “一手之盛謂之溢, 兩手謂之掬, 掬四謂之豆, 豆四謂之區.”라는 기록이 있다.

49) 구(區)는 고대에 사용된 용량을 재는 기구의 명칭이다. 또한 그 안에 수용되는 양을 표준으로 삼아서, 용량의 단위로 사용되기도 하였다. 4두(豆)가 1‘구’가 되었으니, 1‘구’는 곧 1두(斗) 6승(升)의 용량이 된다. 『춘추좌씨전』「소공(昭公) 3년」편에는 “齊 舊四量, 豆 · 區 · 釜 · 鍾.”이라는 기록이 있는데, 이에 대한 두예(杜預)의 주에서는 “四豆爲區, 區, 一斗六升.”이라고 풀이했다.

孔疏 ●“宮室得其度”者, 度, 謂制度, 高下大小得其依禮之度數. 凡言得者, 皆得法於禮也.

번역 ●經文: “宮室得其度”. ○‘도(度)’자는 제도를 뜻하니, 높고 낮음 크고 작음 등이 예법에 따른 도수에 맞는다는 의미이다. 무릇 ‘득(得)’이라고 한 말들은 모두 예에 비춰보아 그 법도를 얻었다는 뜻이다.

孔疏 ●“量鼎得其象”者, 象, 謂法象, 言斛斗之量, 三牲之鼎, 各得其制, 依禮之法象, 故易·繫辭云“以制器者尙其象”.

번역 ●經文: “量鼎得其象”. ○‘상(象)’자는 법도에 따른 형상을 뜻하니, 곡(斛)이나 두(斗) 등의 양(量)과 세 희생물을 담는 정(鼎)이 각각 그 제도에 알맞는데, 이것은 예법의 법상(法象)에 의거한 것이다. 그렇기 때문에 『역』「계사전(繫辭傳)」에서는 “기물을 만드는 자는 그 법상을 숭상한다.”[50] 라고 한 것이다.

孔疏 ●“味得其時”者, 謂春酸夏苦之屬, 得其依禮之時.

번역 ●經文: “味得其時”. ○봄에는 신맛을 많이 내고 여름에는 쓴맛을 많이 내는 부류 등이니, 이것들이 예법에 따른 알맞은 시기를 얻었다는 의미이다.

孔疏 ●“樂得其節”者, 謂樂曲之節.

번역 ●經文: “樂得其節”. ○악곡의 악절을 뜻한다.

孔疏 ●“車得其式”者, 式, 載也, 言所乘之車, 各得其所載之尊卑.

---

50) 『역』「계사상(繫辭上)」: 易有聖人之道四焉, 以言者尙其辭, 以動者尙其變, <u>以制器者尙其象</u>, 以卜筮者尙其占.

번역 ●經文: "車得其式". ○'식(式)'자는 "싣는다[載]."는 뜻이니, 타게 되는 수레가 각각 존비의 차이에 따라 싣는 것이 맞는다는 의미이다.

孔疏 ●"鬼神得其饗"者, 謂天神人鬼, 各得其饗食也.

번역 ●經文: "鬼神得其饗". ○천신 및 인귀들이 각각 흠향하는 음식을 얻는다는 뜻이다.

孔疏 ●"喪紀得其哀"者, 謂五服親疏, 各得其哀情也.

번역 ●經文: "喪紀得其哀". ○오복(五服)[51]의 친소관계에 따라 각각 나타내야 하는 슬픈 정감이 알맞다는 뜻이다.

孔疏 ●"辨說得其黨"者, 謂分辨論說詩・書・禮・樂之等, 各得其黨類, 不乖事之義理.

번역 ●經文: "辨說得其黨". ○『시』・『서』・『예』・『악』 등에 대해 분별하고 논설한 것들이 각각 그 부류에 맞아서, 사안의 의리에 어긋나지 않는다는 의미이다.

孔疏 ●"官得其體"者, 體, 謂容體, 謂設官分職, 各得其尊卑之體.

번역 ●經文: "官得其體". ○'체(體)'자는 모양을 뜻하니, 관직을 설치하

---

51) 오복(五服)은 죽은 자와 친하고 소원한 관계에 따라 입게 되는 다섯 가지 상복(喪服)을 뜻한다. 참최복(斬衰服), 자최복(齊衰服), 대공복(大功服), 소공복(小功服), 시마복(緦麻服)을 가리킨다. 『예기』「학기(學記)」편에는 "師無當於五服, 五服弗得不親."이라는 기록이 있는데, 이에 대한 공영달(孔穎達)의 소(疏)에서는 "五服, 斬衰也, 齊衰也, 大功也, 小功也, 緦麻也."라고 풀이했다. 또한 '오복'에 있어서는 죽은 자와 가까운 관계일수록 중대한 상복을 입고, 복상(服喪) 기간도 늘어난다. 위의 '오복' 중 참최복이 가장 중대한 상복에 속하며, 그 다음은 자최복이고, 대공복, 소공복, 시마복 순으로 내려간다.

고 직분을 분담한 것이 각각 존비의 본체에 알맞다는 의미이다.

孔疏 ●“政事得其施”者, 言布政治事, 各得其所施之處也.

번역 ●經文: “政事得其施”. ○정치를 펼치고 정사를 다스리는 것들이 각각 시행해야 할 적합한 곳에 맞다는 뜻이다.

孔疏 ●“加於身而錯於前, 凡衆之動得其宜”者, 合結用禮之功也. 錯, 置也. 衆, 謂萬事也. 以禮加身, 而錯置行之於前, 則凡萬事動用, 皆得其所宜也.

번역 ●經文: “加於身而錯於前, 凡衆之動得其宜”. ○예(禮)를 사용하는 공효에 대해서 총괄적으로 결론을 맺은 것이다. ‘착(錯)’자는 “두다[置].”는 뜻이다. ‘중(衆)’자는 모든 일들을 뜻한다. 예를 자신에게 적용하고 앞서서 시행하게 된다면, 모든 일들이 시행되며 예에 따르게 되어, 모두가 그 합당함을 얻게 된다는 의미이다.

孔疏 ◎注“三族”至“合同”. ○正義曰: 云“三族, 父·子·孫也”者, 族, 屬也. 從己而言父·子·孫, 於己最近唯父·子·孫耳. 按昏禮“三族之不虞”, 鄭注云“三族, 謂父昆弟·己昆弟·子昆弟”, 與此不同者, 彼爲請期, 恐有期喪廢昏, 故云三族宜據期喪者, 故與此不同. 云“量, 豆·區·斗·斛也”者, 按春秋左氏昭三年傳云“齊舊四量, 四升爲豆, 各自其四, 以登於釜”, 注云“四豆爲區, 四區爲釜”. 又律曆志云“十升爲斗, 十斗爲斛”. 是豆·區·斗·斛. 云“四時有所多, 及獻所宜也”者, 按周禮·食醫“春多酸, 夏多苦, 秋多辛, 冬多鹹”, 又獸人云“冬獻狼, 夏獻麋”, 是也. 云“式, 謂載也”者, 謂車有式以載人, 故云“式, 猶載也”. 云“辨禮之說, 謂禮樂之官教學者”, 以下別云官得其體, 政事得其施, 則此辨說非政事, 故以爲禮樂之官教學者. 擧禮·樂則詩·書可知. 云“黨類也”者, 言教學各以其書之義類, 故云“得其黨”. 云“體, 尊卑異而合同”者, 猶人身之有手足, 手足異於身而共體, 猶若長官與屬官, 亦尊卑異而共掌一事.

번역 ◎鄭注: "三族"~"合同". ○정현이 "'삼족(三族)'은 부모 · 자식 · 손자이다."라고 했는데, '족(族)'자는 등속[屬]을 뜻한다. 자신을 기준으로 부모 · 자식 · 손자를 말한 것은 자신에게 있어서 가장 가까운 자는 부모 · 자식 · 손자이기 때문이다. 『의례』「사혼례(士昏禮)」편을 살펴보면, "삼족의 예상치 못한 일이 염려된다."[52]라고 했고, 정현의 주에서는 "'삼족(三族)'은 부친의 곤제, 자신의 곤제, 자식의 곤제이다."라고 하여, 이곳의 기록과 차이를 보인다. 그 이유는 「사혼례」편의 기록은 청기(請期)[53]를 위한 것이니, 기년복(期年服)[54]을 착용해야 하는 상사(喪事)가 발생하여 혼례를 폐지하게 될 것을 염려한 것이다. 그렇기 때문에 삼족은 마땅히 기년복의 상사에 해당하는 자들을 기준으로 두게 되므로, 이곳의 주석과 차이가 생긴 것이다. 정현이 "'양(量)'은 두(豆) · 구(區) · 두(斗) · 곡(斛) 등을 뜻한다."라고 했는데, 『춘추좌전』을 살펴보면 소공(昭公) 3년에 대한 전문에서 "제(齊)나라에는 예로부터 네 종류의 양(量)이 있었으니, 4승(升)은 1두(豆)가 되고, 각각 4배를 더하면 부(釜)가 된다."[55]라고 했고, 주에서는 "4두(豆)는 1구(區)가 되고, 4구(區)는 1부(釜)가 된다."라고 했다. 또 『한서』「율력지」에서는 "10승(升)은 1두(斗)가 되며, 10두(斗)는 1곡(斛)이 된다."[56]라고 했다. 이러한 기록은 바로 두(豆) · 구(區) · 두(斗) · 곡(斛)을 나타낸다. 정현이 "사계절에 따라 많이 첨가해야 할 점이 있고, 헌상할 때에도 각각 합

---

52) 『의례』「사혼례(士昏禮)」: 請期曰, "吾子有賜命, 某旣申受命矣. 惟是三族之不虞, 使某也, 請吉日."

53) 청기(請期)는 혼례 절차 중 하나이다. 남자 집안에서 여자 집안에 예물을 보낸 뒤에, 혼인하기에 좋은 길일(吉日)을 점치게 된다. 길(吉)한 날을 잡게 되면, 여자 집안에 통보를 하며 가부(可否)를 묻게 되는데, 이 절차가 바로 '청기'이다.

54) 기년복(期年服)은 1년 동안 상복(喪服)을 입는다는 뜻이다. 또는 그 기간 동안 입게 되는 상복을 뜻하기도 하는데, 일반적으로 자최복(齊衰服)을 가리키는 용어로 사용된다. '기년복'이라고 할 때의 '기년(期年)'은 1년을 뜻하는데, '자최복'은 일반적으로 1년 동안 입게 되는 상복이 되기 때문이다.

55) 『춘추좌씨전』「소공(昭公) 3년」: 齊舊四量, 豆 · 區 · 釜 · 鍾. 四升爲豆, 各自其四, 以登於釜. 釜十則鍾.

56) 『한서(漢書)』「율력지(律曆志)」: 合龠爲合, 十合爲升, 十升爲斗, 十斗爲斛, 而五量嘉矣.

당한 것이 있다."라고 했는데, 『주례』「식의(食醫)」편을 살펴보면, "봄에는 신맛을 많이 내고, 여름에는 쓴맛을 많이 내며, 가을에는 매운 맛을 많이 내고, 겨울에는 짠맛을 많이 낸다."[57]라고 했고, 또 『주례』「수인(獸人)」편에서는 "겨울에는 이리를 헌상하고, 여름에는 큰 사슴을 헌상한다."[58]라고 했으니, 이러한 기록들이 바로 그 뜻을 나타낸다. 정현이 "'식(式)'자는 '싣는다[載].'는 뜻이다."라고 했는데, 수레에는 가로대인 '식(式)'을 두어서 사람을 싣게 된다. 그렇기 때문에 "'식(式)'자는 '싣는다[載].'는 뜻이다."라고 했다. 정현이 "예법에 대해 변별하는 말들은 예악을 담당하는 관리가 학생들을 가르치는 것 등을 뜻한다."라고 했는데, 그 뒤에서 관직은 체(體)를 얻었고, 정사는 시(施)를 얻었다고 별도로 말했다면, 이곳에서 변설(辨說)이라고 한 말은 정사(政事)에 해당하는 것이 아니다. 그렇기 때문에 이것을 예악을 담당하는 관리가 학생들을 가르치는 내용으로 여긴 것이다. 『예』와 『악』을 제시했다면, 그 안에 『시』와 『서』도 포함된다는 사실을 알 수 있다. 정현이 "'당(黨)'자는 부류[類]를 뜻한다."라고 했는데, 학생들을 가르칠 때에는 각각 그 책에 나타난 의미 중 같은 부류로 가르치기 때문에, "그 부류를 얻는다."라고 했다. 정현이 "'체(體)'는 존비의 차이가 있지만 함께 하는 것이다."라고 했는데, 신체에 손과 발이 있는데, 손과 발은 몸에 대해서는 각각 차이를 보이지만 같은 몸에 붙어 있는 것과 같으니, 이것은 마치 관부의 수장과 관부에 속한 관리들에게 있어서 각각 존비의 차이가 있다면 함께 동일한 일을 담당하는 것과 같다.

訓纂 說文: 鼎, 三足兩耳, 和五味之寶器也.

번역 『설문』[59]에서 말하길, 정(鼎)은 세 개의 다리와 두 개의 귀가 붙어

---

57) 『주례』「천관(天官)·식의(食醫)」: 凡和, <u>春多酸, 夏多苦, 秋多辛, 冬多鹹</u>, 調以滑甘.
58) 『주례』「천관(天官)·수인(獸人)」: <u>冬獻狼, 夏獻麋</u>, 春秋獻獸物.
59) 『설문해자(說文解字)』는 후한(後漢) 때의 학자인 허신(許愼)이 찬(撰)했다고 전해지는 자서(字書)이다. 『설문(說文)』이라고도 칭해진다. A.D.100년경에 완성되었다고 전해진다. 글자의 형태, 뜻, 음운(音韻)을 수록하고 있다.

있는 것으로, 오미(五味)[60]를 조화롭게 만드는 귀중한 기물이다.

訓纂 九家易云: 牛鼎受一斛, 天子飾以黃金, 諸侯白金. 羊鼎五斗, 大夫飾以銅. 豕鼎三斗, 士飾以鐵. 易卦巽木於下者爲鼎, 象析木以炊也.

번역 『구가역』에서 말하길, 우정(牛鼎)은 1곡(斛)의 용적으로, 천자는 황금으로 장식하고 제후는 백금으로 장식한다. 양정(羊鼎)은 5두(斗)의 용적으로, 대부는 동으로 장식한다. 시정(豕鼎)은 3두(斗)의 용적으로, 사는 철로 장식한다.『역』의 괘 중 손괘(巽卦☴)의 나무가 아래에 있는 것은 정괘(鼎卦䷱)가 되는데, 나무를 베어 불을 때는 것을 형상한다.

集解 方氏慤曰: 戎事閑於無事之日, 故於田獵言之. 武功成於尙功之時, 故於軍旅言之.

번역 방각이 말하길, 전쟁과 관련된 일은 특별한 일이 없을 때 익히기 때문에 사냥에 대해서 언급하였다. 무공은 공적을 숭상할 때 완성되기 때문에 군대에 대해서 언급하였다.

참고 원문비교

예기대전·중니연거(仲尼燕居) "是故宮室得其度, 量鼎得其象, 味得其時, 樂得其節, 車得其式, 鬼神得其饗, 喪紀得其哀, 辨說得其黨, 官得其體, 政事得其施, 加於身而錯於前, 凡衆之動得其宜."

---

60) 오미(五味)는 다섯 가지 맛을 뜻한다. 맛의 종류를 총칭하는 용어로도 사용된다. '오미'는 구체적으로 산(酸: 신맛), 고(苦: 쓴맛), 신(辛: 매운맛), 함(鹹: 짠맛), 감(甘: 단맛)을 가리킨다.『예기』「예운(禮運)」편에는 "五味, 六和, 十二食, 還相爲質也."라는 기록이 있는데, 이에 대한 정현의 주에서는 "五味, 酸, 苦, 辛, 鹹, 甘也."라고 풀이하였다.

공자가어 · 논례(論禮) "是以宮室得其度, 鼎俎得其象, 物得其時, 樂得其節, 車得其軾, 鬼神得其享, 喪紀得其哀, 辨說得其黨①, 百官得其體, 政事得其施②, 加於身而措於前, 凡衆之動得其宜也."

王注-① 黨, 類.

번역 '당(黨)'자는 부류[類]를 뜻한다.

王注-② 各得其所宜. 施, 行之.

번역 각각 마땅함을 얻었다는 뜻이다. '시(施)'자는 시행한다는 뜻이다.

그림 4-1 ◼ 양(量)

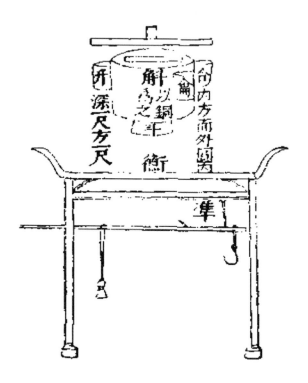

※ 출처: 『삼재도회(三才圖會)』「기용(器用)」 2권

● 그림 4-2 ◼ 승(升)·개(槩)·두(斗)

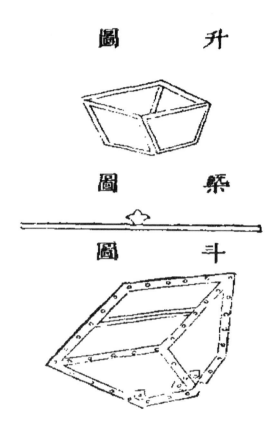

※ **출처:** 『삼재도회(三才圖會)』「기용(器用)」2권

● 그림 4-3 ◼ 곡(斛)

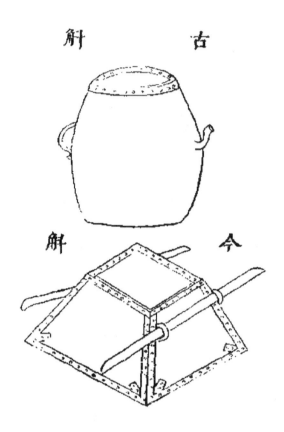

※ 출처: 『삼재도회(三才圖會)』「기용(器用)」 2권

그림 4-4 ▣ 부(釜)와 곡(斛)

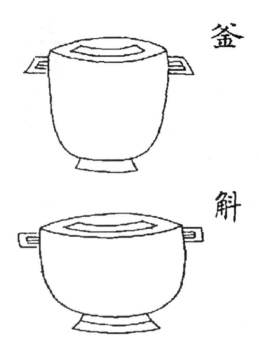

※ **출처**: 『삼례도집주(三禮圖集注)』 13권

그림 4-5 ◨ 약(龠)·합(合)·승(升)·두(斗)

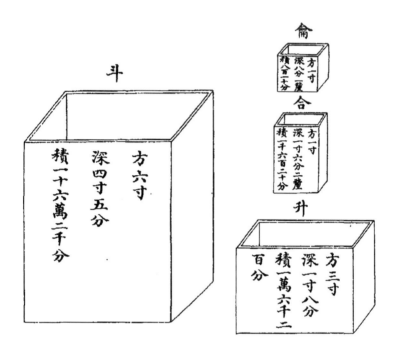

※ **출처**: 『황우신악도기(皇祐新樂圖記)』 상권

그림 4-6 ▣ 우정(牛鼎)과 경(扃: =鉉)

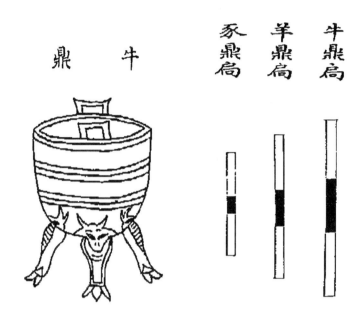

※ 출처:『삼례도집주(三禮圖集注)』13권

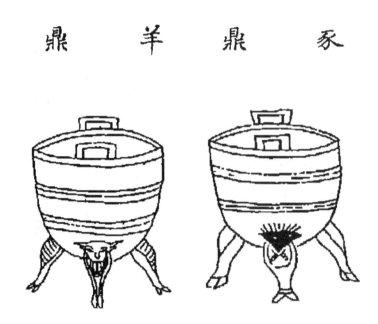

그림 4-7   ◼ 양정(羊鼎)과 시정(豕鼎)

※ **출처**:『삼례도집주(三禮圖集注)』13권

그림 4-8 ▣ 수레의 식(式)

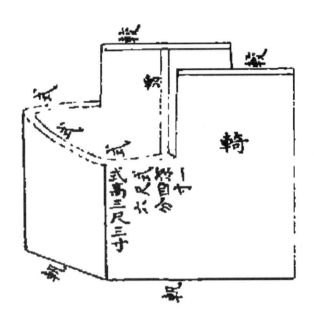

※ 출처: 『향당도고(鄕黨圖考)』 1권

그림 4-9　◼ 옥로(玉路)

玉
輅

※ **출처:**『삼재도회(三才圖會)』「기용(器用)」5권

그림 4-10 ◼ 혁로(革路)

革輅

※ **출처:** 『삼재도회(三才圖會)』「기용(器用)」 5권

● 그림 4-11   ◼ 금로(金路)

※ **출처**:『삼재도회(三才圖會)』「기용(器用)」 5권

그림 4-12 ◾ 상로(象路)

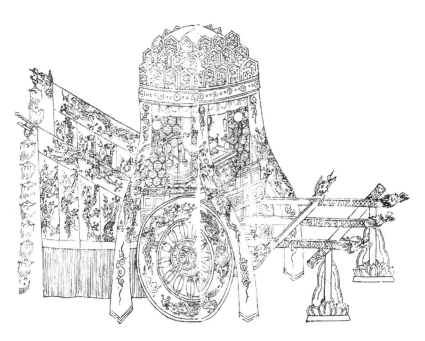

※ **출처**: 『삼재도회(三才圖會)』「기용(器用)」 5권

그림 4-13   ◨ 목로(木路)

木輅

※ 출처: 『삼재도회(三才圖會)』「기용(器用)」 5권

• 제5절 •

무례(無禮)의 결과

子曰, "禮者何也? 卽事之治也. 君子有其事, 必有其治. 治
國而無禮, 譬猶瞽之無相與. 倀倀乎其何之? 譬如終夜有求
於幽室之中, 非燭何見? 若無禮, 則手足無所錯, 耳目無所
加, 進退揖讓無所制. 是故以之居處, 長幼失其別, 閨門‧三
族失其和, 朝廷‧官爵失其序, 田獵‧戎事失其策, 軍旅‧武
功失其制, 宮室失其度, 量‧鼎失其象, 味失其時, 樂失其節,
車失其式, 鬼神失其饗, 喪紀失其哀, 辨說失其黨, 官失其體,
政事失其施, 加於身而錯於前, 凡衆之動失其宜. 如此則無以
祖洽於衆也."

직역 子가 曰, "禮者는 何오? 즉 事의 治이다. 君子에게 그 事가 有하면, 必히
그 治가 有하다. 國을 治한데 禮가 無하면, 譬컨대 瞽의 相이 無함과 猶하리라.
倀倀한데 그 何히 之리오? 譬컨데 終夜에 幽室의 中에서 求가 有함과 如한데, 燭이
非라면 何히 見이리오? 若히 禮가 無라면, 手足은 錯할 所가 無하고, 耳目은 加할
所가 無하며, 進退와 揖讓은 制할 所가 無하다. 是故로 之로써 居處하면, 長幼가
그 別을 失하고, 閨門과 三族이 그 和를 失하며, 朝廷과 官爵이 그 序를 失하고,
田獵과 戎事가 그 策을 失하며, 軍旅와 武功이 그 制를 失하고, 宮室이 그 度를
失하며, 量과 鼎이 그 象을 失하고, 味가 그 時를 失하며, 樂이 그 節을 失하고,
車가 그 式을 失하며, 鬼神이 그 饗을 失하고, 喪紀가 그 哀를 失하며, 辨說이 그
黨을 失하고, 官이 그 體를 失하며, 政事가 그 施를 失하여, 身에 加하여 前에 錯하
니, 凡衆의 動이 그 宜를 失한다. 此와 如라면 衆에 祖洽함이 無라."

의역　공자가 말하길, "그렇다면 예(禮)라는 것은 무엇인가? 곧 일을 다스리는 것이다. 군자에게 어떠한 일이 있으면, 반드시 그에 따른 다스림이 있게 된다. 나라를 다스리는데 예가 없다면, 그것은 비유컨대 장님에게 부축해주는 자가 없는 경우와 같을 것이다. 이리저리 방황하게 되는데, 어디로 갈 수 있단 말인가? 또 비유하자면 밤새도록 어두운 방안에서 무언가를 찾는 것과 같으니, 횃불이 없다면 무엇을 찾을 수 있겠는가? 따라서 예가 없다면 손과 발을 둘 곳이 없고, 귀와 눈을 둘 곳이 없으며, 나아가고 물러나며 읍하고 사양함에 있어서도 절제할 것이 없게 된다. 이러한 까닭으로 이를 통해 거처하게 되면 장유관계가 그 구별을 잃게 되고, 가정과 삼족은 화목함을 잃게 되며, 조정과 관직 및 작위에 있어서는 그 질서를 잃게 되고, 사냥 및 군대와 관련된 일은 그 방책을 잃게 되며, 군대와 무공도 제도를 잃게 되고, 궁실은 법도를 잃게 되며, 양(量)과 정(鼎)은 형상을 잃게 되고, 맛은 적절한 시기를 잃게 되며, 음악은 절도를 잃게 되고, 수레는 정해진 법식을 읽게 되며, 귀신은 흠향을 잃게 되고, 상례의 규정들은 알맞은 슬픔을 나타내지 못하게 되며, 변설은 때와 장소에 알맞지 않게 되고, 관부는 자신이 담당해야 할 본체를 잃게 되며, 정사는 적절하게 시행되지 못하니, 이러한 것들을 자신에게 부여하여 앞서 그것들을 시행하므로, 대중들의 행실이 그 마땅함을 잃게 된다. 이처럼 한다면 대중들을 선도하여 화합시킬 수 없게 된다."라고 했다.

集說　倀倀, 無定向之貌. 祖, 始也, 洽, 合也, 言無以率先天下而使之恊合也.

번역　'창창(倀倀)'은 정해진 방향이 없이 배회하는 모습이다. '조(祖)'자는 "시작하다[始]."는 뜻이며, '흡(洽)'자는 "화합하다[合]."는 뜻이니, 천하의 백성들을 선도하여 그들로 하여금 서로 화합하도록 할 수 없다는 의미이다.

大全　臨川吳氏曰: 此又覆說上一條之言. 治者, 使之不亂也. 卽事之治, 卽其事而治之以禮也. 有其事, 必有其治之之禮, 治國而無禮, 則其事必亂而不能治, 如無目之人, 無相者前導旁扶, 則不能有所往, 如黑暗之時, 在黑暗之地,無燭以照, 則不能有所見. 無禮則手足皆妄動, 故曰無所錯, 耳目皆妄聽妄視, 故曰無所加, 進退揖讓, 無以裁制而使之中節. 別, 卽辨也. 策, 謂講武敎戰之 謀策. 制, 謂全師克敵之法制.

번역 임천오씨가 말하길, 이 내용은 앞에서 설명한 한 조목에 대해서 재차 설명한 말이다. 다스린다는 것은 혼란스럽지 않게 만드는 것이다. '즉 사지치(卽事之治)'는 그 사안에 임하여 예법에 따라 다스린다는 뜻이다. 해당 사안이 있으면 반드시 그것을 다스리는 예법이 있으니, 나라를 다스리면서도 예법이 없다면, 그 사안은 반드시 혼란스럽게 되어 다스릴 수 없게 된다. 이것은 마치 장님에게 앞에서 인도하고 옆에서 부축하는 등의 도와줄 자가 없다면 갈 수 없는 것과 같고, 또 매우 어두운 때 매우 어두운 장소에서 밝게 비춰줄 횃불이 없다면 볼 수 있는 것이 없는 경우와 같다. 예법이 없다면 손과 발이 모두 망령스럽게 움직이게 되므로 "둘 곳이 없다."라고 했고, 귀와 눈은 모두 망령스럽게 듣거나 보게 되므로 "둘 곳이 없다."라고 했으며, 나아가거나 물러나며 읍하고 사양함에 있어서도 절제하여 절도에 알맞게 할 수 없게 된다. '별(別)'자는 "변별하다[辨]."에 해당한다. '책(策)'자는 무예를 익히고 전쟁의 방도를 알려주는 계책을 뜻한다. '제(制)'자는 자신의 군대를 보호하고 적을 물리치는 병법을 뜻한다.

鄭注 凡言失者, 無禮故也. 策, 謀也. 祖, 始也. 洽, 合也. 言失禮無以爲衆 倡始, 無以合和衆.

번역 무릇 '실(失)'이라고 말한 것들은 예법이 없기 때문이다. '책(策)'자는 계책[謀]을 뜻한다. '조(祖)'자는 "시작하다[始]."는 뜻이며, '흡(洽)'자는 "화합하다[合]."는 뜻이다. 즉 예를 잃게 되면 대중들을 선도할 수 없고, 또 대중들을 화합시킬 수 없다는 뜻이다.

釋文 治, 直吏反, 下"其治"·"治國"並同. 瞽音古. 相, 息亮反. 偎, 敕良反, 無見貌. 策, 初革反. 爲衆, 于僞反, 又如字. 倡, 尸亮反.

번역 '治'자는 '直(직)'자와 '吏(리)'자의 반절음이며, 아래문장에 나오는 '其治'와 '治國'에서의 '治'자도 모두 그 음이 이와 같다. '瞽'자의 음은 '古(고)'이다. '相'자는 '息(식)'자와 '亮(량)'자의 반절음이다. '俍'자는 '敕(칙)'자와 '良(량)'자의 반절음이며, 보이는 것이 없는 모습이다. '策'자는 '初(초)'자와 '革(혁)'자의 반절음이다. '爲衆'에서의 '爲'자는 '于(우)'자와 '僞(위)'자의 반절음이며, 또한 글자대로 읽기도 한다. '倡'자는 '尸(시)'자와 '亮(량)'자의 반절음이다.

孔疏 ●"子曰"至"衆也". ○正義曰: 前經明諸事得禮, 則有其功. 此經明諸事失禮, 則其事有害.

번역 ●經文: "子曰"~"衆也". ○앞의 경문에서는 여러 사안들이 관련 예법을 얻게 되면 공적이 생긴다는 사실을 나타내었다. 이곳 경문에서는 여러 사안들이 관련 예법을 잃게 되면 그 사안에 피해가 생긴다는 사실을 나타내었다.

孔疏 ●"卽事之治也"者, 夫子更廣明禮事, 更自設問云禮者何也, 卽事之治理. 言萬物之治, 皆由禮.

번역 ●經文: "卽事之治也". ○공자는 재차 예와 관련된 사안들을 폭넓게 설명하며, 스스로 "예란 무엇인가?"라는 질문을 하고서 곧 일을 다스리는 이치라고 대답했다. 즉 모든 사물을 다스리는 것은 모두 예에 따르게 된다는 의미이다.

孔疏 ●"譬猶瞽之無相與! 俍俍乎其何之"者, 瞽, 謂無目, 相, 謂扶相, 言治國無禮, 譬猶瞽者無人扶相, 俍俍乎何所之適.

번역 ●經文: "譬猶瞽之無相與! 俍俍乎其何之". ○'고(瞽)'자는 장님을 뜻하며, '상(相)'자는 부축하는 자를 뜻한다. 즉 나라를 다스릴 때 예가 없다면 비유컨대 장님에게 도와줄 자가 없는 것과 같으니, 앞이 보이지도 않는데 어디를 가겠느냐는 의미이다.

孔疏 ●"是故以之居處, 長幼失其別"者, 此以下皆謂無禮有失也, 翻前經得禮之事也. 長幼失其別者, 別卽辨也.

번역 ●經文: "是故以之居處, 長幼失其別". ○이곳 구문으로부터 그 이하의 내용들은 모두 예가 없게 되면 잘못이 발생한다는 사실을 뜻하는데, 앞에서 예를 얻었다고 했던 사안들을 설명한 것이다. 장유관계에서 그 구별을 잃었다고 했는데, '별(別)'자는 "변별하다[辨]."에 해당한다.

孔疏 ●"戎事失其策"者, 前云戎事閑也, 今云失其策者, 策, 謀也. 若失其謀, 則不能閑暇也.

번역 ●經文: "戎事失其策". ○앞에서는 "군대와 관련된 일들을 쉽게 할 수 있다."라고 했는데, 이곳에서는 "그 책(策)을 잃는다."라고 했다. '책(策)'자는 계책[謀]을 뜻한다. 만약 그 계책을 잃게 된다면 휴식을 취할 수 없다.

孔疏 ●"軍旅武功失其制"者, 前云武功成也, 此云失其制, 由不成, 故失制也.

번역 ●經文: "軍旅武功失其制". ○앞에서는 "무공이 완성된다."라고 했는데, 이곳에서는 "그 제도를 잃는다."라고 했다. 완성할 수 없기 때문에 제도를 잃는 것이다.

孔疏 ●"政事失其施"者, 失施, 若春行夏令之屬也.

번역 ●經文: "政事失其施". ○'실시(失施)'는 마치 여름에 적용해야 할 정령을 봄에 시행하는 부류와 같다.[1]

孔疏 ●"加於身而錯於前, 凡衆之動失其宜"者, 以無禮自加, 而錯於行事, 故萬事皆失所宜也.

번역 ●經文: "加於身而錯於前, 凡衆之動失其宜". ○무례함을 제 스스로에게 적용하여 일을 시행하는데 실천하기 때문에 모든 일들이 모두 그 마땅함을 잃게 된다.

孔疏 ●"如此, 則無以祖洽於衆也"者, 結失禮之惡也. 祖, 始也; 洽, 合也. 每事如此, 則爲君上失德, 不可爲衆人之倡始, 而使和合者也.

번역 ●經文: "如此, 則無以祖洽於衆也". ○예를 잃어서 발생한 나쁜 점에 대해서 결론을 맺은 것이다. '조(祖)'자는 "시작하다[始]."는 뜻이며, '흡(洽)'자는 "화합하다[合]."는 뜻이다. 모든 일들을 이처럼 한다면 위정자가 덕을 잃게 되어 백성들을 선도하여 그들을 화합시킬 수 없게 된다.

訓纂 玉篇: 俍, 失道貌.

번역 『옥편』[2]에서 말하길, '창(俍)'은 길을 잃고 방황하는 모습이다.

集解 俍俍, 狂行不知所如也.

번역 '창창(俍俍)'은 난폭하게 행동하며 어찌할지 모르는 모습을 뜻한다.

---

1) 『예기』「월령(月令)·맹춘(孟春)」【192b】: 孟春, 行夏令, 則雨水不時, 草木蚤落, 國時有恐. /『예기』「월령·중춘(仲春)」【195d】: 行夏令, 則國乃大旱, 煖氣早來, 蟲螟爲害. /『예기』「월령·계춘(季春)」【199a】: 行夏令, 則民多疾疫, 時雨不降, 山陵不收.

2) 『옥편(玉篇)』은 남북조시대(南北朝時代) 때 양(梁)나라 고야왕(顧野王, A.D.519~581)이 편찬한 자서(字書)이다. 이후 송(宋)나라 때 증보가 되어, 『대광익회옥편(大廣益會玉篇)』으로 간행되었다.

참고 원문비교

예기대전·중니연거(仲尼燕居) 子曰, "禮者何也? 卽事之治也. 君子有其事, 必有其治. 治國而無禮, 譬猶瞽之無相與. 倀倀乎其何之? 譬如終夜有求於幽室之中, 非燭何見? 若無禮, 則手足無所錯, 耳目無所加, 進退揖讓無所制. 是故以之居處, 長幼失其別, 閨門·三族失其和, 朝廷·官爵失其序, 田獵·戎事失其策, 軍旅·武功失其制, 宮室失其度, 量·鼎失其象, 味失其時, 樂失其節, 車失其式, 鬼神失其饗, 喪紀失其哀, 辨說失其黨, 官失其體, 政事失其施, 加於身而錯於前, 凡衆之動失其宜. 如此則無以祖洽於衆也."

공자가어·논례(論禮) 言游退, 子張進曰, "敢問禮何謂也?" 子曰, "禮者, 卽事之治也. 君子有其事, 必有其治. 治國而無禮, 譬猶瞽之無相. 倀倀乎何所之①? 譬猶終夜有求於幽室之中, 非燭何以見? 故無禮, 則手足無所措, 耳目無所加, 進退揖讓無所制. 是以其居處, 長幼失其別, 閨門·三族失其和, 朝廷·官爵失其序, 田獵·戎事失其策, 軍旅·武功失其勢, 宮室失其度, 鼎·俎失其象, 物失其時, 樂失其節, 車失其軾, 鬼神失其亨, 喪紀失其哀, 辯說失其黨, 百官失其體, 政事失其施, 加於身而措於前, 凡動之衆失其宜, 如此則無以祖洽四海②."

王注-① 相, 息亮反. 倀, 三良反.

번역 '相'자는 '息(식)'자와 '亮(량)'자의 반절음이다. '倀'자는 '三(삼)'자와 '良(량)'자의 반절음이다.

王注-② 祖, 始也. 洽, 合也. 無禮則無以爲衆始, 無以合聚衆.

번역 '조(祖)'자는 "시작하다[始]."는 뜻이다. '흡(洽)'자는 "화합하다[合]."는 뜻이다. 예가 없다면 백성들을 선도하는 자가 될 수 없고, 대중들을 모아 화합시킬 수 없다.

대향(大饗)과 아홉 가지 절차

【601c~d】

> 子曰, "愼聽之, 女三人者. 吾語女禮, 猶有九焉, 大饗有四
> 焉. 苟知此矣, 雖在畎畝之中, 事之, 聖人已. 兩君相見, 揖
> 讓而入門, 入門而縣興, 揖讓而升堂, 升堂而樂闋, 下管象武,
> 夏籥序興, 陳其薦俎, 序其禮樂, 備其百官. 如此而后君子知
> 仁焉. 行中規, 還中矩, 和鸞中采齊, 客出以雍, 徹以振羽,
> 是故君子無物而不在禮矣. 入門而金作, 示情也. 升歌清廟,
> 示德也. 下而管象, 示事也. 是故古之君子不必親相與言也,
> 以禮樂相示而已."

직역 子가 曰, "愼히 聽하거라, 女히 三人者여. 吾가 女에게 禮를 語하리니,
猶히 九가 有하며, 大饗에는 四가 有라. 苟히 此를 知한다면, 雖히 畎畝의 中에 在라
도, 事하여, 聖人일 따름이다. 兩君이 相히 見함에, 揖讓하고서 門에 入하고, 門에
入하고서 縣을 興하며, 揖讓하고서 堂에 升하고, 堂에 升하고서 樂을 闋하며, 下하
여 象武를 管하고, 夏籥을 序히 興하며, 그 薦俎를 陳하고, 그 禮樂을 序하며, 그
百官을 備한다. 此와 如한 后에 君子는 仁을 知한다. 行이 規에 中하고, 還이 矩에
中하며, 和鸞이 采齊에 中하고, 客이 出함에는 雍으로써 하고, 徹함에는 振羽로써
하니, 是故로 君子는 物에도 禮에 不在함이 無라. 門에 入하여 金을 作함은 情을
示함이다. 升하여 清廟를 歌함은 德을 示함이다. 下하여 象을 管함은 事를 示함이
다. 是故로 古의 君子는 親히 相하여 與하여 言함이 不必하니, 禮樂으로 相히 示할
따름이다."

의역 공자가 말하길, "잘 듣거라, 너희 세 사람이여. 내가 너희들에게 예에 대

해 설명하리니, 아직까지 설명하지 않은 것이 아홉 가지나 남아있고, 그 중에서도 대향(大饗)에 대한 것이 네 가지이다. 진실로 이것들을 안다면 비록 들판에 있더라도 사람들이 섬겨서 성인의 경지에 오를 수 있을 것이다. 두 나라의 제후가 서로 만나볼 때 읍(揖)과 사양을 하고 문으로 들어서며, 문으로 들어서면 매달아둔 악기를 연주하고, 읍과 사양을 하고 당상(堂上)으로 올라가며, 당상으로 올라가면 음악을 그치는데, 주인이 빈객에게 술을 따라 주어 빈객이 술잔을 비우면 음악을 그치는 것이 첫 번째 절차이며 또한 대향에 해당하는 것이고, 빈객이 다시 주인에게 술을 따라 주어 주인이 술잔을 비우면 음악을 그치는 것이 두 번째 절차이며 또한 대향에 해당하는 것이다. 악공이 당상으로 올라와서 청묘(淸廟)라는 시가를 노래로 부르는데 이것이 세 번째 절차이며 또한 대향에 해당하는 것이다. 그 일이 끝나면 당상으로 내려와서 상(象)과 무(武)의 악곡을 관악기로 연주하고, 또 대하(大夏)라는 악곡을 피리로 번갈아가며 연주하니, 이것이 네 번째 절차이며 또 대향에 해당하는 것이다. 고기를 담은 도마를 진설하고 예악을 차례대로 시행하며, 백관을 갖춘다. 이처럼 한 뒤에야 군자는 그 인(仁)함을 안다. 원형자에 맞춘 것처럼 행동하니, 이것이 다섯 번째 절차이다. 곱자에 맞춘 것처럼 돌아서니, 이것이 여섯 번째 절차이다. 문밖에서 빈객을 맞이할 때, 타고 있는 수레의 방울 소리를 채제(采齊)의 시가에 맞게 하니, 이것이 일곱 번째 절차이다. 빈객이 문밖으로 나갈 때에는 옹(雍)이라는 시가를 연주하니, 이것이 여덟 번째 절차이다. 의식이 모두 끝나서 기물을 치울 때에는 진로(振鷺)라는 시가를 연주하니, 이것이 아홉 번째 절차이다. 이러한 까닭으로 군자에게 있어서는 어떤 사물이건 예가 존재치 않은 것이 없다. 문으로 들어설 때 금속 악기를 연주하는 것은 그 정감을 드러내는 방법이다. 당상에 올라가서 청묘의 시가를 노래 부르는 것은 덕을 드러내는 방법이다. 당하로 내려와서 상(象)의 악곡을 관악기로 연주하는 것은 그 사안을 드러내는 방법이다. 이러한 까닭으로 고대의 군자는 반드시 직접 만나 함께 말할 필요가 없었으니, 예악을 통해 서로 드러내기 때문이다."라고 했다.

集說 知者, 知其理也. 事者, 習其儀也. 聖人已者, 言可以進於聖人禮樂之道也. 兩君相見, 諸侯相朝也. 縣, 樂器之懸於筍簴者也. 興, 作也. 升堂而樂闋者, 旣升堂, 主人獻賓酒, 賓卒爵而樂止也, 此饗禮之一節也. 賓酢主君, 又作

樂, 主君飮畢則樂止, 此饗禮之二節也. 下管象武之上, 缺升歌淸廟一句, 或記
者略耳. 升堂而歌淸廟之詩, 是三節也. 堂下以管吹象武之曲, 是四節也. 夏
籥, 禹大夏之樂曲, 以籥吹之也, 與象武次序更迭而作, 故云夏籥序興. 言禮而
必曰君子知仁, 使三子求節文於天理之中也. 行中規, 第五節也. 還中矩, 第六
節也. 采齊, 樂章名. 和鸞, 車上之鈴也. 車行整緩, 則鈴聲與樂聲相中, 蓋出門
迎賓之時, 此第七節也. 客出之時, 歌雍詩以送之, 此第八節也. 振羽, 卽振鷺,
禮畢徹器, 則歌振鷺之詩, 九節也. 九者之禮, 大饗有其四, 一是賓卒爵而樂
闋, 二是賓酢主卒爵則樂又闋, 三是升歌淸廟, 四是下管象武, 餘五者則非饗
禮所得專也.

번역 '지(知)'는 그 이치를 안다는 뜻이다. '사(事)'는 해당 의례를 익힌
다는 뜻이다. '성인이(聖人已)'는 성인이 제정한 예악의 도리로 나아갈 수
있다는 뜻이다. '양군상견(兩君相見)'은 제후들끼리 서로 조회하는 것이다.
'현(縣)'은 받침대인 순거(筍簴)에 매달아둔 악기를 뜻한다. '흥(興)'자는
"연주한다[作]."는 뜻이다. '승당이악결(升堂而樂闋)'은 이미 당상(堂上)에
올라갔다면, 주인은 빈객에게 술을 따라서 주고, 빈객이 술잔을 비우면 음
악을 그친다는 뜻이니, 이것이 향례(饗禮)의 첫 번째 절차이다. 빈객이 주
군에게 술을 따라서 권하면 또한 음악을 연주하고, 주군이 술을 다 마시면
음악을 그치니, 이것이 향례의 두 번째 절차이다. "당하로 내려와서 상(象)
과 무(武)의 악곡을 관악기로 연주한다."라는 구문 앞에는 "당상에 올라가
서 청묘(淸廟)라는 시가를 노래 부른다."라는 한 구문이 빠져 있는데, 아마
도 『예기』를 기록한 자가 문장을 생략했기 때문일 것이다. 당상에 올라가
서 청묘의 시가를 노래로 부르는 것이 세 번째 절차이다. 당하로 내려와서
관악기로 상(象)과 무(武)의 악곡을 연주하는 것이 네 번째 절차이다. '하약
(夏籥)'은 우임금에 대한 대하(大夏)라는 악곡인데, 피리로 그것을 연주하
기 때문에 이처럼 부르는 것이고, 상(象) · 무(武)와 차례대로 번갈아가며
연주를 하기 때문에 "하약을 차례대로 연주한다[夏籥序興]."라고 했다. 예
(禮)를 언급하며 기어코 "군자가 인(仁)을 안다."라고 말한 것은 세 제자로
하여금 천리의 중도에 따라 격식을 갖추도록 했기 때문이다. "행동함이 원

형자[規]에 맞다."는 것은 다섯 번째 절차이다. "돌아섬이 곱자[矩]에 맞다."
는 것은 여섯 번째 절차이다. '채제(采齊)'는 악장의 이름이다. '화란(和鸞)'
은 수레에 다는 방울이다. 수레의 이동이 정갈하고 느긋하다면 방울의 울
림이 음악의 소리와 서로 맞게 되니, 무릇 문밖으로 나가서 빈객을 맞이하
는 때에 해당하며, 이것은 일곱 번째 절차이다. 빈객이 밖으로 나갈 때 옹
(雍)이라는 시를 노래로 불러서 그를 전송하는데, 이것은 여덟 번째 절차이
다. '진우(振羽)'는 진로(振鷺)라는 시가로, 의례절차가 모두 끝나서 기물들
을 치우게 된다면, 진로라는 시가를 노래로 부르니, 이것은 아홉 번째 절차
이다. 아홉 가지의 예법 중 대향(大饗)에 해당하는 것이 그 중 네 가지이니,
첫 번째는 빈객이 술잔을 비워서 음악을 그치는 것이며, 두 번째는 빈객이
주인에게 술을 따라주어 술잔을 비우면 음악을 다시 그치는 것이고, 세 번
째는 당상에 올라가서 청묘를 노래 부르는 것이며, 네 번째는 당하로 내려
가서 상(象)과 무(武)의 악곡을 관악기로 연주하는 것이다. 나머지 다섯 가
지는 향례(饗禮)에서만 할 수 있는 것이 아니다.

集說 方氏曰: 雍, 禘太祖之詩也, 其用爲大, 故歌之以送客. 振鷺, 助祭之
詩, 其用爲小, 故歌之以徹器而已. 二詩本主於禘太祖與助祭, 而又用之於此
者, 猶鹿鳴本以燕群臣, 而又用於鄕飮也. 然論語言以雍徹, 其用與此不同, 又
何也? 蓋彼言天子饗神之事, 此言諸侯饗賓之事, 重輕固可知矣. 示情者, 欲
賓主以情相接也; 示德者, 欲賓主以德相讓也; 示事者, 欲賓主以事相成也.

번역 방씨가 말하길, '옹(雍)'은 태조에게 체(禘)제사를 지낼 때 사용하
는 시가인데, 그 쓰임이 성대하기 때문에 이 시가를 노래로 불러서 빈객을
전송한다. '진로(振鷺)'는 제사를 도울 때 사용하는 시가인데, 그 쓰임이 상
대적으로 작기 때문에 이 시가를 노래로 불러서 기물들을 치울 따름이다.
두 시가는 본래 태조에게 체제사를 지내고 제사를 도울 때 주로 사용하지
만, 또한 이러한 상황에도 사용하는 것은 녹명(鹿鳴)이라는 시가가 본래
뭇 신하들에게 연회를 베풀 때 사용하는 것이지만, 또한 향음주례에서도
사용하는 것과 같다. 그러나 『논어』에서는 "옹(雍)의 시가에 따라 철상을

한다."[1]라고 하여, 그 쓰임이 이곳의 기록과 다른데, 이것은 또한 어째서인가? 무릇 『논어』에서는 천자가 신에게 제사지내는 사안을 언급한 것이고, 이곳의 기록은 제후가 빈객에게 연회를 베푸는 사안을 언급한 것이니, 경중의 차이가 있음을 알 수 있다. '시정(示情)'은 빈객과 주인이 정감에 따라 서로 교류하고자 하는 것이다. '시덕(示德)'은 빈객과 주인이 덕에 따라 서로에게 양보하고자 하는 것이다. '시사(示事)'는 빈객과 주인이 해당 사안에 따라 서로 완성시키고자 하는 것이다.

集說 劉氏曰: 仁者, 天下之正理, 禮序樂和, 天下之正理不外是矣, 故曰如此而後君子知仁.

번역 유씨가 말하길, '인(仁)'은 천하에 통용되는 바른 이치이며, 예(禮)는 질서를 세우고 악(樂)은 조화를 이루는데, 천하의 바른 이치는 여기에서 벗어나지 않는다. 그렇기 때문에 "이처럼 한 뒤에야 군자가 인(仁)함을 안다."라고 했다.

大全 慈湖楊氏曰: 孔子曰, 入門而金作, 示情也, 然則懸興而金作, 鏗然而鳴, 卽吾之情也, 何以言爲也? 又曰, 升歌淸廟, 示德也, 然則人聲由中而發, 文德由中而暢, 卽吾之德也, 何以言爲也? 又曰, 下而管象, 示事也, 然則堂下管篇, 武舞文舞次序而興, 又卽吾之事也, 何必身親之也? 渾然天地萬物, 皆吾之體也, 純然宮商節奏, 皆吾之用也. 薦俎非外, 百官非彼. 行非行, 夫孰知其所以行而自中規, 還非還, 夫孰知其所以還而自中矩? 和鸞, 車之和鸞, 而卽吾之中采薺也. 客出以雍, 其徹也以振羽, 莊敬和樂之妙, 又何其始始終終而不可致詰也? 飮獻之中, 無兩君相見之禮也, 而卽兩君相見之禮也, 無金聲之樂也, 而卽金聲之樂也, 無管象夏篇也, 而管象夏篇之音舞, 未嘗不目奏于前, 而昧者不見不聞也. 此豈說合而強同之哉? 默而識之, 當自知自信也.

---

1) 『논어』「팔일(八佾)」: 三家者<u>以雍徹</u>. 子曰, "'相維辟公, 天子穆穆', 奚取於三家之堂?"

번역 자호양씨[2]가 말하길, 공자는 "문으로 들어설 때 금속악기를 연주하는 것은 그 정감을 드러내는 방법이다."라고 했는데, 틀에 걸어두는 악기를 연주하고 금속악기를 연주하여 맑고 세차게 소리를 울리는 것은 곧 내 정감에 해당하는데, 무슨 말을 한단 말인가? 또 공자는 "당상(堂上)에 올라가서 청묘(淸廟)의 시가를 노래 부르는 것은 덕을 드러내는 방법이다."라고 했는데, 사람의 목소리는 속마음으로부터 나타나고 문덕은 속마음으로부터 펴지게 되니, 곧 나의 덕에 해당하는데, 무슨 말을 한단 말인가? 또 공자는 "당하로 내려와서 상(象)의 악곡을 관악기로 연주하는 것은 그 사안을 드러내는 방법이다."라고 했는데, 당하에서 관악기로 연주하여 무무(武舞)[3]와 문무(文舞)[4]를 차례대로 시연하니, 이 또한 나의 일에 해당하는데, 어찌 반드시 직접 해야 한단 말인가? 온전한 천지 만물은 모두 나의 본체이고, 순수한 궁(宮)음이나 상(商)음을 절도에 맞게 연주하는 것은 모두 나의 작용이다. 천조(薦俎)는 외물이 아니며 백관(百官)도 나와 상관없는 상대가 아니다. 행동이 나의 행동이 아니라면, 그 누가 어떻게 행할 바를 알아서 제 스스로 원형자에 맞춘 것처럼 행하겠는가? 또 돌아섬이 나의 돌아섬이 아니라면, 그 누가 어떻게 돌아서야 할 바를 알아서 제 스스로 곱자에 맞춘 것처럼 행하겠는가? 화란(和鸞)은 수레에 달려 있는 방울이지만, 곧 내가 채제(采薺)의 시가에 맞추는 것이다. 빈객이 문밖으로 나갈 때 옹(雍)의 시가에 맞추고, 기물들을 치울 때 진로(振鷺)의 시가에 맞추니, 장엄하고 공경스러우며 화락한 묘리에 해당하는데, 또한 어찌 처음부터 끝까지 자세히 알려주지 않을 수 있겠는가? 들판에서는 양측 나라의 군주가 서로 만나보

---

2) 자호양씨(慈湖楊氏, A.D.1141~A.D.1226) : =양간(楊簡)·양경중(楊敬仲). 남송(南宋) 때의 학자이다. 자(字)는 경중(敬仲)이고, 호(號)는 자호(慈湖)이며, 시호(諡號)는 문원(文元)이다. 육구연(陸九淵)의 제자이다. 저서로는 『자호선생유서(慈湖先生遺書)』·『양씨역전(楊氏易傳)』 등이 있다.
3) 무무(武舞)는 문무(文舞)와 상대되는 용어이다. 주(周)나라 때에 생겨났다. 무용수들이 도끼와 방패 등의 병장기를 들고 추는 춤이다. 통치자의 무공(武功)을 기리는 뜻을 춤으로 표현한 것이다.
4) 문무(文舞)는 무무(武舞)와 상대되는 용어이다. 무용수들이 피리 및 깃털 등의 도구를 들고 추는 춤이다. 통치자의 치적(治積)을 기리는 뜻을 춤으로 표현한 것이다.

는 예법이 없지만, 곧 이를 통해 양측 나라의 군주가 서로 만나보는 예법을 말한 것이고, 또 들판에서는 금속악기를 연주하는 일이 없지만, 곧 이를 통해 금속악기를 연주하는 예법을 말한 것이며, 관악기로 상(象)을 연주하고 하약(夏籥)을 연주하는 일이 없지만, 관악기로 상(象)을 연주하고 하약(夏籥)을 연주하는 소리와 악무는 일찍이 목전에서 연주되지 않은 적이 없었으니, 우매한 자만이 보지 못하고 듣지 못하는 것이다. 이것이 어찌 억지로 견강부회하여 말한 것이겠는가? 묵묵히 깨우쳐서 마땅히 스스로 터득하고 믿어야만 한다.

大全 臨川吳氏曰: 薦俎, 謂獻賓之時所陳. 禮樂, 謂自初及終, 所行之禮節, 所奏之樂章, 先後皆有序也. 百官, 謂執禮服役之職, 備具而無缺也. 於斯時也, 見其藹然親厚相愛之心, 故曰知仁焉.

번역 임천오씨가 말하길, '천조(薦俎)'는 빈객에게 술을 따라서 바칠 때 진설하는 도마를 뜻한다. '예악(禮樂)'은 행사의 처음부터 끝날 때까지 그 안에서 시행하는 예법 절차와 연주되는 악장을 뜻하는데, 선후에는 모두 정해진 순서가 있다. '백관(百官)'은 예식의 절차를 집행하거나 해당 일에 복역하는 자들이 모두 갖춰져서 조금의 모자람도 없다는 뜻이다. 이러한 시기에 온화하게 서로를 친애함이 두텁고 서로를 아끼는 마음을 보게 된다. 그렇기 때문에 "인(仁)을 안다."라고 했다.

鄭注 猶有九焉, 吾所欲語女餘有九也. 但大饗有四, 大饗, 謂饗諸侯來朝者也. 四者, 謂金再作, 升歌淸廟, 下管象也. 事之, 謂立置於位也. 聖人已者, 是聖人也. 縣興, 金作也. 金再作者, 獻主君又作也. 下, 謂堂下也. 象 · 武, 武舞也. 夏籥, 文舞也. 序, 更也. 堂下吹管, 舞文 · 武之樂, 更起也. 知仁焉, 知禮樂所存也. 采齊 · 雍 · 振羽, 皆樂章也. 振羽 · 振鷺及雍, 金作, 示情也, 賓 · 主人各以情相示也. 金性內明, 象人情也. 示德也, 相示以德也, 淸廟頌文王之德. 示事也, 相示以事也, 武 · 象武王之大事也.

번역 '유유구언(猶有九焉)'은 내가 너희들에게 알려주고 싶은 것으로 아홉 가지가 남아있다는 뜻이다. 다만 대향(大饗)에 해당하는 것이 네 가지인데, '대향(大饗)'이라는 것은 제후가 찾아와서 조회를 할 때 연회를 베푸는 것을 뜻한다. 네 가지는 금속악기를 재차 연주하고, 당상(堂上)에 올라가서 청묘(淸廟)를 노래 부르며, 당하로 내려와서 상(象)의 악무를 관악기로 연주하는 것을 뜻한다. '사지(事之)'는 그 지위에 올려준다는 뜻이다. '성인이(聖人已)'는 이것이 바로 성인이라는 뜻이다. '현흥(縣興)'은 금속악기를 연주한다는 뜻이다. 금속악기를 재차 연주한다는 것은 주군에게 술을 따라서 바칠 때 재차 연주하는 것을 뜻한다. '하(下)'자는 당하로 내려간다는 뜻이다. '상(象)'과 '무(武)'는 무무(武舞)에 해당한다. '하약(夏籥)'은 문무(文舞)에 해당한다. '서(序)'자는 번갈아[更]라는 뜻이다. 당하에서 관악기를 연주할 때에는 문무와 무무에 해당하는 악곡에 맞춰 춤을 추는데, 교대로 시연하는 것이다. '지인언(知仁焉)'은 예악이 보존된 것임을 안다는 뜻이다. '채제(采齊)'·'옹(雍)'·'진우(振羽)'는 모두 악장을 뜻한다. '진우(振羽)'·'진로(振鷺)' 및 '옹(雍)'은 금속악기로 연주하여 정감을 드러내니, 빈객과 주인이 각각 그들의 정감을 서로에게 나타내는 것이다. 금의 속성은 내적으로 명아하니, 사람의 정감을 상징한다. '시덕야(示德也)'는 서로에게 덕을 나타낸다는 뜻이다. '청묘(淸廟)'는 문왕의 덕을 칭송하는 시가이다. '시사야(示事也)'는 서로에게 그 사안을 나타낸다는 뜻이다. '무(武)'와 '상(象)'은 무왕이 이룬 큰 업적을 드러내는 악무이다.

釋文 畎, 古犬反. 縣音玄, 注同. 関, 苦冗反. 籥音藥. 中, 丁仲反, 下同. 還音旋. 齊, 本又作薺, 在細·在私二反, 注同. 更音庚, 下同. 鷺音路.

번역 '畎'자는 '古(고)'자와 '犬(견)'자의 반절음이다. '縣'자의 음은 '玄(현)'이며, 정현의 주에 나오는 글자도 그 음이 이와 같다. '関'자는 '苦(고)'자와 '冗(용)'자의 반절음이다. '籥'자의 음은 '藥(약)'이다. '中'자는 '丁(정)'자와 '仲(중)'자의 반절음이며, 아래문장에 나오는 글자도 그 음이 이와 같다. '還'자의 음은 '旋(선)'이다. '齊'자는 판본에 따라서 또한 '薺'자로도 기록하며, '在(재)'자와 '細(세)'자의 반절음이고, 또한 '在(재)'자와 '私(사)'자의 반절음도 되며, 정현의 주에 나오는 글자도 이와 같다. '更'자의 음은 '庚 (경)'이며, 아래문장에 나오는 글자도 그 음이 이와 같다. '鷺'자의 음은 '路 (로)'이다.

孔疏 ●"子曰"至"人也". ○正義曰: 以前經子游問禮, 孔子特爲說之. 自此 以下, 孔子總爲三人說禮之大意. 但於禮之內, 大饗爲重, 故此經特明之. 今各 隨文解之.

번역 ●經文: "子曰"~"人也". ○앞의 경문은 자유가 예(禮)에 대해 질 문하여 공자가 특별히 설명을 해준 것이다. 이곳 구문으로부터 그 이하의 내용은 공자가 총괄적으로 세 제자를 위해 예의 큰 의미에 대해서 설명한 것이다. 다만 예에 있어서 내적으로 대향(大饗)이 중대하기 때문에, 이곳 경문에서 특별히 나타낸 것이다. 현재 각각의 문장에 따라서 풀이하겠다.

孔疏 ●"猶有九焉"者, 言上經所說禮外, 猶有九事焉, 今爲汝說之.

번역 ●經文: "猶有九焉". ○앞의 경문에서 설명한 예(禮) 외에도 아직 아홉 가지 사안이 남아있으므로, 지금 너희들을 위해 설명하겠다는 뜻이다.

孔疏 ●"大饗有四焉"者, 言九事之中, 兩君相見, 大饗有四. 四者, 謂賓初 入門而縣興, 揖讓而升堂, 主人獻賓, 賓飮訖而樂闋, 是一也; 賓酢主人, 金奏 作, 主人飮畢而樂闋; 是二也; 至工入, 升歌淸廟, 是三也; 歌畢, 堂下管象· 武, 是四也, 是大饗有四焉.

번역 ●經文: "大饗有四焉". ○아홉 가지 사안 중 양측 나라의 군주가 서로 만나볼 때 시행하는 대향(大饗)은 그 중 네 가지 중요 절차를 차지한 다는 뜻이다. 네 가지라는 것은 빈객이 처음 문으로 들어설 때 악기 틀에 매어둔 악기를 연주하고, 읍(揖)과 사양을 하여 당상(堂上)에 오르면, 주인은 빈객에게 술을 따라주는데, 빈객이 술을 다 마시면 연주를 그치게 되니, 이것이 첫 번째 절차이다. 빈객이 주인에게 다시 술을 권하면 금속악기를 연주하고, 주인이 술을 다 마시면 연주를 그치게 되니, 이것이 두 번째 절차이다. 악공이 들어오게 되면 당상으로 올라가서 청묘(淸廟)라는 시가를 노래로 부르는데, 이것이 세 번째 절차이다. 노래가 끝나면 당하로 내려가서 상(象)과 무(武)의 악곡을 관악기로 연주하니, 이것이 네 번째 절차이다. 이것이 바로 대향에 포함된 네 가지 절차이다.

孔疏 ●"苟知此矣, 雖在畎畝之中, 事之, 聖人已"者, 苟, 誠也, 謂誠能知此四事, 其身雖在畎畝之中, 衆人奉而事之, 立置於位, 戴以爲君.

번역 ●經文: "苟知此矣, 雖在畎畝之中, 事之, 聖人已". ○'구(苟)'자는 진실로[誠]라는 뜻이니, 진실로 이러한 네 사안에 대해서 알 수 있다면, 그 몸이 비록 들판에 있더라도 백성들이 그를 떠받들고 섬겨서 그를 제위에 올려 군주로 삼게 된다는 뜻이다.

孔疏 ●"聖人已"者, 已, 謂語辭, 言如此者, 是聖人也.

번역 ●經文: "聖人已". ○'이(已)'자는 어조사이니, 이와 같이 하는 자는 성인이라는 뜻이다.

孔疏 ●"兩君相見, 揖讓而入門"者, 諸侯來朝, 兩君相見, 揖讓而入門.

번역 ●經文: "兩君相見, 揖讓而入門". ○제후가 찾아와서 조회를 하여 양측 나라의 군주가 서로 만나보게 되면, 읍(揖)과 사양을 하며 문으로 들어가게 된다.

孔疏 ●"入門而縣興"者, 謂鍾磬興而動作, 謂金奏作也.

번역 ●經文: "入門而縣興". ○종과 경(磬)을 연주한다는 의미로, 금속악기를 연주한다는 뜻이다.

孔疏 ●"揖讓而升堂, 升堂而樂闋者", 賓主及階, 揖讓升堂. 主人獻賓, 賓卒爵而樂闋, 是大饗之一也. 又於此之後, 賓酢主君而縣興, 主君飮畢而樂闋, 是大饗之二也, 鄭注所謂"金再作", 是也.

번역 ●經文: "揖讓而升堂, 升堂而樂闋者". ○빈객과 주인이 계단에 이르게 되면, 읍(揖)과 사양을 하며 당상(堂上)으로 올라가게 된다. 주인이 빈객에게 술을 따라 바쳐서 빈객이 술잔을 비우게 되면 연주를 그치는데, 이것이 대향(大饗)의 첫 번째 절차이다. 또 이 시기 이후 빈객이 주군에게 술을 따라 권하여 금속악기를 연주하는데, 주군이 술을 다 마시면 연주를 그치니, 이것이 대향의 두 번째 절차이다. 정현의 주에서 "금속악기를 재차 연주한다."라고 한 말은 바로 이러한 뜻을 나타낸다.

孔疏 ●"下管象·武"者, 謂升歌淸廟, 是大饗之三也. 堂下管中吹象·武之曲, 是大饗之四也. 但此"下管象·武"之上少"升歌淸廟"之一句, 下文旣詳, 故於此略之.

번역 ●經文: "下管象·武". ○악공이 당상(堂上)으로 올라가서 청묘(淸廟)라는 시가를 노래로 부른다는 뜻으로, 이것은 대향(大饗)의 세 번째 절차이다. 당하에서 관악기로 상(象)과 무(武)의 악곡을 연주하는데, 이것은 대향의 네 번째 절차이다. 다만 "당하에서 상(象)과 무(武)의 악곡을 관악기로 연주한다."라고 한 구문 앞에는 "악공이 당상으로 올라가서 청묘를 노래로 부른다."라는 한 구문이 없는데, 뒤의 문장에서 이미 상세히 기록했기 때문에, 이곳에서는 생략한 것이다.

孔疏 ●"夏籥序興"者, 夏籥, 謂大夏文舞之樂, 以象·武次序更遞而興, 於是陳列薦俎, 次序禮樂, 備具百官. 從"夏籥序興"至此, 重贊揚在上之事.

번역　●經文: "夏籥序興". ○'하약(夏籥)'은 대하(大夏)라는 문무(文舞)를 출 때 사용하는 악곡을 뜻하니, 상(象)과 무(武)의 악곡과 번갈아가며 차례대로 연주하고, 이 시기에 천조(薦俎)를 진설하며, 그 다음으로 예악(禮樂)을 차례대로 시행하여 백관(百官)을 구비하게 된다. "하약을 번갈아가며 연주한다."라고 한 구문부터 이곳까지는 앞의 사안에 대해서 거듭 설명한 것이다.

孔疏　●"如此而后君子知仁焉"者, 仁, 猶存也. 君子見上大饗四焉, 知禮樂所存在也.

번역　●經文: "如此而后君子知仁焉". ○'인(仁)'자는 "보존된다[存]."는 뜻이다. 군자가 앞서 말한 대향(大饗)의 네 절차를 보게 되면, 예악이 그 안에 포함되어 있음을 알 수 있다.

孔疏　●"行中規"至"徹以振羽"者, 是大饗四禮之外, 加有此五事, 總爲九也. 但以前四事, 義廣意深, 故特明於上. 此之五事折旋揖讓, 其理淺露, 故別於下.

번역　●經文: "行中規"~"徹以振羽". ○이것은 대향(大饗)의 네 가지 예법절차 외에 다섯 가지 사안이 더 있다는 뜻으로, 총괄하면 아홉 가지가 된다. 다만 앞에 말한 네 가지 사안은 의미가 넓고도 심오하기 때문에 특별히 앞에서 설명한 것이다. 이곳에 기술된 다섯 가지 사안은 몸을 움직이고 읍(揖)과 사양을 하는 것들인데, 그 이치가 상대적으로 좁고 낮기 때문에 그 뒤에 별도로 기술한 것이다.

孔疏　●"行中規"者, 謂曲行, 配前爲第五.

번역　●經文: "行中規". ○원형자에 맞춘 것처럼 행동한다는 뜻이니, 앞의 것과 짝지으면 다섯 번째 절차가 된다.

孔疏 ●"還中矩"者, 謂方行也, 通爲六也.

번역 ●經文: "還中矩". ○곱자에 맞춘 것처럼 행동한다는 뜻이니, 앞의 것과 통괄하면 여섯 번째 절차가 된다.

孔疏 ●"和鸞中采齊"者, 采齊, 樂章名, 言和鸞之聲中采齊之曲, 謂出門迎賓之時. 通前爲七也.

번역 ●經文: "和鸞中采齊". ○'채제(采齊)'는 악장의 명칭이니, 화란(和鸞)의 방울소리가 채제라는 악곡에 맞는다는 뜻으로, 문밖으로 나가서 빈객을 맞이할 때에 해당한다. 앞의 것과 통괄하면 일곱 번째 절차가 된다.

孔疏 ●"客出以雍"者, 雍, 詩樂章名也. 言客出之時, 歌雍以送之. 通前爲八也.

번역 ●經文: "客出以雍". ○'옹(雍)'은 『시』의 악장 명칭이다. 빈객이 문밖으로 나갈 때 옹(雍)이라는 시가를 노래로 불러서 전송한다는 뜻이다. 앞의 것과 통괄하면 여덟 번째 절차가 된다.

孔疏 ●"徹以振羽"者, 振羽卽振鷺詩, 亦樂章名也. 言禮畢通徹器之時, 歌振鷺也. 通爲九也.

번역 ●經文: "徹以振羽". ○'진우(振羽)'는 곧 진로(振鷺)라는 시가이니 이 또한 악장의 명칭이다. 의례절차가 끝나서 기물들을 치울 때 진로라는 시가를 노래로 부른다는 뜻이다. 앞의 것과 통괄하면 아홉 번째 절차가 된다.

孔疏 ●"是故君子無物而不在禮矣"者, 言無事不在禮, 萬事皆在於禮也.

번역 ●經文: "是故君子無物而不在禮矣". ○사안 중에 예에 해당하지 않는 것이 없다는 뜻이니, 모든 일은 모두 예에 달려 있다는 의미이다.

【孔疏】 ●"入門而金作, 示情也"者5), 謂賓入門之後, 至主人飮畢, 而金鐘之聲再度興作. 金性內明, 主人獻賓而金作, 是主人示賓以恩情, 賓酢主人而金作, 是賓示主人以敬情, 覆上縣興之文也.

【번역】 ●經文: "入門而金作, 示情也". ○빈객이 문으로 들어선 이후 주인이 술 마시는 것을 끝낼 때까지, 금속악기인 종의 소리 등은 재차 연주된다는 뜻이다. 금의 속성은 내적으로 명아하니, 주인이 빈객에게 술을 따라서 줄 때 금속악기를 연주하는 것은 주인이 빈객에게 은정을 드러내는 것이고, 빈객이 주인에게 술을 권하며 금속악기를 연주하는 것은 빈객이 주인에게 공경하는 정감을 드러내는 것이니, 앞에서 "악기 틀에 걸어둔 악기를 연주한다."라고 한 문장을 재차 풀이한 것이다.

【孔疏】 ●"升歌淸廟, 示德也"者, 淸廟頌文王之德, 故云"示德"也. 此覆說上文, 但前文略而不載也.

【번역】 ●經文: "升歌淸廟, 示德也". ○'청묘(淸廟)'는 문왕의 덕을 찬송한 시가이다. 그렇기 때문에 "덕을 드러낸다."라고 했다. 이곳 문장은 앞의 문장을 재차 설명한 것인데, 다만 앞의 문장은 생략해서 기록했기 때문에, 이 내용을 수록하고 있지 않다.

【孔疏】 ●"下而管象, 示事也"者, 象, 謂武王伐紂之樂; 事, 謂王業之大事, 故下管象・武, 示王業之事也. 此覆釋前文下管象・武也.

【번역】 ●經文: "下而管象, 示事也". ○'상(象)'은 무왕이 주임금을 정벌한 사안을 나타내는 악곡이고, '사(事)'자는 천자의 과업 중 중대한 사안을 뜻한다. 그렇기 때문에 당하(堂下)에서 관악기로 상(象)과 무(武)의 악곡을

---

5) '자(者)'자에 대하여. '자'자는 본래 없던 글자인데, 완원(阮元)의 『교감기(校勘記)』에서는 "이곳 판본에는 '자'자가 누락된 것이니, 『민본(閩本)』・『감본(監本)』도 동일하게 누락되어 있다. 『모본(毛本)』에는 '자'자가 기록되어 있지만, '야(也)'자가 누락되었다."라고 했다.

연주하여 천자의 과업에 대한 일을 드러낸다. 이것은 앞의 문장에서 "당하에서 관악기로 상(象)과 무(武)의 악곡을 연주한다."라고 한 문장을 재차 풀이한 것이다.

孔疏 ●"古之君子, 不必親相與言也, 以禮樂相示而已"者, 言古之君子相朝會, 不必親自以事相與丁寧而言, 但以禮樂微相示語依違而已.

번역 ●經文: "古之君子, 不必親相與言也, 以禮樂相示而已". ○고대의 군자가 서로 조회를 할 때에는 직접 그 사안에 따라 참여하여 간곡하게 말을 할 필요가 없었으니, 단지 예악을 통해 은미하게 서로의 의사를 드러내며 직접적으로 하지 않았을 따름이다.

孔疏 ◎注"猶存"至"事也". ○正義曰: "大饗, 謂饗諸侯來朝者也", 經云"兩君相見", 故知是饗. 諸侯來朝, 謂鄰國相會也. 云"四者, 謂金再作, 升歌淸廟, 下管象也"者, 是數大饗有四之事, 金再作是二也, 升歌淸廟是三也, 下管象是四也. 云"事之, 謂立置於位也"者, 以經先云大饗有四焉, 乃云"事之", 故鄭注亦先數四事, 乃解"事之"也. 而皇氏"以夏籥序興"與"下管象·武" 合爲一, 爲大饗之事四. 今鄭數四事, 直云"下管象·武", 不數"夏籥序興". 又經云金作示情, 淸廟示德, 下管示事, 不論夏籥. 皇氏通數夏籥, 其義非也. 云"縣興金作也"者, 解經"入門而縣興", 謂金奏第一作也. 按大射禮賓乃庭, 奏肆夏, 至主人獻賓, 賓再拜受爵樂闋, 是金一作也. 但大射以臣爲賓, 故及庭始金奏. 若鄰國君來, 入門卽金奏也. 云"金再作者, 獻主君又作也"者, 按大射禮主人獻賓之後, 主人洗象觚獻於公, 公拜受爵, 乃奏肆夏, 公卒爵而樂闋. 大射禮謂臣爲主人6)而獻君, 若兩君相見則賓獻主君, 故獻主君又作也. 云"堂下吹管, 舞文·武之樂, 更起也"者, 以經云下管象·武, 卽云夏籥序興, 是初時管中吹象·武之曲, 已後與夏籥文舞更遞而作, 故云"舞文·武之樂, 更起也". 云采

---

6) '인(人)'자에 대하여. '인'자는 본래 없던 글자인데, 완원(阮元)의 『교감기(校勘記)』에서는 "혜동(惠棟)의 『교송본(校宋本)』에는 '인'자가 기록되어 있으니, 이곳 판본에는 '인'자가 누락된 것이다."라고 했다.

齊・雍・振羽, 皆樂章也. 以雍是詩篇, 名振羽, 卽振鷺, 故知與采齊之等皆是
樂章之名也. 云"武・象, 武王之大事也", 以此象・武與淸廟相對. 淸廟是文
王之詩, 故知象・武是武王之樂. 按周頌"維淸奏象・武"也, 注云"武王制焉".
盧解: "大饗有九者: 揖讓而入門, 一也. 入門而縣興, 二也. 揖讓而升堂, 三也.
升堂而樂闋, 四也. 下管象・武, 五也. 夏籥序興, 六也. 陳其薦俎, 七也. 序其
禮樂, 八也. 備其百官, 九也." 王肅以爲大饗九者, 其下五事與鄭同, 又以揖讓
而入門・入門而縣興・揖讓而升堂爲一也; 升堂而樂闋, 二也; 下管象・武,
夏籥序興, 三也; 陳其薦俎, 序其禮樂, 備其百官, 爲四也. 添下五事爲九也.

번역　◎鄭注: "猶存"~"事也". ○정현이 "'대향(大饗)'이라는 것은 제후
가 찾아와서 조회를 할 때 연회를 베푸는 것을 뜻한다."라고 했는데, 경문에
서는 "양측 군주가 서로 만나본다."라고 했다. 그렇기 때문에 이것이 향례
(饗禮)에 해당함을 알 수 있다. 제후가 찾아와서 조회를 한다는 것은 이웃
제후국끼리 서로 회동하는 것을 뜻한다. 정현이 "네 가지는 금속악기를 재
차 연주하고, 당상(堂上)에 올라가서 청묘(淸廟)를 노래 부르며, 당하로 내
려와서 상(象)의 악무를 관악기로 연주하는 것을 뜻한다."라고 했는데, 이
것은 대향에서 시행되는 네 가지 절차에 대해서 셈한 것으로, 금속악기로
재차 연주하는 것은 첫 번째와 두 번째 절차에 해당하며, 당상에 올라가서
청묘를 노래 부르는 것은 세 번째 절차에 해당하고, 당하로 내려와서 상
(象)의 악무를 관악기로 연주하는 것은 네 번째 절차에 해당한다. 정현이
"'사지(事之)'는 그 지위에 올려준다는 뜻이다."라고 했는데, 경문에서는 먼
저 "대향에 해당하는 것에는 네 가지가 있다."라고 했고, 이후에 곧바로 "섬
긴다."라고 했다. 그렇기 때문에 정현의 주에서도 또한 먼저 네 가지 사안
에 대해서 열거하고, 이후에 곧 '사지(事之)'의 뜻을 풀이한 것이다. 그런데
황간7)은 "하약(夏籥)을 차례대로 연주한다."는 것과 "당하로 내려와서 상

---

7) 황간(皇侃, A.D.488~A.D.545) : =황씨(皇氏). 남조(南朝) 때 양(梁)나라의 경
　학자이다. 『주례(周禮)』, 『의례(儀禮)』, 『예기(禮記)』 등에 해박하여, 『상복문
　구의소(喪服文句義疏)』, 『예기의소(禮記義疏)』, 『예기강소(禮記講疏)』 등을
　지었지만, 현재는 전해지지 않는다. 그 일부가 마국한(馬國翰)의 『옥함산방
　집일서(玉函山房輯佚書)』에 수록되어 있다.

(象)과 무(武)의 악곡을 연주한다."는 것을 합해서 하나의 절차로 여기고, 이것을 대향에서 시행하는 네 번째 사안이라고 했다. 그런데 현재 정현이 네 가지 사안에 대해 열거한 것을 보면, 단지 "당하로 내려와서 상(象)과 무(武)의 악곡을 연주한다."라고 했고, "하약을 차례대로 연주한다."는 것은 그 사안으로 포함시키지 않았다. 또 경문에서는 "금속악기를 연주하는 것은 정감을 드러내는 것이고, 청묘(淸廟)를 노래 부르는 것은 덕을 드러내는 것이며, 당하에서 관악기를 연주하는 것은 사안을 드러내는 것이다."라고 하여, 하약에 대해서는 논의하지 않았다. 그러므로 황간이 하약까지 통괄해서 그 수에 포함시킨 것은 잘못된 주장이다. 정현이 "'현흥(縣興)'은 금속악기를 연주한다는 뜻이다."라고 했는데, 경문에서 "문으로 들어오면 악기 틀에 매단 악기를 연주한다."라고 한 말을 풀이한 것이니, 금속악기를 한 차례 연주한다는 의미이다. 『의례』「대사례(大射禮)」편을 살펴보면, 빈객이 마당에 이르게 되면 사하(肆夏)를 연주한다고 했고,[8] 주인이 빈객에게 술을 따라서 바치면 빈객은 재배를 하고 잔을 받는데 이때 음악 연주를 그친다고 했으니,[9] 이것은 금속악기 연주를 한 차례 하는 것을 나타낸다. 다만 대사례(大射禮)[10]에서는 신하를 빈객으로 삼기 때문에, 마당에 이르

---

8) 『의례』「대사례(大射禮)」: 擯者納賓. 賓及庭, 公降一等揖賓, 賓辟, 公升卽席. 奏肆夏.

9) 『의례』「대사례(大射禮)」: 筵前獻賓. 賓西階上拜, 受爵于筵前, 反位. 主人賓右拜送爵. 宰胥薦脯醢. 賓升筵. 庶子設折俎. 賓坐, 左執觚, 右祭脯醢, 奠爵于薦右, 興取肺, 坐絶祭, 嚌之, 興加于俎, 坐挩手, 執爵, 遂祭酒, 興席末坐, 啐酒, 降席坐, 奠爵, 拜告旨. 執爵興. 主人答拜. 樂闋.

10) 대사례(大射禮)는 제사를 지낼 때, 제사를 돕는 자들을 채택하기 위해 시행하는 활쏘기 대회이다. 천자의 경우에는 '교외 및 종묘[郊廟]'에서 제사를 지낼 때, 제후 및 군신(群臣)들과 미리 활쏘기를 하여, 적중함이 많은 자를 채택하고, 채택된 자로 하여금 천자가 주관하는 제사에 참여하도록 하는 의례(儀禮)이다. 『주례』「천관(天官) · 사구(司裘)」편에는 "王大射, 則共虎侯, 熊侯, 豹侯, 設其鵠."이라는 기록이 있는데, 이에 대한 정현의 주에서는 "大射者, 爲祭祀射. 王將有郊廟之事, 以射擇諸侯及群臣與邦國所貢之士可以與祭者. …… 而中多者得與於祭."라고 풀이하였다. 한편 각 계급에 따라 '대사례'의 예법에는 차등이 있었는데, 예를 들어 천자가 시행하는 '대사례'에서는 표적으로 호후(虎侯), 웅후(熊侯), 표후(豹侯)가 사용되었고, 표적지에는 곡(鵠)을 설치했다. 그리고 제후가 시행하는 '대사례'에서는 웅후(熊侯), 표후(豹侯)가

렀을 때 처음으로 금속악기를 연주하는 것이다. 만약 이웃 제후국의 군주가 찾아왔다면, 그가 문으로 들어섰을 때 금속악기를 연주한다. 정현이 "금속악기를 재차 연주한다는 것은 주군에게 술을 따라서 바칠 때 재차 연주하는 것을 뜻한다."라고 했는데, 「대사례」편을 살펴보면, 주인이 빈객에게 술을 따라서 바친 이후, 주인은 상아로 장식한 고(觚)를 씻고서 공(公)에게 술을 따라서 바치고, 공(公)은 절을 하고 잔을 받으니, 이때 사하(肆夏)를 연주하고, 공(公)이 잔을 비우면 연주를 그친다고 했다.[11] 대사례는 신하를 주인으로 삼아 군주에게 술을 따라서 바치는 경우이다. 그러므로 만약 양측 제후국의 군주가 서로 만나보는 경우라면 빈객인 제후가 주인인 제후에게 술을 따라서 바치게 된다. 그렇기 때문에 주군에게 술을 따라서 바칠 때에도 또한 음악을 연주한다. 정현이 "당하에서 관악기를 연주할 때에는 문무(文舞)와 무무(武舞)에 해당하는 악곡에 맞춰 춤을 추는데, 교대로 시연하는 것이다."라고 했는데, 경문에서는 "당하에서 상(象)과 무(武)의 악곡을 관악기로 연주한다."라고 했고, 이미 "하약을 번갈아가며 연주한다."라고 했으니, 이것은 처음 연주할 때 관악기로 상(象)과 무(武)의 악곡을 연주하고, 그 이후에는 하약에 해당하는 문무와 번갈아가며 연주하는 것을 뜻한다. 그렇기 때문에 "문무와 무무에 해당하는 악곡에 맞춰 춤을 추는데, 교대로 시연하는 것이다."라고 말한 것이다. 정현이 "'채제(采齊)'·'옹(雍)'·'진우(振羽)'는 모두 악장을 뜻한다."라고 했는데, '옹(雍)'은 『시』의 편명이고, '진우(振羽)'라고 명칭한 것은 『시』의 「진로(振鷺)」라는 편이다. 그렇기 때문에 '채제(采齊)'라는 것 등이 모두 악장의 명칭이 됨을 알 수 있다. 정현이 "'무(武)'와 '상(象)'은 무왕이 이룬 큰 업적을 드러내는 악무이다."라고 했는데, 이곳 기록에서는 상(象)과 무(武)를 청묘(淸廟)와 대비시켜 기록했

사용되었고, 표적지에 곡(鵠)을 설치했다. 경(卿)과 대부(大夫)의 경우에는 미후(麋侯)를 사용하였고, 표적지에 곡(鵠)을 설치했다.

11) 『의례』「대사례(大射禮)」: 主人盥, 洗象觚, 升, 酌膳, 東北面獻于公. 公拜受爵. 乃奏肆夏. 主人降自西階, 阼階下北面拜送爵. 宰胥薦脯醢, 由左房, 庶子設折俎, 升自西階. 公祭如賓禮, 遂子贊授肺. 不拜酒, 立卒爵, 坐, 奠爵拜, 執爵興. 主人答拜. 樂闋.

다. 청묘라는 것은 문왕을 노래한 시이기 때문에, 상(象)과 무(武)가 무왕에 대한 악무임을 알 수 있다. 『시』 「주송(周頌)」을 살펴보면, "「유청(維淸)」이라는 시는 상(象)과 무(武)라는 악곡에 연주한다."[12]라고 했고, 주에서는 "무왕 때 제작되었다."라고 했다. 노식[13]은 이 문장을 풀이하며, "대향(大饗)에 아홉 가지가 있다고 했는데, 읍(揖)과 사양을 하며 문으로 들어서는 것이 첫 번째 절차이다. 문으로 들어서면 악기 틀에 매달아둔 악기를 연주하는데 이것이 두 번째 절차이다. 읍(揖)과 사양을 하며 당상(堂上)에 오르게 되는데 이것이 세 번째 절차이다. 당상에 올라가면 연주를 그치니 이것이 네 번째 절차이다. 당하로 내려와서 상(象)과 무(武)의 악곡을 관악기로 연주하니 이것이 다섯 번째 절차이다. 하약을 번갈아가며 연주하니 이것에 여섯 번째 절차이다. 천조(薦俎)를 진설하니 이것이 일곱 번째 절차이다. 예악을 차례대로 시연하니 이것이 여덟 번째 절차이다. 백관(百官)을 갖추니 이것이 아홉 번째 절차이다."라고 했다. 왕숙[14]은 대향 자체에 아홉 가지가 있다고 여겼는데, 그 뒤의 다섯 가지 사안에 대해서는 정현의 주장과 동일하다. 또한 읍(揖)과 사양을 하며 문으로 들어서는 것, 문으로 들어섰을 때 악기 틀에 매달아둔 악기를 연주하는 것, 읍(揖)과 사양을 하며 당상에 올라가는 것을 한 가지 절차로 여겼고, 당상에 올라가면 음악을 그치는 것을 두 번째 절차로 여겼으며, 당하에서 상(象)과 무(武)의 악곡을 관악기로 연주하고 하약을 번갈아가며 연주하는 것을 세 번째 절차로 여겼고, 천

---

12) 『시』 「주송(周頌) · 유청(維淸)」의 「모서(毛序)」 : 維淸, 奏象舞也.

13) 노식(盧植, A.D.159?~A.D.192) : =노씨(盧氏). 후한(後漢) 때의 유학자이다. 자(字)는 자간(子幹)이다. 어려서 마융(馬融)을 스승으로 섬겼다. 영제(靈帝)의 건녕(建寧) 연간(A.D.168~A.D.172)에 박사(博士)가 되었다. 채옹(蔡邕) 등과 함께 동관(東觀)에서 오경(五經)을 교정했다. 후에 동탁(董卓)이 소제(少帝)를 폐위시키자, 은거하며 『상서장구(尙書章句)』, 『삼례해고(三禮解詁)』를 저술했지만, 남아 있지 않다.

14) 왕숙(王肅, A.D.195~A.D.256) : =왕자옹(王子雍). 위진남북조(魏晉南北朝) 때의 위(魏)나라 경학자이다. 자(字)는 자옹(子雍)이다. 출신지는 동해(東海)이다. 부친 왕랑(王朗)으로부터 금문학(今文學)을 공부했으나, 고문학(古文學)의 고증적인 해석을 따랐다. 『상서(尙書)』, 『시경(詩經)』, 『좌전(左傳)』, 『논어(論語)』 및 삼례(三禮)에 대한 주석을 남겼다.

조를 진설하고 예악을 차례대로 시연하며 백관을 갖추는 것을 네 번째 절차라고 여겼다. 그리고 그 뒤에 나온 다섯 가지 사안을 합하여 아홉 가지 절차가 된다고 했다.

訓纂 玉篇: 世本, "倕, 作規矩準繩也." 規, 正圜之器也.

번역 『옥편』에서 말하길,『세본』15)에서는 "수(倕)는 원형자[規]와 곱자[矩] 및 수평자[準]와 직선을 그리는 먹줄[繩]을 만들었다."라고 했다. '규(規)'는 동그라미를 그리는 기구이다.

集解 大饗, 謂諸侯相饗也. 大饗有四者, 金作示情一也; 升歌淸廟示德二也; 下管象示事三也; 武夏篇序興四也. 禮有九而大饗有四, 則其餘五事不在大饗也. 事, 行也. 識禮樂之文者能述, 知禮樂之情者能作. 述者之謂明, 作者之謂聖. 知此者, 知禮樂之情者也. 故雖在畎畝之中, 體此禮於身而行之, 而可以爲聖人也. 縣, 鐘鼓之縣也. 興, 作也. 入門縣興, 謂大饗納賓, 金奏肆夏之三也. 凡九夏之詩, 皆以鐘鼓奏之, 下文獨言"金作"者, 以金爲重也. 闋, 止也. 升堂而樂闋者, 升堂之時, 主人獻賓, 賓飮卒爵而酢主人, 主人又飮, 卒爵而樂止. 郊特牲云"賓入大門而奏肆夏", "卒爵而樂闋", 是也. "升堂而樂闋"下, 當有"升歌淸廟"一句, 文脫也. 象, 周頌維淸之篇也. 序云, "維淸, 奏象舞也." 維淸以奏象舞, 故因謂維淸爲象. 下管象, 謂堂下之樂, 以管播維淸之詩也. 武, 大武之舞也. 夏篇, 言大夏之舞執篇以舞也. 序興者, 言文武之舞次第而起也. 入門金奏, 納賓之樂也. 升歌・下管・合舞, 正樂之三節也. 正樂有歌・管・

間·合四節, 而惟擧其三者, 以間歌非樂之所重而略之也. 知仁者, 知主人以恩意相接, 上文云"食饗之禮, 所以仁賓客", 是也. 和鸞中采齊, 謂車出迎賓之時, 奏采齊之詩, 以爲車行之節, 而車之和鸞, 其聲與樂相應也. 周禮樂師, "敎樂儀, 行以肆夏, 趨以采齊. 車出亦如之." 此獨言"和鸞中采齊"者, 凡車及行步之節, 門內行, 門外趨, 迎賓之時, 車行宜疾, 蓋雖門內亦趨, 故惟言其趨之節也. 雍·振羽, 皆周頌篇名. 振羽, 卽振鷺也. 王饗諸侯, 徹時歌雍, 賓出奏肆夏. 大司樂, "大享不入牲, 其他皆如祭祀", 是也. 兩君相見, 客出奏雍, 徹時歌振羽, 降於天子也. 物, 事也. 示情者, 取金聲之和, 以示其情之和也. 示德者, 清廟以發文王之德也. 示事者, 維清以奏象舞, 所以象文王征伐之事也. "金作"以下, 覆明四者之禮. 不言"武夏篇序興"者, 文王世子曰, "下管象, 舞大武, 大合樂以事", 蓋管象·合舞, 皆所以示事, 故擧其一以該之也. 大饗之禮如此, 故不必親相與言, 而賓主情意之洽, 先王功德之盛, 皆可得而見也.

번역 '대향(大饗)'은 제후들끼리 서로에게 향연을 베푼다는 뜻이다. "대향에는 네 가지가 있다."라고 했는데, 금속악기를 연주하여 정감을 드러내는 것이 첫 번째이며, 당상(堂上)에 올라가서 청묘(淸廟)의 시가를 노래 부르는 것이 두 번째이고, 당하에서 관악기로 상(象)의 악무를 연주하여 그 사안을 드러내는 것이 세 번째이며, 무(武)와 하약(夏篇)을 번갈아가며 연주하는 것이 네 번째이다. 예법에는 아홉 가지가 있고 대향에는 네 가지가 있다고 했으니, 나머지 다섯 가지 사안들은 대향의 예법에 포함되지 않는다. '사지(事之)'의 사(事)자는 "시행한다[行]."는 뜻이다. 예악의 격식을 식별하는 자는 조술할 수 있고, 예악의 정감을 알고 있는 자는 새로 제작할 수 있다. 조술하는 자를 명자(明者)라고 부르고, 새로 제작하는 자를 성인(聖人)이라고 부른다.[16] '지차(知此)'는 예악의 정감을 안다는 뜻이다. 그렇기 때문에 비록 들판에 있더라도 이러한 예법을 자신이 직접 체득하고 시

---

16) 『예기』「악기(樂記)」【463a】: 故鐘鼓管磬, 羽籥干戚, 樂之器也. 屈伸俯仰, 綴兆舒疾, 樂之文也. 簠簋俎豆, 制度文章, 禮之器也. 升降上下, 周還裼襲, 禮之文也. 故知禮樂之情者能作, 識禮樂之文者能述. 作者之謂聖, 述者之謂明. 明聖者, 述作之謂也.

행해서 성인이 될 수 있다. '현(縣)'은 종이나 북을 걸어둔 것이다. '흥(興)'
자는 "연주하다[作]."는 뜻이다. "문으로 들어서면 매달아둔 악기를 연주한
다."라고 했는데, 대향을 시행하며 빈객을 안으로 들일 때 금속악기로 사하
(肆夏)의 세 악곡을 연주한다는 뜻이다. 무릇 구하(九夏)[17]의 시가에 대해
서는 모두 종과 북으로 연주를 하는데, 아래문장에서 유독 "금속악기로 연
주한다."라고만 말한 것은 금속악기를 중시 여기기 때문이다. '결(闋)'자는
"그치다[止]."는 뜻이다. "당상에 올라가면 음악을 그친다."는 것은 당상에
올라갔을 때, 주인이 빈객에게 술을 따라주면, 빈객은 술잔을 비우고 주인
에게 다시 권하며, 주인 또한 그것을 받아서 마시는데, 술잔을 비우면 음악
을 그친다는 뜻이다. 『예기』 「교특생(郊特牲)」편에서 "빈객이 대문으로 들
어서면 사하를 연주한다."라고 했고, 또 "술잔을 비우면 연주를 그친다."라
고 한 말이 이러한 사실을 나타낸다.[18] "당상에 올라가면 음악을 그친다."
라고 한 구문 뒤에는 마땅히 "악공이 당상에 올라가서 청묘(淸廟)의 시가를
노래 부른다."라는 구문이 있어야 하는데, 문장이 누락되었다. '상(象)'은

17) 구하(九夏)는 고대의 아홉 가지 악곡을 총칭하는 말이다. '하(夏)'자는 성대
하다는 뜻에서 붙여진 명칭이다. 아홉 가지 악곡은 왕하(王夏), 사하(肆夏),
소하(昭夏), 납하(納夏), 장하(章夏), 제하(齊夏), 족하(族夏), 개하(祴夏: =陔
夏), 오하(驁夏)이다. '구하'의 쓰임은 다양한데, 『주례』에 따르면 '왕하'는 천
자가 출입할 때 연주하는 악곡이고, '사하'는 시동이 출입할 때 연주하는 악
곡이며, '소하'는 희생물이 출입할 때 연주하는 악곡이고, '납하'는 사방의 빈
객들이 찾아왔을 때 연주하는 악곡이며, '장하'는 신하가 공적을 세웠을 때
연주하는 악곡이고, '제하'는 부인이 제사를 지낼 때 연주하는 악곡이며, '족
하'는 족인들이 모시고 있을 때 연주하는 악곡이고, '개하'는 빈객이 술을 마
시고 밖으로 나갈 때 연주하는 악곡이며, '오하'는 공(公)이 출입할 때 연주
하는 악곡이다. 『주례』 「춘관(春官)・종사(鍾師)」편에는 "凡樂事, 以鍾鼓奏
九夏: 王夏・肆夏・昭夏・納夏・章夏・齊夏・族夏・祴夏・驁夏."라는 기록
이 있고, 이에 대한 정현의 주에서는 두자춘(杜子春)의 주를 인용하여, "杜子
春云, '內當爲納, 祴讀爲陔鼓之陔. 王出入奏王夏, 尸出入奏肆夏, 牲出入奏昭
夏, 四方賓來奏納夏, 臣有功奏章夏, 夫人祭奏齊夏, 族人侍奏族夏, 客醉而出奏
陔夏, 公出入奏驁夏,'"라고 풀이했다.
18) 『예기』 「교특생(郊特牲)」 【319b~c】: <u>賓入大門而奏肆夏</u>, 示易以敬也, <u>卒爵而
樂闋</u>. 孔子屢歎之. 奠酬而工升歌, 發德也. 歌者在上, 匏竹在下, 貴人聲也. 樂
由陽來者也, 禮由陰作者也, 陰陽和而萬物得.

『시』「주송(周頌) · 유청(維淸)」편을 뜻한다. 『시』의 「모서(毛序)」에서는 "「유청」이라는 시는 상(象)과 무(武)라는 악곡에 연주한다."[19]라고 했다. 「유청」편으로 상(象)의 악무에 대해 연주한다고 했기 때문에, 그에 따라 「유청」편을 '상(象)'이라고 부르는 것이다. '하관상(下管象)'은 당하에서 악기를 연주할 때 관악기로 「유청」편의 시가에 맞춰 연주한다는 뜻이다. '무(武)'는 대무(大武)[20]의 악무를 뜻한다. '하약(夏籥)'은 대하(大夏)[21]의 악무에서는 피리를 들고서 춤을 춘다는 뜻이다. '서흥(序興)'은 문무(文舞)와 무무(武舞)를 차례대로 시연한다는 뜻이다. 문으로 들어서면 금속악기를 연주하니, 이것은 빈객을 안으로 들일 때 사용하는 음악이다. 당상에 올라가서 노래 부르고, 당하에서 관악기로 연주하며, 대규모로 합동으로 춤을 추는 것은 정규 음악에 해당하는 세 가지 절차이다. 정규 음악에는 당상에서 노래를 부르고, 당하에서 관악기로 연주하며, 사이마다 번갈아가며 노래를 부르고, 대규모로 합동 연주와 춤을 추는 네 절차가 있는데, 이 중에서도 세 가지 절차만 제시한 것은 사이마다 번갈아가며 노래를 부르는 것은 음악의 절차 중 중대하게 여기는 것이 아니므로 생략한 것이다. '지인(知仁)'은 주인이 은정과 깊은 뜻에 따라 서로 만나본 것임을 안다는 뜻이니, 앞에서 "사향(食饗)의 예법은 빈객에게 성실히 대하는 방법이다."[22]라고 한 말에 해당한다. "화란(和鸞)이 채제(采齊)에 맞는다."라고 했는데, 수레를 타고 밖으로 나가서 빈객을 맞이할 때, 채제(采齊)라는 시가를 연주하여, 수레를 움직이는 절도로 삼고, 수레에 달린 화란이라는 방울은 그 울림소리가 음악과 서로 호응하게 된다는 뜻이다. 『주례』「악사(樂師)」편에서는 "음

---

19) 『시』「주송(周頌) · 유청(維淸)」의 「모서(毛序)」: 維淸, 奏象舞也.
20) 대무(大武)는 주(周)나라 때의 악무(樂舞) 중 하나로, 무왕(武王)에 대한 악무이다. 『주례』「춘관(春官) · 대사악(大司樂)」편에는 '대무'에 대한 용례가 나오고, 이에 대한 정현의 주에서는 "大武, 武王樂也."라고 풀이하였다.
21) 대하(大夏)는 주(周)나라 때의 악무(樂舞) 중 하나이다. 하(夏)나라 우(禹)임금 때의 악무를 근간으로 삼아서 만든 악무이다.
22) 『예기』「중니연거」【598d~599a】: 子貢退, 言游進曰, "敢問禮也者, 領惡而全好者與?" 子曰, "然." "然則何如?" 子曰, "郊社之義, 所以仁鬼神也. 嘗禘之禮, 所以仁昭穆也. 饋奠之禮, 所以仁死喪也. 射鄕之禮, 所以仁鄕黨也. 食饗之禮, 所以仁賓客也."

악과 그에 따른 예의를 가르쳐서, 걸어갈 때에는 사하(肆夏)라는 악곡에
맞추고, 종종걸음으로 갈 때에는 채제(采齊)라는 악곡에 맞춘다. 수레가 나
갈 때에도 이처럼 한다."23)라고 했다. 이곳에서 유독 "화란이 채제(采齊)에
맞는다."라고만 말한 것은 무릇 수레를 타거나 이동하고 걸어갈 때의 절차
에 있어서, 문의 안쪽에서라면 일반적으로 걸어가지만, 문밖에서라면 종종
걸음으로 가니, 빈객을 맞이할 시기라면 수레의 이동 또한 마땅히 **빨라야**
한다. 비록 문의 안쪽이라고 하지만 또한 종종걸음으로 **빨리 걷기** 때문에
단지 종종걸음에 대한 절차만 언급한 것이다. '옹(雍)'과 '진우(振羽)'는 모
두 『시』「주송(周頌)」에 속한 편명이다. '진우(振羽)'는 「진로(振鷺)」라는 편
이다. 천자가 제후에게 향연를 베풀게 되면, 기물들을 치울 때 옹(雍)의 시
가를 노래하고, 빈객이 밖으로 나가게 되면 사하(肆夏)라는 시가를 연주한
다. 『주례』「대사악(大司樂)」편에서 "대향에서는 희생물을 들이지 않지만,
나머지 절차들은 모두 제사 때와 동일하게 한다."24)고 한 말이 바로 이러한
사실을 나타낸다. 양측 제후국의 군주가 서로 만나볼 때, 빈객이 밖으로
나가게 되면 옹(雍)의 시가를 연주하고, 기물을 치울 때 진우(振羽)라는 시
가를 노래하는 것은 천자보다 낮추기 때문이다. '군자무물(君子無物)'에서
의 물(物)자는 사안[事]을 뜻한다. '시정(示情)'은 금속악기의 조화로운 소
리에서 그 뜻을 취하여, 정감의 조화로움을 드러내는 것이다. '시덕(示德)'
은 청묘(淸廟)라는 시가를 통해 문왕의 덕을 드러낸다는 뜻이다. '시사(示
事)'는 유청(維淸)이라는 시가를 통해 상(象)이라는 악무에 연주를 하니,
문왕이 정벌했던 일을 형상화하는 것이다. "금속악기를 연주한다."라는 구
문으로부터 그 이하의 내용은 앞에 나온 네 가지 예법에 대해서 재차 설명
한 것이다. 그런데 "무(武)와 하약(夏籥)을 차례대로 연주한다."라고 말하
지 않았지만, 『예기』「문왕세자(文王世子)」편에서 "당하에서는 상(象)의 악
무를 관악기로 연주하고 마당에서 대무(大武)를 춤추며, 대규모로 합주해
서 섬긴다."25)라고 했으니, 관악기로 상(象)의 악무를 연주하는 것과 음악

---

23) 『주례』「춘관(春官)·악사(樂師)」: 敎樂儀, 行以肆夏, 趨以采薺, 車亦如之, 環
    拜以鍾鼓爲節.
24) 『주례』「춘관(春官)·대사악(大司樂)」: 大饗不入牲, 其他皆如祭祀.

에 맞춰 대규모로 합무를 하는 것은 모두 그 사안을 드러내는 것이다. 그렇기 때문에 그 중 한 가지 사안을 제시하여 나머지 사안까지도 포함시킨 것이다. 대향의 예법이 이와 같기 때문에 직접 서로에 대해 함께 말하지 않더라도 빈객과 주인의 정감 및 뜻이 화합되고, 또 그 안에 나타난 선왕의 공덕이 융성하다는 것을 모두 볼 수 있다.

集解 鄭氏曰: 春秋傳曰, "肆夏 · 繁遏 · 渠, 天子所以享元侯也. 文王 · 大明 · 綿, 兩君相見之樂也." 然則諸侯相與燕, 升歌大雅, 合小雅, 天子與次國 · 小國君燕亦如之; 與大國君燕, 升歌頌, 合大雅. 其笙 · 間之詩未聞. <鏘鳴按: 此引儀禮燕禮注.>

번역 정현이 말하길, 『춘추전』에서는 "사하(肆夏) · 번알(繁遏) · 거(渠)라는 시가는 천자가 원후(元侯)26)에게 향연을 베풀어주며 사용하는 것이다. 문왕(文王) · 대명(大明) · 면(綿)이라는 시가는 양측 제후가 서로 만나보며 사용하는 시가이다."라고 했다. 그렇다면 제후가 서로에게 연회를 베풀어줄 때, 악공이 당상(堂上)에 올라가서 「대아(大雅)」를 노래 부르고, 합무(合舞)를 하며 「소아(小雅)」를 사용하는 것이며, 천자가 차국(次國)27)과 소국(小

---

25) 『예기』「문왕세자(文王世子)」【262c】: 下管象, 舞大武, 大合衆以事, 達有神, 興有德也. 正君臣之位, 貴賤之等焉, 而上下之義行矣.

26) 원후(元侯)는 제후들의 수장을 뜻한다. 구주(九州) 중 한 개의 주(州)를 대표하는 제후를 목(牧)이라고 하며, 제후국 전체를 동서(東西)로 구분하여, 각 지역을 대표하는 두 명의 제후를 이백(二伯)이라고 부른다. '원후'는 '목'과 '이백'을 지칭하는 말이다. 『춘추좌씨전』「양공(襄公) 4년」편에는 "三夏, 天子所以享元侯也, 使臣弗敢與聞."이라는 기록이 있는데, 이에 대한 두예(杜預)의 주에서는 "元侯, 牧伯."이라고 풀이했고, 공영달(孔穎達)의 소(疏)에서는 "牧是州長, 伯是二伯, 雖命數不同, 俱是諸侯之長也."이라고 풀이했다. 한편 '원후'는 제후국 중 대국(大國)의 제후를 가리키는 용어로도 사용된다. 그러나 '목'과 '이백' 등은 모두 대국의 군주이기 때문에, 가리키는 대상은 대체적으로 동일하다. 『국어(國語)』「노어하(魯語下)」편에는 "元侯作師, 卿帥之, 以承天子."라는 기록이 있는데, 이에 대한 위소(韋昭)의 주에서는 "元侯, 大國之君."이라고 풀이했다.

27) 차국(次國)은 제후국(諸侯國)의 등급 중 하나이다. 제후국을 등급에 따라 구분하면, 대국(大國), 차국(次國), 소국(小國)으로 구분된다. 영토의 크기, 보유

國)의 제후와 연회를 할 때에도 또한 이처럼 하며, 천자가 대국(大國)의 제후
와 연회를 하게 되면, 당상에 올라가서는 「송(頌)」을 노래하고, 합무를 할
때에는 「대아」를 사용하는 것이다. 생황[笙]을 연주하거나 사이마다 번갈아
가며 노래할 때 사용하는 시가에 대해서는 들어보지 못했다.[28] <내[29]가 살
펴보니, 이것은 『의례』「연례(燕禮)」편에 대한 정현의 주를 인용한 것이다.>

集解 賈氏公彦曰: 天子享元侯, 升歌頌, 合大雅; 享五等諸侯, 升歌大雅,
合小雅; 享臣子, 歌小雅, 合鄕樂. 若兩元侯自相享, 及五等諸侯自相享, 皆與
天子同. <鏘鳴按: 此引周禮鐘師疏.>

번역 가공언[30]이 말하길, 천자가 원후(元侯)에게 향연을 베풀 때에는
당상에 올라가서는 「송(頌)」을 노래하고 합무(合舞)를 할 때에는 「대아(大
雅)」를 사용한다. 다섯 등급의 제후들에게 향연을 베풀 때에는 당상에 올라
가서는 「대아」를 노래하고 합무를 할 때에는 「소아(小雅)」를 사용한다. 신
하들에게 향연을 베풀 때에는 당상에 올라가서는 「소아」를 노래하고 합무
를 할 때에는 향악(鄕樂)[31]을 사용한다. 만약 두 원후가 서로에게 향연을
베풀게 되거나 다섯 등급에 속한 제후들이 서로에게 향연을 베풀게 되면,
모두 천자와 동일하게 시행한다.[32] <내가 살펴보니, 이것은 『주례』「종사

할 수 있는 군대의 수, 휘하에 둘 수 있는 신하의 수가 각 등급에 따라 달라
진다.

28) 이 문장은 『의례』「연례(燕禮)」편의 "遂歌鄕樂, 周南: 關雎・葛覃・卷耳; 召
南: 鵲巢・采蘩・采蘋."이라는 기록에 대한 정현의 주이다.

29) 손장명(孫鏘鳴, A.D.1817~A.D.1901): 청(淸)나라 때의 학자이다. 자(字)는
소보(紹甫)이고, 호(號)는 거전(蕖田)・지암(止庵)이다. 손희단(孫希旦)의 『
예기집해(禮記集解)』를 편찬하였다.

30) 가공언(賈公彦, ?~?): 당(唐)나라 때의 유학자이다. 정현(鄭玄)을 존숭하였
다. 예학(禮學)에 조예가 깊었다. 『주례소(周禮疏)』, 『의례소(儀禮疏)』 등의
저서를 남겼으며, 이 저서들은 『십삼경주소(十三經注疏)』에 포함되었다.

31) 향악(鄕樂)은 향당(鄕黨) 및 향리(鄕里) 등에서 사용하는 음악을 뜻한다. 『시
』의 '풍(風)'에 해당하는 시편들을 뜻하기도 한다.

32) 이 문장은 『주례』「춘관(春官)・종사(鐘師)」편의 "凡樂事, 以鍾鼓奏九夏: 王
夏・肆夏・昭夏・納夏・章夏・齊夏・族夏・祴夏・驁夏."라는 기록에 대한
가공언의 소이다.

(鐘師)」편에 대한 가공언의 소를 인용한 것이다.>

集解　愚謂: 春秋傳“三夏, 天子所以享元侯”, 謂納賓之樂也. “文王, 兩君相見之樂”, 謂升歌之樂也. 周禮大司樂“王出入, 奏王夏; 尸出入, 奏肆夏; 牲出入, 奏昭夏”; “大饗不入牲, 其他皆如祭祀”, 則是天子享諸侯, 其納賓皆奏肆夏之三, 不獨元侯矣. 而穆叔獨言“元侯”者, 蓋擧其尤尊者以明其樂之重也. 此及郊特牲皆言“升歌淸廟”, 則大饗皆升歌頌也. 春秋傳謂“文王爲兩君相見之樂”, 不云“饗”, 則兩君相見者, 燕也. 天子饗諸侯, 及兩君相饗, 皆升歌頌; 天子燕諸侯, 及諸侯自相燕, 皆升歌大雅; 天子及諸侯燕諸侯之臣子, 皆升歌小雅. 此燕 · 饗尊卑用樂之差也. 鄭 · 賈以三夏爲升歌之樂, 又謂“燕大國君, 升歌頌, 享五等諸侯, 升歌大雅”, 其說皆非是. 又鄕飮酒禮 · 燕禮樂有“工歌” · “笙入” · “間歌” · “合樂”, 凡四節, 而無舞, 盆稷謨言“笙 · 鏞以間”, 卽繼之以“簫韶九成”, 而不言“合樂”, 則是樂之輕者, 間歌之後合樂, 樂之重者, 間歌之後合舞, 合舞卽合樂也. 大饗舞大武, 諸侯燕臣子舞勺, 以此差之, 則天子燕諸侯及諸侯自相燕皆舞象與. 舞大武則歌周頌桓 · 賚等七篇以奏之, 舞象則歌周頌維淸之篇以奏之. 勺卽籥也. 籥謂之南籥, 則歌二南之詩以奏之也. 然燕禮有不用舞者, 則升歌大雅者合小雅, 升歌小雅者合鄕樂, 蓋合樂所用, 例降於升歌一等也.

번역　내가 생각하기에, 『춘추전』에서는 “삼하(三夏)33)는 천자가 원후(元侯)에게 향연을 베풀며 사용하는 것이다.”34)라고 했으니, 빈객을 안으로 들일 때 사용하는 음악을 뜻한다. 또 “문왕(文王)이라는 시가는 양측 제후가 서로 만나볼 때 사용하는 음악이다.”35)라고 했으니, 당상(堂上)에 올라가서 노래할 때 사용하는 시가이다. 『주례』「대사악(大司樂)」편에서는 “천자가 출입할 때에는 왕하(王夏)36)라는 악곡을 연주하고, 시동이 출입할 때

---

33) 삼하(三夏)는 고대의 악곡으로 사하(肆夏) · 소하(韶夏) · 납하(納夏)를 총칭하는 말이다.
34) 『춘추좌씨전』「양공(襄公) 4년」: <u>三夏, 天子所以享元侯也</u>, 使臣弗敢與聞.
35) 『춘추좌씨전』「양공(襄公) 4년」: <u>文王, 兩君相見之樂也</u>, 使臣不敢及.
36) 왕하(王夏)는 고대의 악곡 이름이다. 구하(九夏) 중 하나이다. 천자가 출입할

에는 사하(肆夏)[37]라는 악곡을 연주하며, 희생물이 출입할 때에는 소하(昭夏)[38]라는 악곡을 연주한다."[39]라고 했고, "대향(大饗)에서는 희생물을 들이지 않지만, 나머지 절차들은 모두 제사 때와 동일하게 한다."[40]라고 했으니, 이것은 천자가 제후들에게 향연을 베풀 때, 빈객을 들이게 되면 모두 사하(肆夏)의 세 악곡을 연주하며, 원후에게만 하지 않는다는 사실을 뜻한다. 그런데도 『춘추전』에서 목숙은 유독 '원후(元侯)'라고만 말했다. 이것은 더욱 존귀한 대상을 제시하여, 그 음악의 중대함을 드러내기 위해서이다. 이곳 기록과 『예기』「교특생(郊特牲)」편에서는 모두 "당상에 올라가서 청묘라는 시가를 노래 부른다."라고 했으니, 대향에서는 모두 당상에 올라가서 「송(頌)」을 노래하는 것이다. 『춘추전』에서 "문왕(文王)이라는 시가는 양측 제후가 서로 만나볼 때 사용하는 음악이다."라고 했고, '향(饗)'을 언급하지 않았다면, 양측 제후국이 서로 만나보는 것은 연례(燕禮)에 해당한다. 천자가 제후에게 향연을 베푸는 것과 양측 제후가 서로에게 향연을 베풀 때에는 모두 당상에 올라가서 「송(頌)」을 노래 부르고, 천자가 제후에게

때 연주하는 악곡이며, 천자만 사용할 수 있고 제후는 사용할 수 없다. 『주례』「춘관(春官)·대사악(大司樂)」편에는 "王出入則令奏王夏."라는 기록이 있다.

37) 사하(肆夏)는 고대의 악곡 이름이다. 구하(九夏) 중 하나이다. '구하'에는 왕하(王夏), 사하(肆夏), 소하(昭夏), 납하(納夏), 장하(章夏), 제하(齊夏), 족하(族夏), 개하(祴夏), 오하(驁夏)이다. 종묘(宗廟) 제사 때에는 시동이 출입할 때 이 악곡을 연주하기도 하였다. 『시』의 송(頌)과 같은 것으로, 노래 중에서도 비중이 컸던 것이다. 『악(樂)』이 없어지면서, 이에 대한 음악도 함께 사라지게 되었다. 『주례』「춘관(春官)·대사악(大司樂)」편에는 "王出入則令奏王夏, 尸出入則令奏肆夏, 牲出入則令奏昭夏."라는 기록이 있고, 이에 대한 정현의 주에서는 "三夏, 皆樂章名."이라고 풀이했다. 또 『주례』「춘관(春官)·종사(鍾師)」편에는 "鍾師掌金奏. 凡樂事以鍾鼓奏九夏, 王夏·肆夏·昭夏·納夏·章夏·齊夏·族夏·祴夏·驁夏."라는 기록이 있고, 이에 대한 정현의 주에서는 "九夏皆詩篇名, 頌之族類也. 此歌之大者, 載在樂章, 樂崩亦從而亡."이라고 풀이했다.

38) 소하(昭夏)는 고대의 악곡 이름이다. 구하(九夏) 중 하나이다. 희생물이 출입할 때 연주하는 악곡이며, 제후 또한 사용할 수 있었다. 『주례』「춘관(春官)·대사악(大司樂)」편에는 "牲出入則令奏昭夏."라는 기록이 있다.

39) 『주례』「춘관(春官)·대사악(大司樂)」 : 王出入則令奏王夏, 尸出入則令奏肆夏, 牲出入則令奏昭夏.

40) 『주례』「춘관(春官)·대사악(大司樂)」 : 大饗不入牲, 其他皆如祭祀.

연회를 베풀거나 제후들끼리 서로에게 연회를 베풀 때에는 모두 당상에
올라가서 「대아(大雅)」를 노래 부르며, 천자 및 제후가 제후의 신하들에게
연회를 베풀게 되면, 모두 당상에 올라가서 「소아(小雅)」를 노래 부른다.
이것은 연회와 향연에 나타나는 존비의 차이에 따라 음악을 사용하는 차등
에 해당한다. 정현과 가공언은 삼하(三夏)를 당상에 올라가서 노래하며 사
용하는 시가라고 여겼고, 또 "대국(大國)의 제후에게 연회를 베풀게 되면,
당상에 올라가서 「송(頌)」을 노래 부르고, 다섯 등급의 제후에게 향연을
베풀게 되면, 당상에 올라가서 「대아(大雅)」를 노래 부른다."라고 했는데,
그 주장은 모두 잘못되었다. 또 『의례』 「향음주례(鄕飮酒禮)」편과 「연례
(燕禮)」편에는 모두 "악공이 노래한다."라고 했고, "생황[笙]의 연주자가
들어간다."라고 했으며, "사이마다 번갈아가며 노래한다."라고 했고, "대
규모로 합주한다."라고 하여, 네 절차가 나타나지만, 춤을 춘다는 기록은
없고, 『서』 「익직(益稷)」편에서는 "생황과 용(鏞)을 사이마다 번갈아가며
연주한다."라고 했고, 이어서 "소소(簫韶)[41]를 구성(九成)[42]한다."라고 했
으며,[43] "대규모로 합주한다."라고 하지 않았으니, 이것은 음악 중에서도
상대적으로 덜 중요한 것을 뜻하며, 사이마다 번갈아가며 노래 부르는 것
이후에 대규모로 합주하는 음악은 음악 중에서도 중대한 것이고, 사이마다
번갈아가며 노래 부르는 것 이후에 음악에 맞춰 춤을 추니, 합무(合舞)는

---

41) 소소(簫韶)는 대소(大韶)라고도 부른다. '대소'는 순(舜)임금 때의 악무(樂舞)
　　이다. 주(周)나라에 와서 육무(六舞) 중 하나로 정착하였다.
42) 구성(九成)은 아홉 번 연주를 한다는 뜻이다. 『서』 「우서(虞書)·익직(益稷)」
　　편에는 "簫韶九成, 鳳凰來儀."라는 기록이 있고, 이에 대한 공영달(孔穎達)의
　　소(疏)에서는 "成猶終也, 每曲一終, 必變更奏. 故經言九成, 傳言九奏, 周禮謂
　　之九變, 其實一也."라고 풀이했다. 즉 '구성'이라고 할 때의 성(成)자는 한 악
　　곡을 끝낸다는 뜻으로, 매 악곡마다 연주를 끝내게 되면, 반드시 새롭게 바
　　꿔서 다시 연주를 시작한다. 그렇기 때문에 '구성'이라고 한 것이며, 공안국
　　(孔安國)의 전(傳)에서는 이것을 구주(九奏)라고 풀이하고, 『주례』에서는 구
　　변(九變)이라고 기록하고 있는데, 이 세 용어의 뜻은 같다.
43) 『서』 「우서(虞書)·익직(益稷)」: 夔曰, 戛擊鳴球, 搏拊琴瑟以詠, 祖考來格, 虞
　　賓在位, 群后德讓, 下管鼗鼓, 合止柷敔, 笙鏞以間, 鳥獸蹌蹌, 簫韶九成, 鳳皇
　　來儀. 夔曰, 於, 予擊石拊石, 百獸率舞, 庶尹允諧.

곧 합악(合樂)의 절차에 해당한다. 대향(大饗)에서는 대무(大武)를 춤추고,
제후가 신하들에게 연회를 베풀 때에는 작(勺)이라는 춤을 추니, 이러한
차등으로 나눠본다면, 천자가 제후에게 연회를 베풀고, 제후들끼리 서로에
게 연회를 베풀 때에는 모두 상(象)이라는 춤을 췄을 것이다. 대무를 춤춘
다면 「주송(周頌)」에 해당하는 환(桓)·뇌(賚) 등 일곱 편의 시가를 노래하
여 연주했을 것이며, 상(象)을 춤춘다면 「주송」에 해당하는 유청(維清)편의
시가를 노래하여 연주했을 것이다. 작(勺)은 곧 약(籥)에 해당한다. '약(籥)'
은 남약(南籥)⁴⁴⁾이라고 부르니, 주남(周南)과 소남(召南)에 해당하는 시가
를 노래하여 연주하는 것이다. 그런데 연례를 할 때에는 춤을 사용하지 않
는 경우도 있으니, 당상에 올라가서 「대아」를 노래할 때에는 합악을 할 때
「소아」를 사용하는 것이고, 당상에 올라가서 「소아」를 노래할 때에는 합악
을 할 때 향악을 사용하는 것이니, 무릇 합악에 사용하는 것들은 당상에
올라가서 노래하는 시편보다 한 등급을 낮추기 때문이다.

참고　『시』「주송(周頌)·청묘(清廟)」

於穆清廟, (오목청묘) : 오! 깊은 청묘에,
肅雝顯相. (숙옹현상) : 공경스럽고 조화로운 훌륭한 조력자여.
濟濟多士, (제제다사) : 단정한 많은 사들이,
秉文之德. (병문지덕) : 문왕의 덕을 지니고 있구나.
對越在天, (대월재천) : 하늘에 계신 분을 대하며,
駿奔走在廟. (준분주재묘) : 묘에 계신 신주를 분주히 받드는구나.
不顯不承, (불현불승) : 드러내지 않겠으며, 받들지 않겠는가,

---

44) 남약(南籥)은 주(周)나라 문왕(文王) 시대의 악무(樂舞)를 가리킨다. 『춘추좌
씨전』「양공(襄公) 29년」편에는 "見舞象箾·南籥者, 曰, 美哉! 猶有憾."이라는
기록이 있다. 이에 대한 공영달(孔穎達)의 소(疏)에서는 "杜云, '皆文王之樂',
則象箾與南籥, 各是一舞. 南籥, 既是文舞, 則象箾, 當是武舞也."라고 풀이했
다. 즉 『춘추좌씨전』에 대한 두예(杜預)의 주에서 이 두 악무를 모두 문왕의
악무라고 하였으니, '상소'와 '남약'은 각각 독립된 하나의 악무이다. 그리고
'남약'은 문무(文舞)가 되므로, '상소'는 무무(武舞)가 된다.

無射於人斯. (무역어인사) : 사람들에게 미움을 받지 않는구나.

毛序 清廟, 祀文王也. 周公, 旣成洛邑, 朝諸侯, 率以祀文王焉.

모서 「청묘(清廟)」편은 문왕에게 제사를 지내며 사용하는 시가이다. 주공이 낙읍을 완성하고서 제후에게 조회를 받을 때, 그들을 통솔하여 문왕에게 제사를 지냈다.

참고 『시』「주송(周頌)・신공(臣工)」45)

噯噯臣工, (차차신공) : 삼가고 조심할지어다 제후의 신하들이여,
敬爾在公. (경이재공) : 네가 제후의 조정에 있음을 공경하거라.
王釐爾成, (왕리이성) : 천자는 네가 이룬 공적을 공평하게 다스리니,
來咨來茹. (내자래여) : 와서 계획하고 와서 도모하거라.

噯噯保介, (차차보개) : 삼가고 조심할지어다 보개(保介)46)여,
維莫之春, (유막지춘) : 늦은 봄이 되었구나.
亦又何求, (역우하구) : 또한 백성들에게 무엇을 구해야 하겠느냐,
如何新畬. (여하신여) : 신전(新田)47)과 여전(畬田)48)에 대해서는 어찌하겠느냐.
於皇來牟, (오황래모) : 오호라! 황조가 모맥을 물고 찾아드니,

---

45) 「옹(雍)」편에 대해 마융(馬融)은 『시』「주송(周頌)・신공(臣工)」편이라고 주장했다.
46) 보개(保介)는 수레의 우측에 타는 사람을 가리킨다. 수레의 우측에 타서, 주인의 시중을 들거나, 주인을 보호하는 임무를 맡았다. 『시』「주송(周頌)・신공(臣工)」편에는 "噯噯保介, 維莫之春, 亦又何求, 如何新畬."라는 기록이 있는데, 이에 대한 정현의 전(箋)에서는 "保介, 車右也. …… 介, 甲也. 車右勇力之士, 被甲執兵也."라고 풀이했다. 즉 '보개'의 개(介)자는 갑옷을 뜻한다. 수레의 우측에 타는 용사(勇士)는 갑옷을 입고 병장기를 들고서, 수레를 보호하는 임무를 맡았기 때문에, 이러한 명칭이 생기게 되었다.
47) 신전(新田)은 개간하고 2년이 된 농경지를 뜻한다.
48) 여전(畬田)은 개간하고 3년이 된 농경지를 뜻한다.

將受厥明. (장수궐명) : 크게 그 광명을 받는구나.
明昭上帝, (명소상제) : 밝고 현명하신 상제께서,
迄用康年. (흘용강년) : 풍년을 일구어 주셨구나.

命我衆人, (명아중인) : 우리 백성들에게 명하시어,
庤乃錢鎛, (치내전박) : 가래와 호미를 준비하라,
奄觀銍艾. (엄관질애) : 곧 큰 수확을 보게 되리라.

毛序 臣工, 諸侯助祭, 遣於廟也.

모서 「신공(臣工)」편은 제후들이 천자의 제사를 도울 때, 그들을 종묘에서 전송하는 일을 노래한 시이다.

참고 『시』「주송(周頌)·진로(振鷺)」

振鷺于飛, (진로우비) : 떼 지어 다니는 백로가 이에 날아드니,
于彼西雝. (우피서옹) : 저 서쪽 못에 이르도다.
我客戾止, (아객려지) : 우리 손님이 찾아오니,
亦有斯容. (역유사용) : 또한 이러한 자태가 있도다.

在彼無惡, (재피무오) : 저기에 있어도 미워하는 자가 없고,
在此無斁, (재차무두) : 여기에 있어도 싫어하는 자가 없구나.
庶幾夙夜, (서기숙야) : 거의 밤낮으로 노력하여,
以永終譽. (이영종예) : 아름다운 명예를 길이 마치는구나.

毛序 振鷺, 二王之後來助祭也.

모서 「진로(振鷺)」편은 하나라와 은나라 왕조의 후예가 찾아와서 제사를 돕는 것을 노래한 시이다.

참고 『시』「소아(小雅)·녹명(鹿鳴)」

呦呦鹿鳴, (유유록명) : 우우하고 우는 사슴의 울음소리여,
食野之苹. (식야지평) : 들판의 풀들을 뜯고 있구나.
我有嘉賓, (아유가빈) : 나에겐 아름다운 손님이 있어,
鼓瑟吹笙. (고슬취생) : 비파를 타며 생황을 불고 있노라.
吹笙鼓簧, (취생고황) : 생황을 불어 연주하니,
承筐是將. (승광시장) : 광주리를 받들어 올리는구나.
人之好我, (인지호아) : 나를 좋아하는 사람이여,
示我周行. (시아주행) : 나에게 지극히 선한 도를 보여줄지어다.

呦呦鹿鳴, (유유록명) : 우우하고 우는 사슴의 울음소리여,
食野之蒿. (식야지호) : 들판의 풀들을 뜯고 있구나.
我有嘉賓, (아유가빈) : 나에겐 아름다운 손님이 있어,
德音孔昭. (덕음공소) : 덕음이 매우 밝구나.
視民不恌, (시민불조) : 백성들에게 보여 경박하지 않게 하니,
君子是則是傚. (군자시칙시효) : 군자는 이를 본받고 따르리라.
我有旨酒, (아유지주) : 나에게 맛있는 술이 있어,
嘉賓式燕以敖. (가빈식연이오) : 아름다운 손님이 연회를 하며 노니는구나.

呦呦鹿鳴, (유유록명) : 우우하고 우는 사슴의 울음소리여,
食野之芩. (식야지금) : 들판의 풀들을 뜯고 있구나.
我有嘉賓, (아유가빈) : 나에겐 아름다운 손님이 있어,
鼓瑟鼓琴. (고슬고금) : 비파와 거문고를 타고 있노라.
鼓瑟鼓琴, (고슬고금) : 비파와 거문고를 타니,
和樂且湛. (화락차담) : 화락하고도 즐겁구나.
我有旨酒, (아유지주) : 나에게 맛있는 술이 있어,
以燕樂嘉賓之心. (이연락가빈지심) : 연회로 아름다운 손님의 마음을 즐
　　　　　　　　　　　　　　　　　　　　　겁게 하는구나.

毛序　鹿鳴, 燕群臣嘉賓也. 旣飮食之, 又實幣帛筐篚, 以將其厚意, 然後,
忠臣嘉賓, 得盡其心矣.

모서 「녹명(鹿鳴)」편은 뭇 신하들과 아름다운 손님들에 대해 연회를 베푸는 내용이다. 음식을 대접하고 또 폐백을 광주리에 담아 후덕한 정감을 나눠야 하니, 그런 뒤에야 충신과 아름다운 손님이 그 마음을 다할 수 있게 된다.

참고 『시』「주송(周頌)・유청(維淸)」

維淸緝熙, (유청집희) : 청명하고 밝은 것은,
文王之典. (문왕지전) : 문왕의 법도이니라.
肇禋, (조인) : 처음으로 제사를 지내니,
迄用有成, (흘용유성) : 지금에 이르러 사용하더라도 공적을 이룸이 있으니,
維周之禎. (유주지정) : 주나라의 길하고 상서로움이라.

毛序 維淸, 奏象舞也.

모서 「유청(維淸)」편에서는 상(象)이라는 악무에 연주한다.

참고 『시』「대아(大雅)・문왕(文王)」

文王在上, (문왕재상) : 문왕께서 백성들을 다스리니,
於昭于天. (오소우천) : 오호라! 하늘에 그 덕을 드러내셨구나.
周雖舊邦, (주수구방) : 주나라는 비록 오래된 나라이지만,
其命維新. (기명유신) : 문왕께서 받으신 천명은 새롭구나.
有周不顯, (유주불현) : 주나라의 덕이 드러나지 않겠는가,
帝命不時. (제명불시) : 상제께서 내리신 천명이 옳지 않단 말인가.
文王陟降, (문왕척강) : 문왕께서 위로 하늘에 맞닿고 아래로 백성들을 임하심에,
在帝左右. (재제좌우) : 상제의 뜻을 잘 살펴 그에 따라 시행하시는구나.

亹亹文王, (미미문왕) : 힘쓰고 노력하신 문왕은,

令聞不已. (영문불이) : 그 아름다운 명성이 끊이지 않는구나.

陳錫哉周, (진석재주) : 은혜가 베풀어져 주왕조를 세우시니,

侯文王孫子. (후문왕손자) : 문왕의 자손들까지도 천자로 만드셨구나.

文王孫子, (문왕손자) : 문왕의 자손들은,

本支百世. (본지백세) : 적자는 천자가 되고 서자는 제후가 되어 백세대에 이르는구나.

凡周之士, (범주지사) : 주나라의 선비들도,

不顯亦世. (불현역세) : 대대로 덕을 드러내지 않겠는가.

世之不顯, (세지불현) : 대대로 드러나지 않겠는가,

厥猶翼翼. (궐유익익) : 신하들의 계책은 공손하고도 공경스럽구나.

思皇多士, (사황다사) : 하늘에게 많은 선비들이 출현하기를 바라니,

生此王國. (생차왕국) : 이 나라에 태어났구나.

王國克生, (왕국극생) : 주나라가 그들을 잘 키워내니,

維周之楨. (유주지정) : 주나라의 근간이 되었구나.

濟濟多士, (제제다사) : 위엄스러운 거동을 갖춘 많은 선비들이여,

文王以寧. (문왕이녕) : 문왕께서 이에 편안하게 되었도다.

穆穆文王, (목목문왕) : 아름답고 아름다운 문왕의 자태여,

於緝熙敬止. (오즙희경지) : 오호라 빛나는 덕을 공경할 수 있구나.

假哉天命, (가재천명) : 굳건하구나 하늘이 명하신 것이,

有商孫子. (유상손자) : 은나라의 자손들을 신하로 삼게 하셨구나.

商之孫子, (상지손자) : 은나라의 자손들은,

其麗不億. (기려불억) : 그 수가 수억에 이르건만.

上帝旣命, (상제기명) : 상제께서 이미 명하시여,

侯于周服. (후우주복) : 주나라의 제후가 되라고 하셨도다.

侯服于周, (후복우주) : 주나라의 제후가 되어 복종한데,

天命靡常. (천명미상) : 하늘의 명은 일정치 않구나.

殷士膚敏, (은사부민) : 은나라 출신 제후가 미덕을 갖추고 민첩하여,

祼將于京. (관장우경) : 찾아와 주나라 왕실의 제사를 돕는구나.

厥作祼將, (궐작관장) : 그들이 찾아와 제사를 도울 때,

常服黼冔. (상복보한) : 항상 은나라 때의 복장을 착용하는구나.

王之藎臣, (왕지신신) : 성왕(成王)이 신하를 등용함이여,

無念爾祖. (무념이조) : 네 조부인 문왕을 생각함이 없겠는가.

無念爾祖, (무념이조) : 네 조부인 문왕을 생각함이 없겠는가,

聿脩厥德. (율수궐덕) : 그 덕을 조술하고 닦을 따름이라.

永言配命, (영언배명) : 항상 그 말을 천명에 짝하여 시행하여,

自求多福. (자구다복) : 스스로 많은 복을 구할지어다.

殷之未喪師, (은지미상사) : 은나라가 백성의 마음을 잃지 않았을 때에는

克配上帝. (극배상제) : 상제의 뜻에 짝할 수 있었도다.

宜鑒于殷, (의감우은) : 마땅히 은나라를 거울로 삼아야 하니,

駿命不易. (준명불역) : 큰 천명은 바꿀 수 없는 것이다.

命之不易, (명지불역) : 천명은 바꿀 수 없으니,

無遏爾躬. (무알이궁) : 너의 세대에서 끊어짐이 없어야 한다.

宣昭義問, (선소의문) : 아름다운 명성을 밝게 드러내어,

有虞殷自天. (유우은자천) : 은나라의 일을 헤아려 하늘의 명령에 따라라.

上天之載, (상천지재) : 상천의 일이란,

無聲無臭. (무성무취) : 소리도 없고 냄새도 없구나.

儀刑文王, (의형문왕) : 문왕을 본받아 따른다면,

萬邦作孚. (만방작부) : 모든 나라가 믿어줄 것이다.

毛序 文王, 文王受命作周也.

모서 「문왕(文王)」편은 문왕이 천명을 받아 주나라를 건국한 일을 노래한 시이다.

참고 『시』「대아(大雅)·대명(大明)」

明明在下, (명명재하) : 문왕의 덕이 아래로 밝게 베풀어지니,

赫赫在上. (혁혁재상) : 그 징조가 하늘에서 밝게 빛나는구나.

天難忱斯, (천난침사) : 하늘의 뜻을 믿기 어려운 것이 이와 같은데,

不易維王. (불역유왕) : 하늘의 뜻을 바꿀 수 없는 자는 오직 천자로다.

天位殷適, (천위은적) : 천자의 지위가 은나라의 적자에게 있었으나,

使不挟四方. (사불협사방) : 사방에 정치와 교화를 펼치지 못하게 하였구나.

摯仲氏任, (지중씨임) : 지나라 임씨의 둘째 따님이,

自彼殷商, (자피은상) : 저 은나라 수도로부터,

來嫁于周, (내가우주) : 찾아와 주나라에 시집을 오시니,

曰嬪于京. (왈빈우경) : 주나라 수도의 아내가 되셨구나.

乃及王季, (내급왕계) : 왕계의 배필이 되시어,

維德之行. (유덕지행) : 그와 함께 덕을 시행하시는구나.

大任有身, (대임유신) : 대임께서 회임을 하시어,

生此文王. (생차문왕) : 문왕을 낳으셨도다.

維此文王, (유차문왕) : 문왕께서,

小心翼翼. (소심익익) : 공경하고 신중하시구나.

昭事上帝, (소사상제) : 밝게 상제를 섬기시어,

聿懷多福. (율회다복) : 많은 복을 조술하고 생각하시도다.

厥德不回, (궐덕불회) : 그 덕을 어기지 않으셔서,

以受方國. (이수방국) : 사방의 나라를 받으셨구나.

天監在下, (천감재하) : 하늘이 세상에 대해 선악을 살피시니,

有命旣集. (유명기집) : 그 명이 모이게 되리라.

文王初載, (문왕초재) : 문왕은 태어나면서부터 그것을 알아,

天作之合. (천작지합) : 하늘이 그의 짝을 내셨도다.

在洽之陽, (재흡지양) : 흡수(洽水)의 남쪽에 있으며,

在渭之涘. (재위지사) : 위수(渭水)의 물가에 있도다.

文王嘉止, (문왕가지) : 문왕께서 그녀를 찬미하니,

大邦有子. (대방유자) : 큰 나라에 배필로 맞이할 여식이 있도다.

大邦有子, (대방유자) : 큰 나라에 배필로 맞이할 여식이 있으니,

伣天之妹. (견천지매) : 하늘의 여식에 비견되는구나.

文定厥祥, (문정궐상) : 문왕께서 예에 따라 길함을 정하시어,

親迎于渭. (친영우위) : 위수에서 친영(親迎)[49]을 하셨도다.

---

49) 친영(親迎)은 혼례(婚禮)에서 시행하는 여섯 가지 예식(禮式) 중 하나이다.

造舟爲梁, (조주위량) : 배를 만들어 교량 역할을 하니,
不顯其光. (불현기광) : 그 밝은 덕이 드러나지 않겠는가.

有命自天, (유명자천) : 천명이 하늘로부터 내려온지라,
命此文王. (명차문왕) : 문왕에게 명하셨도다.
于周于京, (우주우경) : 주나라 수도에서 하시니,
纘女維莘. (찬여유신) : 대임(大任)을 이을 며느리를 신(莘)나라에 두셨도다.
長子維行, (장자유행) : 신나라의 장녀 대사(大姒)가 덕행을 펼치니,
篤生武王. (독생무왕) : 돈독히 무왕을 낳으셨도다.
保右命爾, (보우명이) : 보호하고 도우며 명령하시어,
燮伐大商. (섭벌대상) : 협력하여 은나라를 정벌하게 하시도다.

殷商之旅, (은상지려) : 은나라 군대는,
其會如林. (기회여림) : 그 취합함이 숲과 같이 많구나.
矢于牧野, (시우목야) : 목야의 땅에 진을 치지만,
維予侯興. (유여후흥) : 하늘은 제후인 무왕에게 천명을 부여하여 천자로 일으키시도다.
上帝臨女, (상제임여) : 상제께서 그대를 살펴보고 계시니,
無貳爾心. (무이이심) : 두 마음을 품어서는 안 된다.

牧野洋洋, (목야양양) : 목야의 땅이 넓고도 넓으며,
檀車煌煌, (단차황황) : 박달나무 수레가 휘황찬란하고,
駟騵彭彭. (사원팽팽) : 네 필의 말이 건장하구나.
維師尙父, (유사상보) : 태사인 상보는
時維鷹揚, (시유응양) : 때로 날랜 매와 같아서,
涼彼武王. (양피무왕) : 무왕을 돕는구나.
肆伐大商, (사벌대상) : 이에 은나라를 정벌하시니,
會朝淸明. (회조청명) : 병사를 회합함에 청명하도다.

사위될 자가 여자 집에 가서 혼례를 치르고, 자신의 집으로 데려오는 예식을 뜻한다.

毛序 大明, 文王有明德, 故天復命武王也.

모서 「대명(大明)」편은 문왕이 밝은 덕을 갖추고 있었기 때문에 하늘이 무왕에게 재차 천명을 내렸다는 사실을 노래한 시이다.

참고 『시』「대아(大雅)·면(緜)」

緜緜瓜瓞, (면면과질) : 끊어지지 않는 오이 덩굴이여,

民之初生, (민지초생) : 주나라 백성들이 처음 생겨난 것은,

自土沮漆. (자토저칠) : 저수(沮水)와 칠수(漆水)에 터를 잡음에서 시작되는구나.

古公亶父, (고공단보) : 고공단보가,

陶復陶穴, (도복도혈) : 흙을 이겨 덮고 흙을 이겨 굴을 만들었으나,

未有家室. (미유가실) : 아직 집다운 집은 없었도다.

古公亶父, (고공단보) : 고공단보가,

來朝走馬. (내조주마) : 아침 일찍 말을 달려 오도다.

率西水滸, (솔서수호) : 서쪽 물가를 따라서,

至于岐下. (지우기하) : 기산(岐山) 아래에 이르렀도다.

爰及姜女, (원급강녀) : 이에 강녀와 더불어서,

聿來胥宇. (율래서우) : 스스로 찾아와 서로 기거를 하시는구나.

周原膴膴, (주원무무) : 주나라 평원은 기름지고 기름져서,

菫荼如飴. (근도여이) : 쓴 나물도 맛이 달구나.

爰始爰謀, (원시원모) : 이에 처음으로 도모하시어,

爰契我龜. (원계아귀) : 이에 거북껍질을 지져 점을 치시는구나.

曰止曰時, (왈지왈시) : 여기에 머물 만하고 때에 맞다고 하니,

築室于茲. (축실우자) : 여기에 집을 지으시도다.

迺慰迺止, (내위내지) : 이에 편안케 하시고 이에 머물게 하시며,

迺左迺右, (내좌내우) : 이에 좌우에서 도우시고,

迺疆迺理, (내강내리) : 이에 경계를 확정하시며,

酒宣酒徹, (내선내무) : 이에 경작하고 이랑을 만드시니,

自西徂東, (자서조동) : 서쪽으로부터 동쪽으로 찾아온 자들에게,

周爰執事. (주원집사) : 주나라는 이에 일을 맡아보도록 하였구나.

乃召司空, (내소사공) : 이에 사공(司空)50)을 부르고,

乃召司徒, (내소사도) : 이에 사도(司徒)51)를 불러서,

俾立室家. (비립실가) : 그들로 하여금 도읍을 세우도록 하였다.

其繩則直, (기승즉직) : 그 먹줄은 곧아서,

縮版以載, (축판이재) : 판축을 이어 쌓으니,

作廟翼翼. (작묘익익) : 종묘가 완성되니 장엄하구나.

捄之陾陾, (구지잉잉) : 흙 담기를 많이도 하며,

度之薨薨, (도지훙훙) : 흙을 던져 넣기를 많이도 하고,

築之登登, (축지등등) : 다지기에 힘을 다하며,

削屢馮馮. (삭루풍풍) : 깎아내기를 열심히 하는구나.

百堵皆興, (백도개흥) : 100도(堵)52)가 모두 일어나니,

鼛鼓弗勝. (고고불승) : 큰북과 북을 쳐도 그치게 할 수 없구나.

---

50) 사공(司空)은 주(周)나라 때의 관리로, 토목 공사 및 각종 건설과 기물 제작 등을 주관했다. 전설상으로는 소호(少昊) 시대 때부터 설치되었다고 전해진다. 주나라의 육경(六卿) 중 하나였으며, 동관(冬官)의 수장인 대사공(大司空)에 해당한다. 한(漢)나라 때에는 어사대부(御史大夫)를 '대사공'으로 고쳐 불렀고, 대사마(大司馬), 대사도(大司徒)와 함께 삼공(三公)의 반열에 있었다. 후대에는 대(大)자를 빼고 '사공'으로 불렀다. 청(淸)나라 때에는 공부상서(工部尙書)를 '대사공'으로 부르고, 시랑(侍郞)을 소사공(少司空)으로 불렀다.

51) 사도(司徒)는 본래 주(周)나라 때의 관리로, 국가의 토지 및 백성들에 대한 교화(敎化)를 담당했다. 전설상으로는 소호(少昊) 시대 때부터 설치되었다고 전해진다. 주나라의 육경(六卿) 중 하나였으며, 전한(前漢) 애제(哀帝) 원수(元壽) 2년(B.C. 1)에는 승상(丞相)의 관직명을 고쳐서, 대사도(大司徒)라고 불렀고, 대사마(大司馬), 대사공(大司空)과 함께 삼공(三公)의 반열에 있었다. 후한(後漢) 때에는 다시 '사도'로 명칭을 고쳤고, 그 이후로는 이 명칭을 계속 사용하다가 명(明)나라 때 폐지되었다. 명나라 이후로는 호부상서(戶部尙書)를 '대사도'라고 불렀다.

52) 도(堵)는 성곽이나 담장 등을 측량할 때 사용하는 단위이다. 고대에는 판축 법을 사용하여 흙을 쌓아 담을 올렸는데, 1개의 판(版) 길이에 5개 판의 높이가 1도(堵)가 된다.

迺立皋門, (내입고문) : 이에 고문(皋門)53)을 세우니,

皋門有伉. (고문유항) : 고문이 높기도 하구나.

迺立應門, (내입응문) : 이에 응문(應門)54)을 세우니,

應門將將. (응문장장) : 응문이 엄숙하고 단정하구나.

迺立冢土, (내입총토) : 이에 총토(冢土)55)를 세우니,

戎醜攸行. (융추유행) : 큰 무리가 제사를 지내고 출행하는구나.

肆不殄厥愠, (사불진궐온) : 이에 악인을 미워하는 마음을 끊지 않으셨으나,

亦不隕厥問. (역불운궐문) : 또한 빙문(聘問)을 없애지 않으셨도다.

柞棫拔矣, (작역발의) : 조롱나무와 두릅나무가 가지와 잎을 냄에,

行道兌矣. (행도태의) : 출행하는 군대가 많구나.

混夷駾矣, (혼이태의) : 혼이(混夷)의 오랑캐들이 달아나니,

維其喙矣. (유기훼의) : 극심히 궁핍해지도다.

虞芮質厥成, (우예질궐성) : 우(虞)와 예(芮) 땅의 군주가 분쟁을 질정하고
자 하니,

文王蹶厥生. (문왕궐궐생) : 문왕은 태왕이 일으켰던 왕업의 도를 증진하시
는구나.

予曰有疏附, (여왈유소부) : 내 말하길 소원한 자를 친근하게 만듦이 있
으며,

予曰有先後, (여왈유선후) : 내 말하길 앞뒤에서 도와줌이 있고,

---

53) 고문(皋門)은 천자의 궁(宮)에 설치된 문들 중에서 가장 바깥쪽에 설치하는
문이다. 높다는 의미의 '고(高)'자가 '고(皋)'자와 통용되므로, 붙여진 명칭이
다.『시』「대아(大雅) · 면(緜)」편에는 "迺立皋門, 皋門有伉."이라는 용례가 있
고,『예기』「명당위(明堂位)」편의 "大廟, 天子明堂. 庫門, 天子皋門. 雉門, 天
子應門."이라는 기록에 대해, 정현의 주에서는 "皋之言高也."라고 풀이했다.
54) 응문(應門)은 궁(宮)의 정문을 가리킨다.『시』「대아(大雅) · 면(緜)」편에는
"迺立應門, 應門將將."이라는 기록이 있는데, 이에 대한 모전(毛傳)에서는
"王之正門曰應門."이라고 풀이하였다.
55) 총토(冢土)는 토지신을 뜻한다.『서』「주서(周書) · 태서상(泰誓上)」편에는
"宜于冢土."라는 기록이 있는데, 이에 대한 공안국(孔安國)의 전(傳)에서는
"冢土, 社也."라고 풀이했다. 그리고『시』「대아(大雅) · 면(緜)」편에는 "迺立
塚土, 戎醜攸行."이라는 기록이 있는데, 이에 대한 모전(毛傳)에서는 "塚土,
大社也."라고 풀이했다.

제6절 대향(大饗)과 아홉 가지 절차 **139**

予曰有奔奏, (여왈유분주) : 내 말하길 백성들을 귀의시킴이 있으며,
予曰有禦侮. (여왈유어모) : 내 말하길 환란을 막음이 있도다.

毛序 緜, 文王之興, 本由大王也.

모서 「면(緜)」편은 문왕이 왕업의 기틀을 흥기시킨 것은 본래 태왕에게
서 비롯됨었음을 노래한 시이다.

참고 『시』「주송(周頌)・환(桓)」

綏萬邦, (수만방) : 모든 나라를 편안케 하시니,
婁豐年. (누풍년) : 자주 풍년이 드는구나.

天命匪解, (천명비해) : 천명은 선을 행함에 게을리 하지 않는데,
桓桓武王, (환환무왕) : 굳세고 용맹함 무왕께서,
保有厥士. (보유궐사) : 그 병사들을 보유하시다.
于以四方, (우이사방) : 무용을 사방에 사용하시어,
克定厥家. (극정궐가) : 그 집안을 안정시켜 선왕의 업적으로 이루시도다.

於昭于天, (어소우천) : 밝게 빛남을 하늘이라 하니,
皇以間之. (황이간지) : 군주가 되어 대신하시도다.

毛序 桓, 講武類禡也, 桓, 武志也.

모서 「환(桓)」편은 무예와 유(類)[56] 및 마(禡)[57]제사를 나타내니, '환

---

56) 유(類)는 천신(天神)에게 지내는 제사의 일종이다. 『서』「우서(虞書)・순전
(舜典)」편에는 "肆類于上帝."라는 기록이 있다. '유'제사와 관련된 예법들은
망실되어 전해지지 않지만, 군대를 출병하게 될 때 상제(上帝)에게 '유'제사
를 지냈다는 기록이 있다. 『예기』「왕제(王制)」편에는 "天子將出, 類乎上帝,
宜乎社, 造乎禰."라는 기록이 있고, 이 문장에 대한 정현의 주에서는 "類・
宜・造, 皆祭名, 其禮亡."이라고 풀이했다.
57) 마(禡)는 군대를 출병할 때 지내는 제사이다. '마'제사와 관련된 예법은 망실

(桓)'자는 무예의 뜻이다.

참고 『시』「주송(周頌) · 뇌(賚)」

文王旣勤止, (문왕기근지) : 문왕께서 이미 정사에 힘쓰시니,
我應受之. (아응수지) : 내 마땅히 그것을 받아들인다.
敷時繹思, (부시역사) : 그 힘쓰는 마음을 펴서 펼쳐 시행하니,
我徂維求定. (아조유구정) : 내 찾아가 이를 통해 천하의 안정을 구하노라.

時周之命, (시주지명) : 주나라가 받은 천명을,
於繹思. (어역사) : 펼쳐 시행하노라.

毛序 賚, 大封於廟也. 賚, 予也, 言所以錫予善人也.

모서 「뇌(賚)」편은 종묘에서 제후들을 크게 분봉함을 노래하는 시이다. '뇌(賚)'자는 "수여하다[予]."는 뜻이니, 선한 자에게 하사한다는 뜻이다.

참고 원문비교

예기대전 · 중니연거(仲尼燕居) 子曰, "愼聽之, 女三人者. 吾語女禮, 猶有九焉, 大饗有四焉. 苟知此矣, 雖在畎畝之中, 事之, 聖人已. 兩君相見, 揖讓而入門, 入門而縣興, 揖讓而升堂, 升堂而樂闋, 下管象武, 夏籥序興, 陳其薦俎, 序其禮樂, 備其百官. 如此而后君子知仁焉. 行中規, 還中矩, 和鸞中采齊, 客出以雍, 徹以振羽, 是故君子無物而不在禮矣. 入門而金作, 示情也. 升歌淸

되어, 자세한 내용을 알 수 없다. 다만 정벌한 지역에서 지내는 제사로, 병사들을 위해 기도하는 것이 주된 목적이었다. 『예기』「왕제(王制)」편에는 "天子將出征, 類乎上帝, 宜乎社, 造乎禰, 禡於所征之地, 受命於祖, 受成於學."이라는 기록이 있고, 이 문장에 대한 정현의 주에서는 "禡, 師祭也, 爲兵禱, 其禮亦亡."이라고 풀이했다.

廟, 示德也. 下而管象, 示事也. 是故古之君子不必親相與言也, 以禮樂相示而已.”

공자가어·논례(論禮) 子曰, “愼聽之, 汝三人者. 吾語汝禮, 猶有九焉, 大饗有四焉①, 苟知此矣, 雖在畎畝之中, 事之, 聖人矣②. 兩君相見, 揖讓而入門, 入門而懸興③, 揖讓而升堂, 升堂而樂闋④, 下管象舞, 夏籥序興⑤, 陳其薦俎, 序其禮樂, 備其百官⑥, 如此而後君子知仁焉. 行中規⑦, 旋中矩⑧, 鑾和中采齊⑨, 客出以雍⑩, 徹以振羽⑪. 是故君子無物而不在於禮焉, 入門而金作, 示情也⑫. 升歌清廟, 示德也⑬. 下管象舞, 示事也⑭. 是故古之君子不必親相與言也, 以禮樂相示而已.”

王注-① 語汝有九, 其四大饗, 所以待賓之禮, 其五動靜之威儀也. 語, 魚據反.

번역 너희들에게 말해줄 것이 아홉 가지가 있는데, 네 가지는 대향(大饗)에 해당하는 것으로 빈객을 대접하는 예법이며, 나머지 다섯 가지는 움직이거나 가만히 있을 때 취해야 하는 위엄스러운 행동거지이다. ‘語’자는 ‘魚(어)’자와 ‘據(거)’자의 반절음이다.

王注-② 在畎畝之中, 猶焉爲聖人.

번역 들판에 있더라도 오히려 성인으로 여긴다는 뜻이다.

王注-③ 興, 作樂, 一也.

번역 ‘흥(興)’자는 음악을 연주한다는 뜻으로, 첫 번째 절차에 해당한다.

王注-④ 二也.

번역 두 번째 절차에 해당한다.

王注-⑤ 下管, 堂下吹管. 象, 武舞也. 夏, 文舞也. 執籥, 籥如笛. 序以更作, 三也.

번역 '하관(下管)'은 당하(堂下)에서 관악기를 연주한다는 뜻이다. '상(象)'은 무무(武舞)에 해당한다. '하(夏)'는 문무(文舞)에 해당한다. 피리[籥]를 집는데, 피리는 적(笛)과 같다. 차례대로 교대로 연주하니, 세 번째 절차에 해당한다.

王注-⑥ 四也. 所以大饗有四也.

번역 네 번째 절차에 해당한다. 이것이 대향(大饗)에는 네 가지 절차가 있다는 뜻이다.

王注-⑦ 五也. 行, 下孟反. 中, 陟仲反.

번역 다섯 번째 절차에 해당한다. '行'자는 '下(하)'자와 '孟(맹)'자의 반절음이다. '中'자는 '陟(척)'자와 '仲(중)'자의 반절음이다.

王注-⑧ 六也.

번역 여섯 번째 절차에 해당한다.

王注-⑨ 采薺, 樂曲名, 所以爲和鑾之節, 七也.

번역 '채제(采薺)'는 악곡의 이름으로, 방울소리를 절도에 맞추기 위한 것이며, 일곱 번째 절차에 해당한다.

王注-⑩ 雍, 樂曲名, 在周頌, 八也.

번역 '옹(雍)'은 악곡의 이름으로, 『시』「주송(周頌)」편에 속해 있으며,

여덟 번째 절차에 해당한다.

王注-⑪ 亦樂曲名, 九也.

번역 이 또한 악곡의 이름으로, 아홉 번째 절차에 해당한다.

王注-⑫ 金旣鳴, 聲終始若一, 故以示情也.

번역 쇠로 만든 악기의 소리가 울리는데, 그 소리가 시종일관 한결같기 때문에 이를 통해 정감을 드러낸다.

王注-⑬ 淸廟, 所以頌文王之德也.

번역 '청묘(淸廟)'는 문왕의 덕을 찬송한 시이다.

王注-⑭ 凡舞象事也.

번역 모든 춤들은 그 사안을 상징한다.

그림 6-1 ▣ 조(俎)

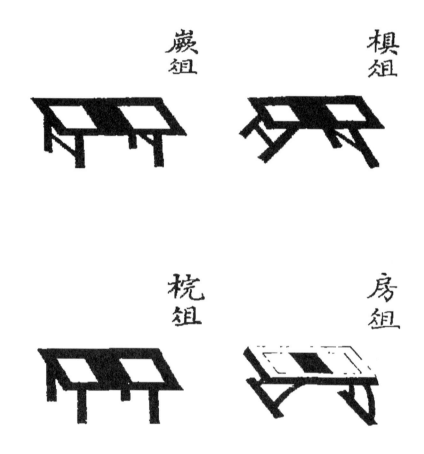

※ **출처**: 『삼례도집주(三禮圖集注)』 13권

● **그림 6-2** ▣ 규(規)·구(矩)·준(準)·승(繩)

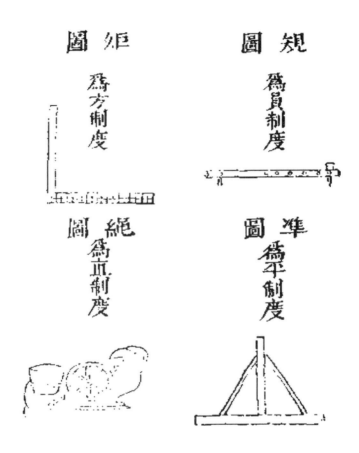

※ **출처:** 『삼재도회(三才圖會)』「기용(器用) 2권

그림 6-3 ◼ 종거(鐘簴)와 경거(磬簴)

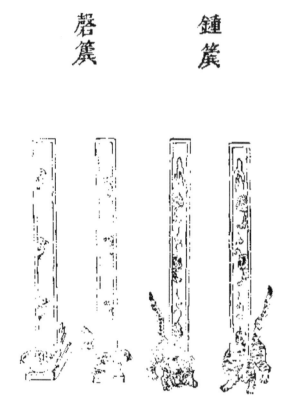

※ 출처:『삼재도회(三才圖會)』「기용(器用)」 3권」

그림 6-4 ▣ 종거(鐘簾)와 경거(磬簾)

※ 출처: 『삼재도회(三才圖會)』「기용(器用)」 3권

그림 6-5 ▣ 적(笛: =篴)과 약(籥)

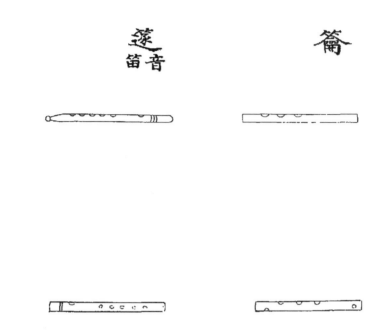

※ **출처**: 상단-『삼례도집주(三禮圖集注)』 5권 ; 하단-『육경도(六經圖)』 5권

그림 6-6 ◼ 하(夏)나라 우왕(禹王)

王　禹　夏

※ **출처**: 『삼재도회(三才圖會)』「인물(人物)」 1권

그림 6-7 ◨ 주(周)나라 문왕(文王)

周 文 王

※ 출처: 『삼재도회(三才圖會)』「인물(人物)」 1권

그림 6-8   ◼ 주(周)나라 무왕(武王)

※ **출처**: 『삼재도회(三才圖會)』「인물(人物)」1권

◉ 그림 6-9 ▣ 고(觚)

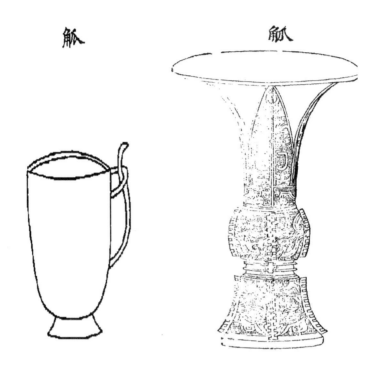

※ **출처**: 우-『삼재도회(三才圖會)』「기용(器用)」 1권
　　　　　 좌-『삼례도집주(三禮圖集注)』 12권

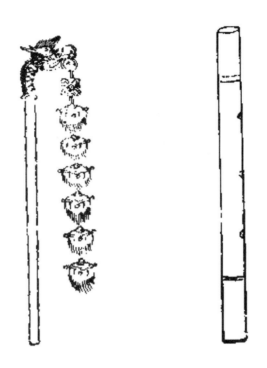

그림 6-10 ■ 피리[籥]와 깃털[羽]

※ **출처**: 『삼재도회(三才圖會)』「기용(器用)」 4권

그림 6-11 ▣ 천자오문삼조도(天子五門三朝圖)

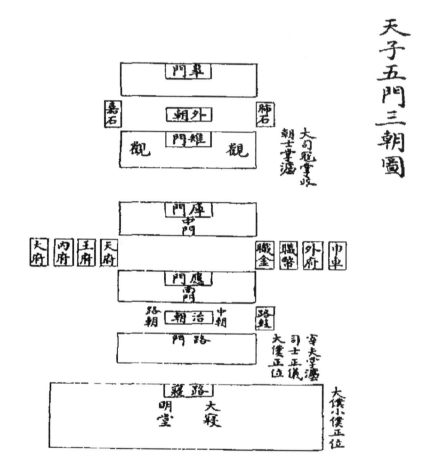

※ 출처:『주례도설(周禮圖說)』상권

• 제 7 절 •

예(禮)와 악(樂)·시(詩)·덕(德)

【602d～603a】

> 子曰, "禮也者, 理也. 樂也者, 節也. 君子無理不動, 無節不作. 不能詩, 於禮繆. 不能樂, 於禮素. 薄於德, 於禮虛."

직역 子가 曰, "禮라는 者는 理이다. 樂이라는 者는 節이다. 君子는 理가 無하면 不動하고, 節이 無하면 不作한다. 詩를 不能하면, 禮에 繆한다. 樂을 不能하면, 禮에 素한다. 德에 薄하면, 禮에 虛하다."

의역 공자가 말하길, "예(禮)라는 것은 이치이다. 악(樂)이라는 것은 절도이다. 군자는 이치가 없으면 행동하지 않고, 절도가 없으면 어떤 것도 일으키지 않는다. 시(詩)를 잘하지 못한다면 예에 대해서 어긋나게 된다. 또 악을 잘하지 못한다면 예에 대해서 너무 질박하게 된다. 또 덕이 얕은 자는 예에 대해 공허하게 만든다." 라고 했다.

集說 樂記言樂者, 天地之和也; 禮者, 天地之序也. 此言禮者理也; 樂者節也. 蓋禮得其理, 則有序而不亂; 樂得其節, 則雖和而不流. 君子無理不動, 防其亂也; 無節不作, 防其流也. 人而不爲周南召南, 猶正墻面而立, 不能詩者, 能不繆於禮乎? 禮之用, 和爲貴, 不能樂, 則無從容委曲之度, 是達於禮而不達於樂, 謂之素也. 素, 謂質朴也. 忠信之人, 可以學禮, 薄於德者, 必不能充於禮也.

번역 『예기』「악기(樂記)」편에서는 "악(樂)이라는 것은 천지의 조화로움에 해당하며, 예(禮)라는 것은 천지의 질서에 해당한다."[1]라고 했고, 이 곳에서는 "예(禮)라는 것은 이치이며, 악(樂)이라는 것은 절도이다."라고 했다. 무릇 예가 이치를 얻게 되면 질서가 생겨서 문란하게 되지 않고, 악이 절도를 얻으면 조화롭게 되더라도 방탕하게 흐르지 않는다. 군자가 이치가 없을 때 움직이지 않는 것은 문란하게 됨을 방지하기 위해서이며, 절도가 없을 때 일으키지 않는 것은 방탕하게 흐르는 것을 방지하기 위해서이다. 사람이 되고서 「주남(周南)」[2]이나 「소남(召南)」[3] 등의 시편을 익히지 않는다면, 마치 담벼락을 마주하고 서 있는 것과 같으니, 시(詩)를 잘하지 못하는 자가 예를 어기지 않을 수 있겠는가? 예의 쓰임은 조화로움을 귀하게 여기는데,[4] 악을 잘하지 못한다면 모습과 행동거지에 법도가 없으니, 이것은 예에만 달통하고 악에 달통하지 못한 것을 소(素)라고 부르는 이유이다. '소(素)'는 너무 질박하다는 뜻이다. 마음이 진실되고 신의가 있는 자는 예를 배울 수 있지만 덕이 옅은 자는 분명 예를 확충할 수 없다.

大全 長樂陳氏曰: 禮煩則亂, 非所以爲理也. 樂勝則流, 非所以爲節也. 故曰禮也者理也, 樂也者節也. 君子循理而動, 無動而非中也. 應節而作, 無節而非和也. 故曰君子無理不動, 無節不作. 一動一作, 而禮樂存焉, 豈小人所能與哉? 蓋詩出於人情, 禮緣人情而爲之節文, 則興於詩者, 未有不及於禮, 故不能詩, 於禮必失之無序, 能無繆乎? 樂不徒作, 必有禮焉, 則知樂者, 未有不幾於禮, 故不能樂, 於禮必失之無文, 能無素乎? 人而無德, 焉以爲禮, 則道以德者, 未有不齊以禮, 故薄於德, 於禮必失之無實, 能無虛乎? 人之於詩樂, 有能

---

1) 『예기』「악기(樂記)」【463b~c】: <u>樂者天地之和也. 禮者天地之序也</u>. 和故百物皆化, 序故群物皆別. 樂由天作, 禮以地制. 過制則亂, 過作則暴. 明於天地, 然後能興禮樂也.

2) 『시』「주남(周南)」에 속한 시는 「관저(關雎)」, 「갈담(葛覃)」, 「권이(卷耳)」, 「규목(樛木)」, 「종사(螽斯)」, 「도요(桃夭)」, 「토저(兔罝)」, 「부이(芣苢)」, 「한광(漢廣)」, 「여분(汝墳)」, 「인지지(麟之趾)」편이다.

3) 『시』「소남(召南)」에 속한 시는 「작소(鵲巢)」, 「채번(采蘩)」, 「초충(草蟲)」, 「채빈(采蘋)」, 「감당(甘棠)」, 「행로(行露)」, 「고양(羔羊)」, 「은기뢰(殷其雷)」, 「표유매(摽有梅)」, 「소성(小星)」, 「강유사(江有汜)」, 「야유사균(野有死麕)」, 「하피농의(何彼襛矣)」, 「추우(騶虞)」편이다.

4) 『논어』「학이(學而)」: 有子曰, "禮之用, 和爲貴. 先王之道, 斯爲美, 小大由之. 有所不行, 知和而和, 不以禮節之, 亦不可行也."

有不能, 其於德, 則足乎己, 無待於外, 非有能有不能也, 特所得有厚薄而已.

번역 장락진씨5)가 말하길, 예(禮)가 번잡스럽게 되면 문란하게 되니 이치가 될 수 없다. 악(樂)이 지나치면 방탕하게 흐르니 절도가 될 수 없다. 그렇기 때문에 "예라는 것은 이치이며, 악이라는 것은 절도이다."라고 했다. 군자는 이치에 따라서 행동하니, 행동하지 않는다면 중도에 맞지 않는 것이다. 또 절도에 호응하여 무언가를 일으키니, 절도가 없다면 조화로운 것이 아니다. 그렇기 때문에 "군자는 이치가 없으면 움직이지 않고, 절도가 없으면 일으키지 않는다."라고 했다. 한 가지 행동이나 일으킴에 있어서도 예악이 그 안에 보존되어 있는데, 어찌 소인이 잘 할 수 있는 것이겠는가? 무릇 시라는 것은 사람의 정감에서 도출된 것이고, 예는 사람의 정감에 연유하여 그것에 절도와 격식을 제정한 것이니, 시에서 일으킬 수 있는 자라면 예에도 미치지 못한 것이 없다. 그렇기 때문에 시를 잘 할 수 없다면, 예에 대해서도 반드시 잘못을 저질러 질서가 없게 되니 어긋남이 없을 수 있겠는가? 악은 단순히 악기를 연주하는 것이 아니며, 그 안에는 분명 예가 있으니, 악을 잘 아는 자라면 예에 대해서 자세히 살피지 않는 자가 없다. 그렇기 때문에 악을 잘 할 수 없다면 예에 대해서도 반드시 잘못을 저질러 격식이 없게 되니 너무 질박하게 됨이 없을 수 있겠는가? 사람이 되고서 덕이 없다면 어찌 예를 행할 수 있겠는가? 그러므로 덕으로써 인도하는 자는 예에 따라 가지런히 하지 않은 적이 없다. 그렇기 때문에 덕이 엷은 자는 예에 대해서 반드시 잘못을 저질러서 실질이 없게 되니 허망함이 없을 수 있겠는가? 사람들 중에는 시와 악에 대해서 잘하는 자도 있고 잘하지 못하는 자도 있지만, 덕에 있어서는 모두 자신에게 달려 있는 것으로, 외부 대상에서 찾을 것이 없다. 따라서 잘하거나 잘하지 못하는 경우가 있는 것이 아니라, 단지 획득한 것이 두텁거나 엷은 차이만 있을 뿐이다.

---

5) 진상도(陳祥道, A.D.1159 ~ A.D.1223) : =장락진씨(長樂陳氏)·진씨(陳氏)·진용지(陳用之). 북송대(北宋代)의 유학자이다. 자(字)는 용지(用之)이다. 장락(長樂) 지역 출신으로, 1067년에 과거에 급제하여 태상박사(太常博士) 등을 지냈다. 왕안석(王安石)의 제자로, 그의 학문을 전파하는데 공헌하였다. 저서에는 『예서(禮書)』, 『논어전해(論語全解)』 등이 있다.

鄭注 繆, 誤也. 素, 猶質也. 歌詩, 所以通禮意也. 作樂, 所以同成禮文也. 崇德, 所以宴禮行也. 王制曰, “樂正崇四術, 立四敎, 順先王詩·書·禮·樂以造士. 春秋敎以禮·樂, 冬夏敎以詩·書. 王大子·王子·群后之大子, 卿大夫·元士之適子, 國之俊選, 皆造焉”, 則古之人皆知諸侯之禮樂.

번역 ‘무(繆)’자는 “잘못되다[誤].”는 뜻이다. ‘소(素)’자는 “질박하다[質].”는 뜻이다. 시를 노래하는 것은 예의 뜻에 두루 통하는 방법이다. 음악을 연주하는 것은 예의 격식을 함께 완성하는 방법이다. 덕을 높이는 것은 예의 시행을 안정시키는 방법이다. 『예기』「왕제(王制)」편에서는 “악정(樂正)[6]은 사술(四術)을 숭배하고, 사교(四敎)를 세우니, 선왕이 남긴 『시』·『서』·『예』·『악』에 따라서 학사들을 완성시킨다. 봄과 가을에는 『예』와 『악』으로써 가르치고, 겨울과 여름에는 『시』와 『서』로써 가르친다. 천자의 태자 및 나머지 왕자들과 여러 제후들의 태자, 경·대부·원사(元士)[7]의 적자들과 민간에서 선발된 인재들은 모두 태학에서 악정에게 교육을 받는다.”[8]라고 했으니, 고대 사람들은 모두 제후가 시행했던 예악을 알고 있었던 것이다.

---

6) 악정(樂正)은 음악을 담당했던 관리들의 우두머리를 뜻한다. 정(正)자는 우두머리를 뜻하는 장(長)자와 같다. 한편 『주례』에는 ‘악정’이라는 직책은 보이지 않으며, 대신 대사악(大司樂)이라는 직책이 있다. 한편 『의례』「향사례(鄕射禮)」편에는 “樂正先升, 北面立于其西.”라는 기록이 있는데, 이에 대한 가공언(賈公彦)의 소(疏)에서는 “案周禮有大司樂, 樂師, 天子之官. 此樂正, 諸侯及士大夫之官.”이라고 풀이했다. 즉 ‘악정’은 제후 및 대부(大夫)의 관리였고, 천자에게는 대신 ‘대사악’과 악사(樂師)라는 관리가 소속되어 있었다. 따라서 간혹 ‘악정’을 ‘대사악’과 같은 의미로 사용하기도 한다.
7) 원사(元士)는 천자에게 소속된 사(士) 계층 중 하나이다. ‘사’ 계층은 상·중·하로 구분되어, 상사(上士), 중사(中士), 하사(下士)로 나뉜다. 다만 천자에게 소속된 ‘상사’에게는 제후에게 소속된 ‘상사’보다 높여서 ‘원(元)’자를 붙이게 된다. 그래서 ‘원사’라고 부르는 것이다.
8) 『예기』「왕제(王制)」【168b~c】: 樂正崇四術, 立四敎, 順先王詩書禮樂, 以造士. 春秋, 敎以禮樂, 冬夏, 敎以詩書. 王大子, 王子, 群后之大子, 卿大夫元士之適子, 國之俊選, 皆造焉. 凡入學, 以齒.

釋文 繆音謬, 注同. 行, 下孟反, 又如字. 夏, 戶嫁反. 大子, 音泰, 下"大子"·下文"大平"同. 適, 丁歷反. 選, 宣面反. 造, 才早反, 徐七到反.

번역 '繆'자의 음은 '謬(류)'이며, 정현의 주에 나온 글자도 그 음이 이와 같다. '行'자는 '下(하)'자와 '孟(맹)'자의 반절음이며, 또한 글자대로 읽기도 한다. '夏'자는 '戶(호)'자와 '嫁(가)'자의 반절음이다. '大子'에서의 '大'자는 그 음이 '泰(태)'이며, 아래문장에 나오는 '大子'와 '大平'에서의 '大'자도 그 음이 이와 같다. '適'자는 '丁(정)'자와 '歷(력)'자의 반절음이다. '選'자는 '宣(선)'자와 '面(면)'자의 반절음이다. '造'자는 '才(재)'자와 '早(조)'자의 반절음이며, 서음(徐音)은 '七(칠)'자와 '到(도)'자의 반절음이다.

孔疏 ●"子曰"至"禮虛". ○正義曰: 以前經大饗有禮樂之事, 故此經申明禮樂之義. 理, 謂道理. 言禮者, 使萬事合於道理也.

번역 ●經文: "子曰"~"禮虛". ○앞의 경문에서는 대향(大饗)에는 예악이 포함된다는 사안을 나타냈다. 그렇기 때문에 이곳 경문에서는 예악의 의미에 대해서 거듭 밝힌 것이다. '이(理)'자는 도리를 뜻한다. 즉 예(禮)라는 것은 모든 사안으로 하여금 도리에 합치되도록 만든다는 의미이다.

孔疏 ●"樂也者, 節也"者, 節, 制也. 言樂者使萬物得其節制.

번역 ●經文: "樂也者, 節也". ○'절(節)'자는 절제를 뜻한다. 즉 악(樂)이라는 것은 만물로 하여금 절제를 지키게끔 한다는 의미이다.

孔疏 ●"君子無理不動, 無節不作"者, 言古之君子, 若無禮之道理, 不妄興動. 無樂之節制, 不敢興作.

번역 ●經文: "君子無理不動, 無節不作". ○고대의 군자는 예의 도리가 없다면 망령스럽게 행동하지 않았고, 또 악의 절제가 없으면 감히 무언가를 일으키지 않았다는 뜻이다.

孔疏 ●"不能詩, 於禮繆"者, 以詩能通達情意, 得則行禮審正. 若不能習詩, 則情意隔絶, 於禮錯繆, 言行禮必須詩.

번역 ●經文: "不能詩, 於禮繆". ○시를 이용하여 정감과 뜻을 두루 통하게 할 수 있으니, 이것을 터득한다면 예를 시행할 때 명찰하고 바르게 할 수 있다. 만약 시를 익히지 못했다면 정감과 뜻이 막혀서 예에 대해 착오를 일으키니, 예를 시행하려면 반드시 시를 익혀야 한다는 의미이다.

孔疏 ●"不能樂, 於禮素"者, 素, 謂質素. 言樂能有音聲綴兆干戚, 文飾於禮. 若不能習樂, 則於禮樸素.

번역 ●經文: "不能樂, 於禮素". ○'소(素)'자는 너무 질박하다는 뜻이다. 악은 음과 소리 및 무용수들의 대열과 무용도구인 방패와 도끼 등을 통해서 예에 대해 격식과 수식을 붙일 수 있다. 그러나 만약 악을 익히지 못했다면, 예에 대해서 너무 질박하게 된다는 뜻이다.

孔疏 ●"薄於德, 於禮虛"者, 言內心厚於其德, 則外充實; 若內心淺薄於德, 則於外禮空虛, 言行禮必須德. 言此經雖禮 · 樂並陳, 德是百行之本, 樂是禮中之別, 故明禮須詩 · 樂及德乃爲善也.

번역 ●經文: "薄於德, 於禮虛". ○내적으로 마음이 덕에 대해서 두텁다면 외적으로 확충되지만, 내적으로 마음이 덕에 대해서 옅다면 외적으로 시행하는 예가 공허하게 된다는 뜻이다. 즉 예를 시행하기 위해서는 반드시 덕을 수양해야만 한다는 의미이다. 이곳 경문은 비록 예와 악을 함께 진술하고 있지만, 덕은 모든 행실의 근본이 되고, 악은 예 중에서도 구별되는 것이다. 그렇기 때문에 예를 해박하게 알고자 할 때에는 반드시 시 · 악 및 덕에 대해서 알아야만 선하게 시행할 수 있다는 의미이다.

孔疏 ◎注"王制"至"禮樂". ○正義曰: 引王制者, 明上從天子下至國之俊選, 皆須禮樂而成, 證經之"君子無理不動, 無節不作"也. 云"皆知諸侯之禮

樂"者, 以前經大饗是兩君相見·諸侯禮樂之事, 此經申說前經云"君子無理
不動", 故知尊卑皆是諸侯之禮樂.

번역 ◎鄭注: "王制"~"禮樂". ○정현이 『예기』「왕제(王制)」편을 인용
한 것은 위로는 천자로부터 아래로는 나라에서 선발된 인재들에 이르기까
지 모두들 예악을 익혀서 완성된 자들임을 나타내어, 경문에 나오는 "군자
는 도리가 없으면 행동하지 않고 절제가 없으면 일으키지 않는다."고 했던
뜻을 풀이하고자 했던 것이다. 정현이 "모두 제후가 시행했던 예악을 알고
있었던 것이다."라고 했는데, 앞의 경문에서 대향(大饗)을 언급한 것은 양
측 제후가 서로 만나보는 것과 제후가 시행하는 예악의 사안에 해당한다.
그리고 이곳 경문에서는 앞의 경문에 나온 뜻을 거듭 설명하며, "군자는
도리가 없으면 행동하지 않는다."라고 했기 때문에, 신분의 차이와 상관없
이 모두들 이것이 제후의 예악이 됨을 알고 있었다는 의미이다.

集解 愚謂: 禮之文至繁, 然各有其理, 故不煩. 樂之情至和, 然各有其節,
故不流. 古人行禮之際, 每歌詩以見志, 不能詩, 將有賦"相鼠"·"茅鴟", 而不
知者, 能不繆於禮乎? 禮主其減, 樂主其盈. 不能樂, 則有撙節退讓之意, 而無
欣喜歡愛之情, 其於禮不亦樸素乎? 忠信之人, 可以學禮, 薄於德, 則無忠信
之實, 其於禮不爲虛僞乎?

번역 내가 생각하기에, 예(禮)의 형식은 지극히 복잡하지만 각각 해당
하는 이치를 가지고 있기 때문에 번잡해지지 않는다. 악(樂)의 정감은 지극
히 조화롭지만 각각 해당하는 절도를 가지고 있기 때문에 방탕하게 흐르지
않는다. 고대 사람들이 예를 시행할 때에는 매번 시를 노래로 불러서 자신
의 뜻을 드러냈으니, 시를 잘하지 못한다면 '상서(相鼠)'[9]나 '모치(茅鴟)'[10]
라는 시를 누군가가 읊조려도 그 뜻을 파악하지 못하게 되는데, 어떻게 예

---

9) 『춘추좌씨전』「양공(襄公) 27년」: 叔孫與慶封食, 不敬. 爲賦相鼠, 亦不知也.
10) 『춘추좌씨전』「양공(襄公) 28년」: 穆子不說, 使工爲之誦茅鴟, 亦不知. / 「모
   치(茅鴟)」편은 현재 남아있지 않다.

에 대해서 어긋나지 않을 수 있겠는가? 예는 줄임을 위주로 하고 악은 채움을 위주로 한다.[11] 악을 잘하지 못한다면, 억제와 절제 및 자신을 낮추고 겸양함의 뜻은 있어도[12] 기뻐하고 사랑하는 정감은 없는데,[13] 예에 대해서 또한 너무 소박하지 않을 수 있겠는가? 마음이 진실되고 신의를 갖춘 자는 예를 배울 수 있지만, 덕에 대해서 엷다면, 진실과 신의의 실질이 없는 것인데, 예에 대해서 공허하고 거짓되게 하지 않을 수 있겠는가?

참고 『시』「용풍(鄘風)・상서(相鼠)」

相鼠有皮, (상서유피) : 저 쥐를 보니 가죽이 있는데,
人而無儀. (인이무의) : 사람이 되고서 위엄스러운 거동이 없단 말인가.
人而無儀, (인이무의) : 사람이 되고서도 위엄스러운 거동이 없는데,
不死何爲. (불사하위) : 죽지 않고 무엇을 하는가.

相鼠有齒, (상서유치) : 저 쥐를 보니 이빨이 있는데,
人而無止. (인이무지) : 사람이 되고서 반듯한 행동거지와 용모가 없단
                말인가.
人而無止, (인이무지) : 사람이 되고서도 반듯한 행동거지와 용모가 없는데,
不死何俟. (불사하사) : 죽지 않고 무엇을 기다리는가.

相鼠有體, (상서유체) : 저 쥐를 보니 몸뚱이가 있는데,
人而無禮. (인이무례) : 사람이 되고서 예가 없단 말인가.
人而無禮, (인이무례) : 사람이 되고서도 예가 없는데,

---

11) 『예기』「악기(樂記)」【486c】: 樂也者, 動於內者也. 禮也者, 動於外者也. 故禮主其減, 樂主其盈. 禮減而進, 以進爲文; 樂盈而反, 以反爲文. 禮減而不進則銷, 樂盈而不反則放, 故禮有報而樂有反. 禮得其報則樂, 樂得其反則安. 禮之報, 樂之反, 其義一也.
12) 『예기』「곡례상(曲禮上)」【11a】: 是以, 君子, 恭敬撙節退讓, 以明禮.
13) 『예기』「악기(樂記)」【464a】: 論倫無患, 樂之情也; 欣喜歡愛, 樂之官也; 中正無邪, 禮之質也; 莊敬恭順, 禮之制也. 若夫禮樂之施於金石, 越於聲音, 用於宗廟社稷, 事乎山川鬼神, 則此所與民同也.

胡不遄死. (호불천사) : 어찌 빨리 죽지 않는단 말인가.

毛序 相鼠, 刺無禮也. 衛文公, 能正其群臣, 而刺在位承先君之化, 無禮儀也.

모서 「상서(相鼠)」편은 무례함을 풍자한 시이다. 위(衛)나라 문공은 뭇 신하들을 바르게 할 수 있었지만 군주의 자리에 올라 선대 군주의 교화를 받들면서도 예의가 없었음을 풍자한 것이다.

참고 원문비교

예기대전·중니연거(仲尼燕居) 子曰, "禮也者, 理也. 樂也者, 節也. 君子 無理不動, 無節不作. 不能詩, 於禮繆. 不能樂, 於禮素. 薄於德, 於禮虛."

공자가어·논례(論禮) "夫禮者, 理也. 樂者, 節也. 無理不動, 無節不作. 不能詩, 於禮謬①. 不能樂, 於禮素②. 薄於德, 於禮虛③."

王注-① 詩以言禮.

번역 시를 통해 예를 말하기 때문이다.

王注-② 素, 質.

번역 '소(素)'자는 너무 질박하다는 뜻이다.

王注-③ 苟非其人, 禮不虛行.

번역 만약 그에 걸맞은 사람이 아니라면 예(禮)는 허황되게 시행할 수 없다.

그림 7-1 ◼ 무용도구 : 방패[干]와 도끼[戚]

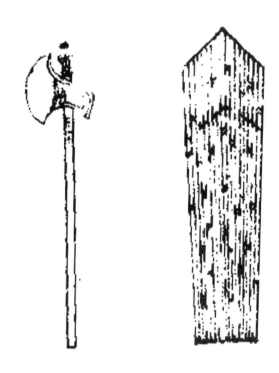

※ **출처**: 『삼재도회(三才圖會)』「기용(器用)」 4권

예(禮)의 소(素)와 악(樂)의 편(偏)

【603b~c】

> 子曰, "制度在禮, 文爲在禮. 行之, 其在人乎." 子貢越席而
> 對曰, "敢問夔其窮與?" 子曰, "古之人與? 古之人也. 達於
> 禮而不達於樂, 謂之素; 達於樂而不達於禮, 謂之偏. 夫夔達
> 於樂而不達於禮, 是以傳於此名也, 古之人也."

직역 子가 曰, "制度는 禮에 在하며, 文爲는 禮에 在한다. 之를 行함은 그 人에게 在인져." 子貢이 席을 越하여 對하여 曰, "敢히 問하니 夔는 그 窮입니까?" 子가 曰, "古의 人인가? 古의 人이다. 禮에는 達이나 樂에 不達함은 之를 素라 謂하며; 樂에는 達이나 禮에 不達함은 之를 偏라 謂한다. 夫히 夔는 樂에는 達이나 禮에는 不達하니, 是以로 此名이 傳이나, 古의 人이다."

의역 공자가 말하길, "제도라는 것은 예(禮)에 달려 있는 것이며, 현격히 드러나는 형식과 격식은 예에 달려 있는 것이다. 그리고 예를 시행하는 것은 사람에게 달려 있다."라고 했다. 그러자 자공은 본래 있던 자리를 벗어나 대답을 하며, "감히 묻습니다. 기(夔)는 예에 달통하지 못한 자입니까?"라고 했다. 공자는 "그는 고대의 사람인가? 고대의 사람이다. 예에는 달통했지만 악(樂)에 달통하지 못한 것을 소(素)라고 부르고, 악에는 달통했지만 예에 달통하지 못한 것을 편(偏)이라고 부른다. 기는 악에는 달통했지만 예에는 달통하지 못한 자이다. 이러한 까닭으로 그가 예에 달통하지 못했다는 오명이 후세에 전해진 것이지만, 그는 고대의 현자 중 한 사람이었다."라고 했다.

集說 文, 謂文章之顯設者. 苟非其人, 則禮不虛道, 是以行之在人也. 子貢

之意, 謂蘷以樂稱, 而不言其知禮, 其不通於禮乎? 窮, 不通也. 夫子再言古之
人, 亦微示不可貶之意, 言蘷以偏於知樂, 是以傳此不達禮之名於後世耳, 然
而畢竟是古之賢者也, 故又終之以古之人也之言. 然則禮樂之道, 學者能知其
相爲用之原, 則無素與偏之失矣.

번역 '문(文)'자는 형식과 격식 중에서도 현격히 드러난 것을 뜻한다. 진
실로 그에 걸맞은 자가 아니라면 예는 허황된 도리로 할 수 없으니, 이로써
그것의 시행이 사람에게 달려 있는 것이다. 자공의 의도는 기(蘷)는 악(樂)
을 잘했다고 칭해지지만 그가 예(禮)를 잘 알고 있었다고는 말하지 않는데,
그가 예에 대해 달통하지 못했느냐는 뜻이다. '궁(窮)'자는 통하지 못했다는
뜻이다. 공자는 재차 고대의 사람이라고 말했으니, 이것은 또한 폄하만 할
수 없다는 뜻을 은미하게 드러낸 것이다. 즉 기는 악을 아는 것에만 치우쳤
으므로, 이를 통해 후세에 예에 달통하지 못했다는 오명이 전해진 것일 뿐
이다. 그러나 그는 고대의 현자 중 한 사람이다. 그렇기 때문에 재차 말을
끝맺으며 "고대의 사람이다."라고 말한 것이다. 그렇다면 예악의 도리에 대
해서, 학자는 그것이 상호 작용되는 근원을 알아야만 너무 소박하게 되거
나 편향되는 잘못이 없을 수 있다.

大全 馬氏曰: 制度者, 文爲之體, 文爲者, 制度之用. 簠簋俎豆, 所謂制度也,
升降上下, 所謂文爲也. 制度文爲, 皆禮之法也. 徒法不能自行, 故行之在人.

번역 마씨가 말하길, '제도(制度)'는 문위(文爲)의 본체가 되고, 문위는
제도의 쓰임이 된다. 보(簠) · 궤(簋) · 조(俎) · 두(豆)와 같은 것은 제도라
고 부르는 것이며, 오르고 내리며 위로 올라가고 아래로 내려가는 것과 같
은 것은 문위라고 부른다.[1] 제도와 문위는 모두 예의 법칙이다. 단지 법칙
만으로는 스스로 시행될 수 없기 때문에 시행하는 것은 사람에게 달려 있다.

---

1) 『예기』「악기(樂記)」【463a】: 故鐘鼓管磬, 羽籥干戚, 樂之器也. 屈伸俯仰, 綴
兆舒疾, 樂之文也. 簠簋俎豆, 制度文章, 禮之器也. 升降上下, 周還裼襲, 禮之
文也. 故知禮樂之情者能作, 識禮樂之文者能述. 作者之謂聖, 述者之謂明. 明聖
者, 述作之謂也.

大全 長樂陳氏曰: 禮樂之道, 未嘗不相爲表裏. 一人而兼禮樂者, 其古有
德之成人歟. 語曰, 文之以禮樂, 亦可以爲成人矣. 蓋達於禮, 不達於樂, 是直
有質而無文以飾之也, 君子謂之素. 達於樂, 不達於禮, 是失之沈湎而無禮以
正之也, 君子謂之偏. 夔雖達於樂而不達於禮, 非不知制度文爲也, 謂之偏可
矣, 謂之窮可歟? 觀夔敎胄子以直寬剛簡之德, 達之以溫柔, 戒之以無虐無傲,
則以樂禮敎和, 亦不過如此, 子貢以爲窮惡可哉?

번역 장락진씨가 말하길, 예악의 도는 일찍이 서로 표리관계가 되지 않
은 적이 없었다. 어떤 자가 예악을 겸했다면, 그는 아마도 고대의 덕을 갖춘
성인(成人)일 것이다. 『논어』에서는 "예악을 통해 문채를 낸다면 이 또한
성인이라 할 수 있다."[2]라고 했다. 무릇 예에는 통달했지만 악에 통달하지
못한다면, 단지 질박하기만 하고 문채로 꾸밀 수가 없으니, 군자는 이를
두고 '소(素)'라고 불렀다. 또 악에만 통달하고 예에 통달하지 못한다면, 탐
닉하는데 빠지는 잘못을 저지르고 예를 통해 바로잡을 수 없으니, 군자는
이를 두고 '편(偏)'이라고 불렀다. 기(夔)는 비록 악에는 통달했고 예에는
통달하지 못했지만, 제도와 문위를 몰랐던 것은 아니니, 그를 두고 편(偏)
이라고 평가하는 것은 가능하지만, 궁(窮)이라고 평가해서야 되겠는가? 기
가 주자(胄子)[3]들을 가르칠 때 곧고 관대하며 굳세고 간솔한 덕으로 하고,
온화하고 부드러움을 통해 두로 통하게 하며, 포학함과 거만함이 없도록
경계했던 것을 살펴본다면,[4] 예악으로 가르치고 조화롭게 했던 것 또한

2) 『논어』「헌문(憲問)」: 子路問成人. 子曰, "若臧武仲之知, 公綽之不欲, 卞莊子
之勇, 冉求之藝, <u>文之以禮樂, 亦可以爲成人矣.</u>" 曰, "今之成人者何必然? 見利
思義, 見危授命, 久要不忘平生之言, 亦可以爲成人矣."
3) 주자(胄子)는 국자(國子)와 같은 뜻이다. 자 및 공(公), 경(卿), 대부(大夫)의
자제들을 말한다. 때론 상황에 따라 천자의 태자(太子) 및 왕자(王子)를 포함
시키지 않는 경우도 있다. 『서』「우서(虞書)·순전(舜典)」편에는 "帝曰, 夔,
命汝典樂, 敎胄子."라는 기록이 있는데, 이에 대한 공안국(孔安國)의 전(傳)
에서는 "胄, 長也, 謂元子以下至卿大夫子弟."라고 풀이했다.
4) 『서』「우서(虞書)·순전(舜典)」: 帝曰, 夔, 命汝典樂, 敎胄子, 直而溫, 寬而栗,
剛而無虐, 簡而無傲, 詩言志, 歌永言, 聲依永, 律和聲, 八音克諧, 無相奪倫, 神
人以和. 夔曰, 於予擊石拊石, 百獸率舞.

이와 같은 것에서 벗어나지 않는데, 자공이 이를 두고 궁(窮)이라 여긴 것을 어찌 옳다고 하겠는가?

鄭注 文爲, 文章所爲. 見其不達於禮. 素與偏, 俱不備耳. 夔達於樂, 傳世名, 此賢人也. 非不能, 非所謂窮.

번역 '문위(文爲)'는 형식과 격식에 따라 시행하는 것이다. 기(夔)가 예에 달통하지 못했다는 것이 드러난다는 뜻이다. 소(素)와 편(偏)은 둘 모두에 대해서 제대로 갖추지 못한 것일 뿐이다. 기(夔)는 악에 대해 달통하여 후세에 명성을 전했으니, 이는 현명한 자에 해당한다. 예에 대해서 잘하지 못했던 것은 아니니, 이른바 궁(窮)에는 해당하지 않는다.

釋文 夔, 求龜反. 與音餘. 傳, 丈專反, 注同.

번역 '夔'자는 '求(구)'자와 '龜(귀)'자의 반절음이다. '與'자의 음은 '餘(여)'이다. '傳'자는 '丈(장)'자와 '專(전)'자의 반절음이며, 정현의 주에 나오는 글자도 그 음이 이와 같다.

孔疏 ●"子曰"至"人也". ○正義曰: 前經明禮爲諸事之本, 此經明行禮在人.

번역 ●經文: "子曰"~"人也". ○앞의 경문에서는 예(禮)가 모든 사안의 근본이 됨을 나타내었고, 이곳 경문에서는 예를 시행하는 것이 사람에게 달려 있음을 나타내었다.

孔疏 ●"制度在禮"者, 言國家尊卑·上下制度存在於禮.

번역 ●經文: "制度在禮". ○국가에서 시행되는 존비 및 상하의 제도는 예에 달려 있다는 뜻이다.

孔疏 ●"文爲在禮"者, 人之文章所爲, 亦在於禮, 言禮爲制度·文章之本.

번역 ●經文: "文爲在禮". ○사람이 형식과 격식에 따라 시행하는 것 또한 예(禮)에 달려 있다. 즉 예는 제도와 문장의 근본이 됨을 뜻한다.

孔疏 ●"行之其在人乎"者, 言能行其禮, 全在人乎. 謂人能行禮也.

번역 ●經文: "行之其在人乎". ○이러한 예를 시행할 수 있는 것은 전적으로 사람에게 달려 있다는 뜻이니, 사람만이 이러한 예를 시행할 수 있다는 의미이다.

孔疏 ●"子貢"至"人也". ○正義曰: 前經孔子稱唯人能行禮, 子貢唯聞夔之善樂, 不聞夔之達禮, 意謂夔身全不解禮, 故越席而對夫子云敢問此夔於禮, 其窮困與.

번역 ●經文: "子貢"~"人也". ○앞의 경문에서 공자는 오직 사람만이 예(禮)를 시행할 수 있다고 했는데, 자공은 기(夔)는 악(樂)은 잘 했지만, 기가 예에도 달통했다는 것은 들어보지 못했다고 했다. 그의 의도는 기 본인은 예를 제대로 이해할 수 없었다고 여긴 것이다. 그렇기 때문에 자리를 뛰어넘어 공자에게 대답하며, "감히 묻겠습니다. 기는 예에 대해서 곤궁했던 것입니까?"라고 한 것이다.

孔疏 ●"子曰: 古之人與"者, 言今人解樂則全不知禮. 夔是古之人與, 但不曉達於禮耳, 非全不知也.

번역 ●經文: "子曰: 古之人與". ○현재 사람들은 악(樂)에 대해서 이해할 줄만 알고 예에 대해서는 전혀 모른다는 뜻이다. 즉 기(夔)는 고대의 사람이니, 단지 예에 대해서 두루 깨우치지는 못했을 뿐이며, 전혀 몰랐던 것은 아니라는 의미이다.

孔疏 ●"古之人也, 達於禮而不達於樂, 謂之素"者, 古與今異, 古之人也,明達於禮而不甚明達於樂者, 但謂之樸素, 不備具耳, 不得稱於樂爲窮.

번역 ●經文: "古之人也, 達於禮而不達於樂, 謂之素". ○고대와 현재의 차이점이니, 고대의 사람들은 예(禮)에 대해서 달통하였지만 악(樂)에 대해 깊이 달통하지 못한 경우를 단지 질박하다고만 불렀는데, 완전히 갖추지 못했다는 뜻일 뿐이며, 악에 대해서 곤궁했다고 지칭할 수 없다.

孔疏 ●"達於樂而不達於禮謂之偏"者, 言古之人但明達於樂, 而不甚明達於禮者, 謂之偏, 半而不備耳, 非是於禮爲窮.

번역 ●經文: "達於樂而不達於禮謂之偏". ○고대의 사람들 중 단지 악(樂)에만 달통하고 예(禮)에 대해 깊이 알지 못한 경우에는 치우쳤다고 부르니, 반만 갖추고 완전히 구비하지 못했을 따름이므로, 예에 대해서 곤궁한 경우가 아니라는 뜻이다.

孔疏 ●"夫夔達於樂而不達於禮, 是以傳於此名也", 言夔禮·樂兼有, 但樂優於禮, 故特通達於樂, 不甚通達於禮, 是以傳於此賢名流於後世. 若全不解禮, 何以傳於此名也?

번역 ●經文: "夫夔達於樂而不達於禮, 是以傳於此名也". ○기(夔)는 예와 악을 겸비하고 있었지만, 악에 대한 것이 예보다 뛰어났기 때문에 특별히 악에 달통했던 것이며 예에 대해서는 악만큼 깊이 달통하지 못한 것이다. 이러한 까닭으로 이러한 현자의 명성이 전해져 후세까지 내려온 것이다. 만약 예를 전혀 몰랐다면 어찌 이러한 명성이 전해졌겠는가?

孔疏 ●"古之人也", 更重美夔, 云是古之人與今之人別也. 若今人達於樂而不達於禮者, 則全不知禮也.

번역 ●經文: "古之人也". ○기(夔)에 대해서 재차 칭찬한 것이니, 그는 고대의 사람이므로, 지금의 사람과는 구별된다고 한 말이다. 현재의 사람이라면 악에 달통하기만 하고 예에 달통하지 못했다면, 예에 대해서 전혀 모르는 경우이다.

孔疏 ◎注"素與"至"謂窮". ○正義曰: "素與偏, 俱不備耳"者, 言素之與偏俱是不具, 非是全不知也, 故稱"耳"以結之. 云"非不能, 非所謂窮"者, 言夔非是不能行禮, 但不特通達, 非謂全不知於禮爲窮困也. 故虞書舜命伯夷"典朕三禮", 伯夷讓夔. 是夔知禮也. 而皇氏以達爲掌, 言夔掌樂不掌禮. 達訓爲掌, 於義無文, 又與鄭注意乖, 其義非也.

번역 ◎鄭注: "素與"~"謂窮". ○정현이 "소(素)와 편(偏)은 둘 모두에 대해서 제대로 갖추지 못한 것일 뿐이다."라고 했는데, 소(素)와 편(偏)은 둘 모두에 대해서 제대로 갖추지 않은 것이지 완전히 모른다는 뜻이 아니다. 그렇기 때문에 "~일 뿐이다[耳]."라고 말하여 결론을 맺었다. 정현이 "잘하지 못했던 것은 아니니, 이른바 궁(窮)에는 해당하지 않는다."라고 했는데, 기(夔)는 예를 잘 시행하지 못했던 것이 아니며, 단지 깊이 있게 달통하지 못한 것으로, 예에 대해 전혀 몰라서 곤궁했었다는 의미가 아니라는 뜻이다. 그렇기 때문에 『서』「우서(虞書)」에서는 순임금이 백이에게 명령하며, "나의 삼례(三禮)⁵⁾에 대해서 맡아라."라고 했는데, 백이가 기에게 사양을 했던 것이다.⁶⁾ 이것은 기가 예에 대해 알고 있었다는 사실을 나타낸다. 그런데 황간은 '달(達)'자를 "담당한다[掌]."는 뜻으로 여겨서, 기는 악을 담당했지만 예는 담당하지 않았다고 했다. 그러나 달(達)자의 뜻이 장(掌)자의 뜻도 된다는 것에 있어서는 관련 기록이 없고, 또 정현의 주에 나타난 의미와도 어긋나니, 그의 주장은 잘못되었다.

---

5) 삼례(三禮)는 천(天), 지(地), 종묘(宗廟)에서 지내는 제례(祭禮)를 뜻한다. 『서』「우서(虞書)·순전(舜典)」편에는 "帝曰, 咨! 四岳, 有能典朕三禮."라는 기록이 있는데, 이에 대한 공안국(孔安國)의 전(傳)에서는 "三禮, 天·地·人之禮."라고 풀이했다.
6) 『서』「우서(虞書)·순전(舜典)」: 帝曰, 咨四岳, 有能典朕三禮. 僉曰, 伯夷. 帝曰, 兪. 咨伯, 汝作秩宗. 夙夜惟寅, 直哉惟淸. 伯拜稽首, 讓于夔龍.

集解 輔氏廣曰: 所謂人者, 必興於詩, 成於樂, 厚於德, 然後可. 不然, 非所謂其人也.

번역 보광7)이 말하길, 이른바 사람은 반드시 시에서 일으키고 악에서 완성하며8) 덕을 두텁게 한 뒤에야 사람이라 할 수 있다. 그렇지 않다면 제대로 된 사람이라 할 수 없다.

集解 輔氏廣曰: 達, 謂窮盡其義而無不至也.

번역 보광이 말하길, '달(達)'자는 그 의미를 끝까지 다하여 이르지 못한 것이 없다는 뜻이다.

集解 愚謂: 子貢以夔達於樂而不達於禮, 故疑其窮. 然夔之於禮, 非全不達, 特不如其於樂深耳, 可謂之偏, 未可謂之窮也. 再言古之人者, 深明其未可以輕議也.

번역 내가 생각하기에, 자공은 기(夔)가 악(樂)에는 달통했지만 예(禮)에는 달통하지 못했기 때문에, 그가 궁벽했다고 의심을 한 것이다. 그러나 기는 예에 대해서 완전히 통하지 못했던 것은 아니며, 단지 악에 대한 조예만큼 깊지는 않았을 뿐이다. 따라서 치우쳤다고는 평가할 수 있지만 궁벽했다고 평가할 수는 없다. 재차 "고대의 사람이다."라고 말한 것은 경솔하게 의론할 수 없다는 뜻을 강조한 것이다.

---

7) 경원보씨(慶源輔氏, ?~?) : =보광(輔廣) · 보한경(輔漢卿). 남송(南宋) 때의 학자이다. 자(字)는 한경(漢卿)이고, 호(號)는 잠암(潛庵) · 전이(傳貽)이다. 여조겸(呂祖謙)과 주자(朱子)에게서 학문을 배웠다. 저서로는 『사서찬소(四書纂疏)』, 『육경집해(六經集解)』 등이 있다.
8) 『논어』「태백(泰伯)」: 子曰, "興於詩, 立於禮, 成於樂."

참고　원문비교

예기대전·중니연거(仲尼燕居)　子曰, "制度在禮, 文爲在禮. 行之, 其在<u>人乎.</u>"子貢<u>越席</u>而對曰, "敢問夔其窮與?"子曰, "古之人與? 古之人也. 達於禮而不達於樂, 謂之素; 達於樂而不達於禮, 謂之偏. 夫夔達於樂而不達於禮, 是以傳於此名也, 古之人也."

공자가어·논례(論禮)　子貢<u>作</u>而<u>問</u>曰, "<u>然則</u>夔其窮與①?"子曰, "古之人與? <u>上</u>古之人也. 達於禮而不達於樂, 謂之素; 達於樂而不達於禮, 謂之偏②. 夫夔達於樂而不達於禮, 是以傳於此名也, 古之人也③. <u>凡制度在禮, 文爲在禮. 行之, 其在人乎</u>."

王注-①　言達於樂, 而不達於禮者也. 與, 音余.

번역　악(樂)에는 달통했지만 예(禮)에는 달통하지 못한 자라는 뜻이다. '與'자의 음은 '余(여)'이다.

王注-②　達, 謂偏有所達非殊.

번역　통달했다는 말은 한쪽으로만 통달한 것이 있다는 것과 차이가 없다는 뜻이다.

王注-③　言達於樂多, 故遂傳名樂.

번역　악(樂)에 대해 통달한 것이 많았기 때문에 악에 대한 명성이 후세에 전해지게 되었다는 뜻이다.

● 그림 8-1   ◼ 보(簠)

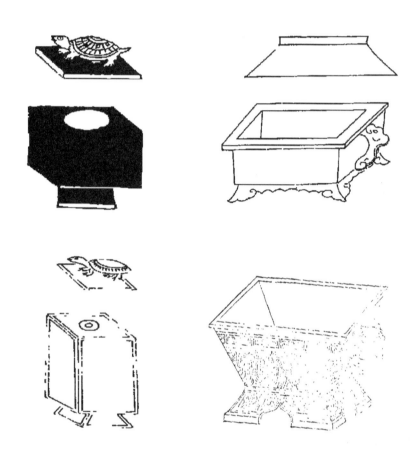

※ **출처**: 상좌-『삼례도집주(三禮圖集注)』13권 ; 상우-『삼례도(三禮圖)』4권
    하좌-『육경도(六經圖)』6권 ; 하우-『삼재도회(三才圖會)』「기용(器用)」1권

그림 8-2　◼ 궤(簋)

※ **출처**: 상좌-『삼례도집주(三禮圖集注)』 13권 ; 상우-『삼례도(三禮圖)』 4권
하좌-『육경도(六經圖)』 6권 ; 하우-『삼재도회(三才圖會)』「기용(器用)」 1권

그림 8-3 ◼ 두(豆)

※ **출처**: 상좌-『육경도(六經圖)』6권; 상우-『삼례도(三禮圖)』4권
　　　　하좌-『삼례도집주(三禮圖集注)』13권; 하우-『삼재도회(三才圖會)』「기용
　　　　(器用)」1권

• 제 9 절 •

예악(禮樂)과 정치

【603d】

子張問政. 子曰, "師乎, 前吾語女乎? 君子明於禮樂, 擧而錯之而已."

직역 子張이 政을 問이라. 子가 曰, "師여, 前에 吾가 女에게 語하지 않았던가? 君子는 禮樂에 明하여, 擧하여 錯할 따름이다."

의역 자장이 정치에 대해 물었다. 공자는 "사야, 내가 앞서 너에게 말해주지 않았던가? 군자는 예악을 해박하게 깨우치고서, 이것들을 정사에 적용할 따름이다."라고 했다.

集說 前吾語女, 謂昔者已嘗告汝矣. 擧而錯之, 謂擧禮樂之道而施之政事也.

번역 '전오어녀(前吾語女)'는 이전에 이미 너에게 알려주었다는 뜻이다. '거이조지(擧而錯之)'는 예악의 도리를 들어서 정사에 시행한다는 뜻이다.

鄭注 言禮樂足以爲政也. 錯, 猶施行也.

번역 예악으로도 충분히 정치를 시행할 수 있다는 뜻이다. '조(錯)'자는 시행한다는 뜻이다.

釋文 子曰師乎, 絶句.

번역 '자왈사호(子曰師乎)'에서 구문을 끊는다.

孔疏 ●"子張"至"矇矣". ○正義曰: "擧而錯之而已"者, 錯, 行也. 言爲政之道, 明於禮樂, 興擧而錯行之, 言爲政在此而已.

번역 ●經文: "子張"~"矇矣". ○경문의 "擧而錯之而已"에 대하여. '조(錯)'자는 "시행한다[行]."는 뜻이다. 즉 정치를 시행하는 도는 예악을 해박하게 알아서 이것을 흥성하게 일으켜 시행한다는 뜻이니, 정치를 시행하는 것은 여기에 달려 있을 뿐이라는 의미이다.

참고 원문비교

예기대전·중니연거(仲尼燕居) 子張問政. 子曰, "師乎, 前吾語女乎? 君子明於禮樂, 擧而錯之而已."

공자가어·문옥(問玉) 子張問聖人之所以敎. 孔子曰, "師乎, 吾語汝. 聖人明於禮樂, 擧而措之而已."

【604a】

子張復問. 子曰, "師, 爾以爲必鋪几筵, 升降酌獻·酬酢, 然後謂之禮乎? 爾以爲必行綴兆, 興羽籥, 作鐘鼓, 然後謂之樂乎? 言而履之, 禮也. 行而樂之, 樂也. 君子力此二者, 以南面而立, 夫是以天下大平也. 諸侯朝, 萬物服體, 而百官莫敢不承事矣."

직역 子張이 復히 問이라. 子가 曰, "師여, 爾는 必히 几筵을 鋪하고, 升降하고

酌獻하며 酬酢한 뒤에야 之를 禮라 謂함이라 爲인가? 爾는 必히 綴兆를 行하고, 羽籥을 興하며, 鐘鼓를 作한 뒤에야 之를 樂이라 謂함이라 爲인가? 言하고서 履함이 禮다. 行하고서 樂함이 樂이다. 君子는 此二者에 力하여, 이로써 南面하고 立하니, 夫히 是以로 天下가 大平이라. 諸侯가 朝하고, 萬物이 體를 服하며, 百官이 敢히 事를 不承을 莫이라."

의역 자장이 재차 질문하였다. 공자는 "사야, 너는 안석과 자리를 펼치고 오르고 내리며 술을 따르고 바치며 술을 권하고 잔을 돌리게 된 뒤에야 그것을 예(禮)라 부른다고 여기느냐? 아니면 반드시 무용수들의 대열에 따라 움직이고, 무용도구인 깃털이나 피리 등을 나부끼며, 종이나 북을 연주한 뒤에야 그것을 악(樂)이라 부른다고 여기느냐? 자신이 말을 했다면 그것을 실천하는 것이 예이다. 시행하고서 그것을 즐거워하는 것이 악이다. 군자는 이 두 가지에 힘써서 남면(南面)을 하고 서 있는 것이니, 이를 통해 천하가 태평하게 되는 것이다. 이처럼 한다면 제후가 조회를 하고, 모든 사물이 자신의 굽혀 그 도리에 따르며, 모든 관리들이 감히 그 일을 받들지 않음이 없게 된다."라고 했다.

集說 筵, 席也. 綴兆, 舞者之行列也. 萬物服體, 謂萬事皆從其理.

번역 '연(筵)'은 자리[席]이다. '철조(綴兆)'는 무용수들이 서는 대열과 자리이다. '만물복체(萬物服體)'는 모든 사안이 모두 그 이치에 따른다는 뜻이다.

鄭注 服體, 體服也, 謂萬物之符長, 皆來爲瑞應也.

번역 '복체(服體)'는 몸을 굽힌다는 뜻이니, 만물 중 상서로운 징후를 가지고 있고 또 각 계열의 수장에 해당하는 것들이 모두 도래하여 상서로운 징후로 호응하게 된다는 뜻이다.

釋文 復, 扶又反. 鋪, 普胡反, 徐音孚. 樂之音洛, 又音岳. 符長, 丁丈反. 隱義云: "符, 謂甘露醴泉之屬, 長, 謂麟鳳五靈之屬." 應, 應對之應, 徐於甌反.

번역 '復'자는 '扶(부)'자와 '又(우)'자의 반절음이다. '鋪'자는 '普(보)'자와 '胡(호)'자의 반절음이며, 서음(徐音)은 '孚(부)'이다. '樂之'에서의 '樂'자는 그 음이 '洛(낙)'이며, 또한 그 음은 '岳(악)'도 된다. '符長'에서의 '長'자는 '丁(정)'자와 '丈(장)'자의 반절음이다. 『은의』[1]에서는 "부(符)는 감미로운 이슬이나 달콤한 샘물 등속이고, 장(長)은 기린 · 봉황 등의 다섯 가지 신령스러운 영물 등속이다."라고 했다. '應'은 '응대(應對)'라고 할 때의 '應'이며, 서음은 '於(어)'자와 '甑(증)'자의 반절음이다.

孔疏 ●"言而履之, 禮也"者, 言爲禮之體, 不在於几筵 · 升降 · 酬酢乃謂之禮, 但在乎出言履踐行之謂之禮也.

번역 ●經文: "言而履之, 禮也". ○예를 시행하는 본체는 안석과 자리, 오르고 내림, 술을 권하고 술잔을 돌리는 것을 예(禮)라고 부르는 것에 달려 있지 않고, 단지 자신이 내뱉은 말에 대해서 실천으로 옮겨 행하는 것을 예라고 부른다는 뜻이다.

孔疏 ●"行而樂之, 樂也"者, 言樂不在於羽籥 · 鍾鼓乃謂之樂, 但在乎身之行, 天下愛樂謂之樂也.

번역 ●經文: "行而樂之, 樂也". ○악(樂)은 깃털이나 피리, 종이나 북 등을 악이라고 부르는데 있지 않고, 단지 자신의 시행에 달려 있으며, 천하 사람들이 사랑하고 즐거워하는 것을 악이라 부른다는 뜻이다.

孔疏 ●"君子力此二"者, 力, 謂勉力也, 言君子勉力勤行此二者禮樂之事, 則天下太平.

번역 ●經文: "君子力此二". ○'역(力)'자는 힘써 노력한다는 뜻이니, 군

---

1) 『예기은의(禮記隱義)』는 『예기』에 대한 주석서로 하윤(何胤, A.D.446~A.D.531)의 저작이다.

자가 이러한 두 가지 예악의 일들에 대해 힘써 노력한다면, 천하가 태평하게 된다는 의미이다.

孔疏 ●"萬物服體"者, 服謂屈服, 體謂形體, 言飛·走·動·植之物而皆來爲瑞應也.

번역 ●經文: "萬物服體". ○'복(服)'자는 굽힌다는 뜻이며, '체(體)'자는 형체를 뜻하니, 날거나 달리거나 움직이거나 땅에 뿌리를 박고 있는 사물들이 모두 찾아와서 상서로운 징후로 호응하게 된다는 의미이다.

集解 言而履之, 曲禮所謂"脩身踐言"也. 行而樂之, 孟子所謂"樂則生"而至於"手舞"·"足蹈"也. 如此, 則內和外理, 而以之平治天下不難矣. 物, 事也. 服猶順也. 萬物服體, 言萬事莫不順其理也.

번역 '언이리지(言而履之)'는 『예기』「곡례(曲禮)」편에서 "자신을 수양하고 자신의 말을 실천한다."2)고 한 말에 해당한다. '행이락지(行而樂之)'는 『맹자』에서 "즐거워하면 생겨난다."라고 한 말로부터 "손을 너울거린다."와 "발로 춤사위를 밟는다."라고 한 말까지를 뜻한다.3)

---

2) 『예기』「곡례상(曲禮上)」【9d】: 脩身踐言, 謂之善行, 行脩言道, 禮之質也.
3) 『맹자』「이루상(離婁上)」: 仁之實, 事親是也, 義之實, 從兄是也, 智之實, 知斯二者弗去是也, 禮之實, 節文斯二者是也, 樂之實, 樂斯二者, 樂則生矣, 生則惡可已也, 惡可已, 則不知足之蹈之手之舞之.

참고 원문비교

예기대전·중니연거(仲尼燕居) 子張復問. 子曰, “師, 爾以爲必鋪几筵, 升降·酌獻·酬酢, 然後謂之禮乎? 爾以爲必行綴兆, 興羽籥, 作鐘鼓, 然後 謂之樂乎? 言而履之, 禮也. 行而樂之, 樂也. 君子力此二者, 以南面而立, 夫 是以天下大平也. 諸侯朝, 萬物服體, 而百官莫敢不承事矣.”

공자가어·문옥(問玉) 子張又問. 孔子曰, “師, 爾以爲必布几筵, 揖讓· 升降·酌獻·酬酢, 然後謂之禮乎? 爾以爲必行綴兆, 執羽籥, 作鐘鼓, 然後 謂之樂乎? 言而可履, 禮也. 行而可樂, 樂也①. 聖人力此二者, 以躬己南面, 是故天下太平, 萬民順伏, 百官承事, 上下有禮也.”

王注-① 綴, 知劣反. 樂樂, 上音洛, 下音岳.

번역 ‘綴’자는 ‘知(지)’자와 ‘劣(렬)’자의 반절음이다. ‘樂樂’에서 앞의 ‘樂’ 자는 그 음이 ‘洛(낙)’이며, 뒤의 ‘樂’자는 그 음이 ‘岳(악)’이다.

그림 9-1 ▣ 궤(几)와 연(筵)

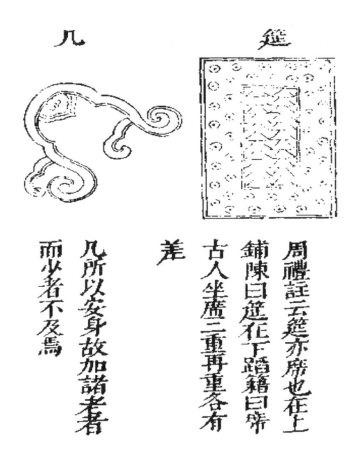

几

筵

差

几所以安身故加諸者
而少者不及焉

古人坐席二重再重各有
鋪陳曰筵在下躡籍曰席
周禮註云筵亦席也在上

※ 출처: 『삼재도회(三才圖會)』「기용(器用)」 2권

【604b】

"禮之所興, 衆之所治也. 禮之所廢, 衆之所亂也. 目巧之室,
則有奧阼; 席則有上下, 車則有左右, 行則有隨, 立則有序,
古之義也."

직역 "禮가 興한 所는 衆이 治한 所이다. 禮가 廢한 所는 衆이 亂한 所이다.
目巧의 室에는 奧阼가 有하고; 席에는 上下가 有하며, 車에는 左右가 有하고, 行에
는 隨가 有하며, 立에는 序가 有하니, 古의 義라."

의역 공자가 계속하여 말하길, "예(禮)가 흥성하게 되는 것은 백성들이 다스려
지는 것이다. 반면 예가 폐지되는 것은 백성들이 혼란스럽게 되는 것이다. 눈대중
으로 지은 집이라도 아랫목과 동쪽계단이 있고, 자리에는 상석과 하석이 있으며,
수레에는 좌측과 우측이 있고, 길을 갈 때에는 그 뒤를 따라가는 등의 구분이 있으
며, 서 있을 때에는 각각 정해진 차례가 있으니, 이러한 것들은 모두 고대 성인이
예를 제정한 의미에 해당한다."라고 했다.

集說 衆之治亂, 由禮之興廢, 此所以爲政先禮也. 目巧, 謂不用規矩繩墨,
但據目力相視之巧也. 言雖苟簡爲之, 亦必有奧阼之處. 蓋室之有奧, 所以爲
尊者所處; 堂之有阼, 所以爲主人之位也. 席或以南方爲上, 或以西方爲上, 詳
見曲禮. 車之尊位在左, 父之齒隨行, 貴賤長幼, 各有所立之位, 此皆古聖人制
禮之義也.

번역 백성들이 다스려지거나 혼란스럽게 되는 것은 예가 흥성하게 되
느냐 폐지되느냐에 달려 있으니, 이것이 바로 정치에서 예를 우선해야 하
는 이유이다. '목교(目巧)'는 원형자나 곱자 및 먹줄 등을 사용하지 않고,
단지 눈대중으로 가늠하여 치수를 맞춘 것이다. 즉 대충 만든 것일지라도
또한 반드시 아랫목과 동쪽계단을 둔다는 뜻이다. 무릇 실(室)에 아랫목이
있는 것은 존귀한 자가 머물도록 하기 위해 만든 장소이고, 당(堂)에 동쪽

계단이 있는 것은 주인이 서 있도록 하기 위해 만든 장소이다. 자리[席]는 간혹 남쪽 방향을 상석으로 삼는 겨우도 있고 서쪽 방향을 상석으로 삼는 경우도 있는데, 자세한 설명은 『예기』「곡례(曲禮)」편에 나온다.4) 수레에서 존귀한 자가 타는 자리는 좌측에 있고, 부친의 연배에 해당하는 사람과 길을 갈 때에는 그 사람의 뒤를 따라가니,5) 귀천 및 장유의 관계에는 각각 서게 되는 위치가 있는 것이다. 이러한 것들은 모두 고대의 성인이 예를 제정한 뜻에 해당한다.

大全 嚴陵方氏曰: 明於禮樂之道, 然後能擧而錯之於政. 禮足以正人之身, 樂足以正人之心. 政者, 正也. 子張問政, 故孔子以是答之. 論語曰, 禮云禮云, 玉帛云乎哉? 樂云樂云, 鐘鼓云乎哉? 故不必鋪几筵之類, 然後爲禮, 行綴兆之類, 然後爲樂也. 言而履之謂踐言, 行而樂之謂安行. 力此二者, 謂力行此禮樂, 而施於有政也. 欲施於有政, 非明於禮樂而有其位焉, 固不可, 故曰以南面而立, 夫是以天下太平也. 作室者工, 而工有巧, 巧之運存乎目, 故曰目巧之室. 隅有奧, 尊者所處, 別於卑, 階有阼, 主人所歷, 別於賓, 所謂室有奧阼也. 席或以南方爲上, 或以西方爲上, 所謂席有上下也. 乘車之法, 君在左, 勇士在右, 所謂車有左右也. 父之齒隨行, 五年以長則肩隨之, 所謂行有隨也. 天子南向而立, 自公侯而下, 各有位焉, 所謂立有序也. 然則古人之禮, 至於如是者, 豈徒從事於文爲哉? 亦各有義存焉爾, 故曰古之義也.

번역 엄릉방씨가 말하길, 예악의 도리에 해박하게 된 뒤에야 이것을 들어서 정치에 시행할 수 있다. 예는 사람의 몸을 바르게 하기에 충분하고,

---

4) 『예기』「곡례상(曲禮上)」【19d】에는 "席南鄕北鄕, 以西方爲上; 東鄕西鄕, 以南方爲上."이라는 기록이 있다. 즉 "자리가 남향이나 북향으로 되어 있을 때에는 서쪽을 상석으로 삼고, 동향이나 서향으로 되어 있을 때에는 남쪽을 상석으로 삼는다."라는 뜻이다. 이에 대한 진호(陳澔)의 『집설(集說)』에서는 "朱子曰: 東向南向之席皆尙右, 西向北向之席皆尙左也."라고 풀이했다. 즉 "주자가 말하길, 동향이나 남향으로 되어 있는 자리에서는 모두 오른쪽을 높이며, 서향이나 북향으로 되어 있는 자리에서는 모두 왼쪽을 높인다."라는 뜻이다.

5) 『예기』「왕제(王制)」【181a】: <u>父之齒, 隨行</u>, 兄之齒, 鴈行, 朋友, 不相踰.

악은 사람의 마음을 바르게 하기에 충분하다. 정치라는 것은 바르게 함이다. 자장이 정치에 대해서 물었기 때문에 공자가 이러한 말로 대답을 해준 것이다. 『논어』에서는 "예라고 하고 예라고 하는데, 이것이 옥이나 비단을 뜻하는 것이겠는가? 악이라 하고 악이라 하는데 종이나 북을 뜻하는 것이겠는가?"[6]라고 했다. 그러므로 안석이나 자리를 펼치는 부류를 통달한 뒤에야 예를 행한다고 할 필요는 없으며, 무용수들이 대열에 맞춰 춤을 시연하는 등의 부류를 통달한 뒤에야 악을 행한다고 할 필요는 없다. 말하고서 그것을 실천하는 것을 '천언(踐言)'이라고 부르고, 시행하고서 즐거워하는 것을 '안행(安行)'이라고 부른다. 이러한 두 가지 것들에 힘쓴다는 것은 이러한 예악의 도리를 힘써 실천하고 정사에 시행한다는 뜻이다. 정치에 예악을 시행하고자 한다면, 예악의 도리에 해박하고 또 해당하는 지위에 오르지 않고서는 불가하다. 그렇기 때문에 "이를 통해 남면을 하고 서 있으면, 이러한 까닭으로 천하가 태평하게 된다."라고 했다. 집을 짓는 자는 공인이고 공인은 정교한 기술이 있는데, 정교한 기술을 부리는 것은 공인의 눈에 달려 있다. 그렇기 때문에 '눈을 통해 정교하게 지은 집'이라고 했다. 방의 모퉁이에는 아랫목이 있는데, 존귀한 자가 머무는 곳이며 미천한 곳과는 구별된다. 또 계단에는 동쪽계단이 있는데, 주인이 오르고 내리는 곳이며 빈객이 이용하는 곳과는 구별된다. 이러한 것들이 바로 "집에는 아랫목과 동쪽계단이 있다."는 뜻이다. 자리의 경우 어떤 때에는 남쪽을 상석으로 삼고 또 어떤 때에는 서쪽을 상석으로 삼으니, 이러한 것들이 바로 "자리에는 상석과 하석이 있다."는 뜻이다. 수레에 오르는 법도에 있어서 군주는 좌측에 위치하고 호위무사는 우측에 위치하니, 이러한 것들이 바로 "수레에는 좌측과 우측의 구분이 있다."는 뜻이다. 부친의 연배에 해당하는 사람과 길을 갈 때에는 그 사람의 뒤를 따라가고, 자신보다 5살 정도 많은 자라면, 나란히 가되 조금 뒤로 물러나서 따라가니,[7] 이러한 것들이 바로 "길을 갈 때에는 뒤따르는 법도가 있다."는 뜻이다. 천자가 남쪽을 바라보고 서

---

6) 『논어』「양화(陽貨)」: 子曰, "禮云禮云, 玉帛云乎哉? 樂云樂云, 鐘鼓云乎哉?"
7) 『예기』「곡례상(曲禮上)」【15a】: 年長以倍, 則父事之, 十年以長, 則兄事之, 五年以長, 則肩隨之.

있고, 공작·후작으로부터 그 이하의 계층은 각각 정해진 자리가 있으니, 이러한 것들이 바로 "서 있을 때에는 계급에 따른 질서가 있다."는 뜻이다. 그러므로 고대인이 만든 예법 중 이와 같은 것에 있어서도 어찌 단지 문위(文爲)에만 일삼는다고 하겠는가? 여기에도 또한 각각에 해당하는 의미가 존재하는 것이다. 그렇기 때문에 "고대의 예법에 담겨 있는 의미이다."라고 했다.

鄭注 衆之所治, 衆之所以治也. 衆之所亂, 衆之所以亂也. 目巧, 謂但用巧目善意作室, 不由法度, 猶有奧阼, 賓主之處也. 自"目巧"以下, 古今常事, 不可廢改也.

번역 '중지소치(衆之所治)'는 백성들이 다스려지게 되는 이유라는 뜻이다. '중지소란(衆之所亂)'은 백성들이 혼란스럽게 되는 이유라는 뜻이다. '목교(目巧)'는 단지 좋은 눈썰미만을 이용해서 집을 만들며, 정해진 규격에 따르지 않는 것을 뜻하는데, 이러한 경우에도 여전히 아랫목과 동쪽계단을 두니, 빈객과 주인의 장소가 된다. '목교(目巧)'로부터 그 이하의 사안들은 예나 지금이나 항상 시행되어 왔던 일이므로, 폐지하거나 고칠 수 없다는 뜻이다.

釋文 治, 直吏反, 注同. 奧, 字又作隩, 烏報反. 阼, 才故反. 處, 昌慮反.

번역 '治'자는 '直(직)'자와 '吏(리)'자의 반절음이며, 정현의 주에 나오는 글자도 그 음이 이와 같다. '奧'자는 그 자형을 또한 '隩'자로도 기록하니, '烏(오)'자와 '報(보)'자의 반절음이다. '阼'자는 '才(재)'자와 '故(고)'자의 반절음이다. '處'자는 '昌(창)'자와 '慮(려)'자의 반절음이다.

孔疏 ●"目巧之室, 則有奧阼"者, 言但用目準視, 巧思存意, 雖不由法度, 猶有奧阼賓主之處, 不可不有也.

【번역】 ●經文: "目巧之室, 則有奧阼". ○단지 눈대중으로 가늠하지만 정교한 기술과 뜻이 있어서, 비록 정해진 규격에 따르지 않았더라도 여전히 아랫목과 동쪽계단을 두어서 빈객과 주인의 자리를 만드는데, 이것은 없을 수 없다는 뜻이다.

【孔疏】 ●"席則有上下"者, 言布席之時, 不可無上下.

【번역】 ●經文: "席則有上下". ○자리를 펼 때 상석과 하석의 구분이 없을 수 없다는 뜻이다.

【孔疏】 ●"車則有左右"者, 言乘車之時, 不可無左右.

【번역】 ●經文: "車則有左右". ○수레에 탈 때, 좌우의 구분이 없을 수 없다는 뜻이다.

【孔疏】 ●"行則有隨"者, 謂少者在後相隨.

【번역】 ●經文: "行則有隨". ○나이가 어린 자는 뒤에서 따라간다는 뜻이다.

【孔疏】 ●"立則有序"者, 謂並立則有次序.

【번역】 ●經文: "立則有序". ○나란히 서 있는 경우라면 등급에 따른 질서가 있다는 뜻이다.

【孔疏】 ●"古之義也"者, 自古以來, 禮樂之意.

【번역】 ●經文: "古之義也". ○예로부터 지금까지 시행되어 온 예악의 뜻이다.

【孔疏】 ◎注"服體"至"改也". ○正義曰: "謂萬物之符長"者, 符, 謂甘露醴泉

之屬, 長, 謂五方瑞應之長也. 云"奧阼賓主之處也"者, 爾雅云"西南隅謂之
奧", 奧之外則有賓位所在, 東階謂之阼, 故曰"賓主之處". 云"自目巧以下, 古
今常事, 不可廢改也", 言經中目巧以上論說禮樂之事, 或質文沿革, 隨時變改.
自目巧以下尊卑上下萬代恒行, 故云"古今常事, 不可廢改"也.

번역 ◎鄭注: "服體"~"改也". ○정현이 "만물 중 상서로운 징후를 가지
고 있고 또 각 계열의 수장에 해당하는 것들이다."라고 했는데, '부(符)'는
감미로운 이슬이나 달콤한 샘물 등속을 뜻하며, '장(長)'은 다섯 방위에 해
당하는 생물 중 상서로움에 호응하는 각 방위의 수장들이다. 정현이 "아랫
목과 동쪽계단은 빈객과 주인의 장소이다."라고 했는데, 『이아』에서는 "방
의 서남쪽 모퉁이를 오(奧)라고 부른다."[8]라고 했고, 아랫목 외부에는 곧
빈객이 위치하는 장소가 있다. 또 동쪽계단을 조(阼)라고 부르기 때문에
"빈객과 주인의 장소이다."라고 했다. 정현이 "'목교(目巧)'로부터 그 이하
의 사안들은 예나 지금이나 항상 시행되어 왔던 일이므로, 폐지하거나 고
칠 수 없다는 뜻이다."라고 했는데, 경문의 내용 중 목교(目巧) 앞의 문장은
예악에 대한 사안을 설명하고 있는데, 간혹 질박함과 화려함은 그대로 따
르기도 하고 바뀌기도 하여, 때에 따라 바꾸고 고치게 된다. 그러나 목교로
부터 그 이하의 내용은 존비 및 상하의 구분으로, 모든 세대를 거쳐 항상
시행되었던 것이다. 그렇기 때문에 "항상 시행되어 왔던 일이므로, 폐지하
거나 고칠 수 없다."라고 했다.

---

8) 『이아』「석궁(釋宮)」: 西南隅謂之奧, 西北隅謂之屋漏, 東北隅謂之宧, 東南隅
謂之窔.

참고 원문비교

예기대전 · 중니연거(仲尼燕居) "禮之所興, 衆之所治也. 禮之所廢, 衆之所亂也. 目巧之室, 則有奧阼; 席則有上下, 車則有左右, 行則有隨, 立則有序, 古之義也."

공자가어 · 문옥(問玉) "夫禮之所以興, 衆之所以治也. 禮之所以廢, 衆之所以亂也. 目巧之室, 則有隩阼①; 席則有上下, 車則有左右, 行則有隨, 立則有列序, 古之義也."

王注-① 言目巧作室, 必有隩阼之位. 室西南隅, 謂之隩. 阼, 阼階也. 隩, 於到反.

번역 눈대중으로 방을 만들더라도 반드시 오랫목과 동쪽계단의 자리를 마련한다는 뜻이다. 방의 서남쪽 모퉁이를 '오(隩)'라고 부른다. '조(阼)'자 는 동쪽계단을 뜻한다. '隩'자는 '於(어)'자와 '到(도)'자의 반절음이다.

【604d】

"室而無奧阼, 則亂於堂室也. 席而無上下, 則亂於席上也. 車而無左右, 則亂於車也. 行而無隨, 則亂於塗也. 立而無序, 則亂於位也. 昔聖帝 · 明王 · 諸侯, 辨貴賤 · 長幼 · 遠近 · 男女 · 外內, 莫敢相踰越, 皆由此塗出也." 三子者旣得聞此言也於夫子, 昭然若發矇矣.

직역 "室에 奧阼가 無라면, 堂室을 亂한다. 席에 上下가 無라면, 席上을 亂한다. 車에 左右가 無라면, 車를 亂한다. 行에 隨가 無라면, 塗를 亂한다. 立에 序가

無라면, 位를 亂한다. 昔의 聖帝·明王·諸侯가 貴賤·長幼·遠近·男女·外內를 辨하여, 敢히 相히 踰越을 莫이니, 皆히 此塗로 由하여 出이라." 三子者는 旣히 夫子에게서 此言을 得聞하니, 昭然히 矇을 發함과 若이라.

의역 공자가 계속하여 말하길, "집에 아랫목과 동쪽계단이 없다면 당(堂)과 실(室)의 질서가 혼란스럽게 된다. 자리에 상석과 하석의 구분이 없다면 자리 위에서 따라야 하는 질서가 혼란스럽게 된다. 수레에 좌우의 구분이 없다면, 수레를 타는 법도가 혼란스럽게 된다. 길을 갈 때 뒤따르는 법도가 없다면 길 위의 예법이 혼란스럽게 된다. 서 있을 때 서열에 따른 질서가 없다면 자리에 적용되는 서열이 혼란스럽게 된다. 따라서 고대의 성왕과 명왕 및 제후들은 귀천·장유·원근·남녀·외내를 변별하여, 감히 그것을 뛰어넘지 않았으니, 이 모두는 바로 이러한 도리에 따라 도출된 것이다."라고 했다. 세 제자는 공자로부터 이러한 말을 듣고서 마치 개안을 한 것처럼 밝아졌다.

集說 此言禮之爲用無所不在, 失之則隨事致亂, 爲政者可舍之而他求乎? 貴賤以爵言, 長幼以齒言, 遠近以親疏言, 男女以同異言, 外內以位序言也.

번역 이 문장은 예를 운용함에 그것이 적용되지 않는 곳이 없으니, 그것을 잃게 되면 그 사안에 따라 문란하게 된다는 뜻으로, 정치를 시행하는 자가 이것을 내버리고 다른 것을 찾아서야 되겠는가? '귀천(貴賤)'은 작위를 기준으로 한 말이고, '장유(長幼)'는 나이를 기준으로 한 말이며, '원근(遠近)'은 친하고 소원한 관계에 따라 한 말이고, '남녀(男女)'는 같고 다름을 기준으로 한 말이며, '외내(外內)'는 자리의 서열에 따라 한 말이다.

集說 方氏曰: 發矇者, 若目不明, 爲人所發而有所見也.

번역 방씨가 말하길, '발몽(發矇)'은 마치 눈이 밝지 못하다가 남에 의해 개안되어 또렷이 보는 바가 생긴 것과 같다는 뜻이다.

集說 石梁王氏曰: 篇末二句, 是記者自作結語.

번역 석량왕씨가 말하길, 「중니연거」편의 마지막 두 구문은 『예기』를 기록한 자가 자신의 평가를 기록하여 결론을 맺은 말이다.

鄭注 乃曉禮樂不可廢改之意也.

번역 이러한 말을 통해서 예악을 폐지하거나 멋대로 고칠 수 없다는 뜻을 깨우쳤다는 의미이다.

釋文 昭, 章遙反, 徐之紹反, 明也. 矇音蒙. 矣, 本亦無矣字.

번역 '昭'자는 '章(장)'자와 '遙(요)'자의 반절음이며, 서음(徐音)은 '之(지)'자와 '紹(소)'자의 반절음인데, 밝아진다는 뜻이다. '矇'자의 음은 '蒙(몽)'이다. '矣'자는 판본에 따라서 또한 그 글자가 없기도 하다.

孔疏 ●"室而無奧阼, 則亂於堂室也", 上言得禮則治, 自此以下言失禮則亂, 故準上文.

번역 ●經文: "室而無奧阼, 則亂於堂室也". ○앞에서는 예를 얻으면 다스려진다고 했고, 이곳 구문으로부터 그 이하의 내용은 예를 잃으면 혼란스럽게 된다고 했다. 그러므로 이곳 문장은 앞의 문장을 기준으로 삼고 있다.

孔疏 ●"皆由此塗出也"者, 由, 從也; 塗, 道也. 道謂禮樂. 言古之聖帝 · 明王所以能使貴賤 · 長幼 · 遠近 · 男女殊別, 外內莫敢相踰越者, 皆由此禮樂塗道出其此事也.

번역 ●經文: "皆由此塗出也". ○'유(由)'자는 '~로부터[從]'라는 뜻이며, '도(塗)'자는 도리[道]를 뜻한다. 도리란 곧 예악을 의미한다. 즉 고대의 성왕 · 명왕은 귀천 · 장유 · 원근 · 남녀의 관계에 대해 구별을 할 수 있어서 내외가 감히 서로 뛰어넘지 않았으니, 이 모두는 이러한 예악의 도리로부터 이러한 사안이 도출되었다는 의미이다.

訓纂 鄭衆注周禮曰: 無目眹, 謂之瞽. 有目眹, 而無見, 謂之矇.

번역 『주례』에 대한 정중[9]의 주에서 말하길, 눈동자가 없는 자를 '고(瞽)'라고 부른다. 눈동자는 있지만 볼 수 없는 자를 '몽(矇)'이라고 부른다.[10]

集解 愚謂: 遠近以地言, 外內以位言. 此塗, 謂禮也.

번역 내가 생각하기에, '원근(遠近)'은 땅의 거리를 기준으로 한 말이며, '외내(外內)'는 지위를 기준으로 한 말이다. '차도(此塗)'는 예(禮)를 뜻한다.

集解 若發矇者, 謂若目不明, 爲人所發而有所見也.

번역 '약발몽(若發矇)'은 마치 눈이 밝지 못하다가 남에 의해 개안되어 또렷이 보는 바가 생긴 것과 같다는 뜻이다.

---

9) 정중(鄭衆, ?~A.D.83) : =정사농(鄭司農). 후한(後漢) 때의 경학자이다. 자(字)는 중사(仲師)이다. 부친은 정흥(鄭興)이다. 부친에게 『춘추좌씨전(春秋左氏傳)』의 학문을 전수받았다. 또한 그는 대사농(大司農) 등의 관직을 역임하였기 때문에, '정사농'이라고도 불렀다. 한편 정흥과 그의 학문은 정현(鄭玄)에게 많은 영향을 주었기 때문에, 후대에서는 정현을 후정(後鄭)이라고 불렀고, 정흥과 그를 선정(先鄭)이라고도 불렀다. 저서로는 『춘추조례(春秋條例)』, 『주례해고(周禮解詁)』 등을 지었다고 하지만, 현재는 전해지지 않았다.

10) 이 문장은 『주례』「춘관종백(春官宗伯)」편의 "大師, 下大夫二人; 小師, 上士四人; 瞽矇, 上瞽四十人, 中瞽百人, 下瞽百有六十人; 眡瞭三百人. 府四人, 史八人, 胥十有二人, 徒百有二十人."이라는 기록에 대한 정현의 주에 나온다.

참고　원문비교

예기대전 · 중니연거(仲尼燕居)　"室而無奧阼, 則亂於堂室也. 席而無上下, 則亂於席上也. 車而無左右, 則亂於車也. 行而無隨, 則亂於塗也. 立而無序, 則亂於位也. 昔聖帝 · 明王 · <u>諸侯</u>, 辨貴賤 · 長幼 · <u>遠近</u> · <u>男女</u> · <u>外內</u>, 莫敢相踰越, 皆由此塗出也." 三子者既得聞此言<u>也</u>於夫子, <u>昭然</u>若發矇矣.

공자가어 · 문옥(問玉)　"室而無<u>隩</u>阼, 則亂於堂室<u>矣</u>. 席而無上下, 則亂於席<u>次矣</u>①. 車而無左右, 則亂於車<u>上矣</u>. 行而無<u>竝</u>隨, 則亂於<u>階塗矣</u>②. <u>列</u>而無<u>次</u>序, 則亂於<u>著矣</u>③. 昔者<u>明王 · 聖人</u>, 辯貴賤 · 長幼, <u>正男女 · 內外</u>, <u>序親疏 · 遠近</u>, <u>而</u>莫敢相踰越<u>者</u>, 皆由此塗出也."

공자가어 · 논례(論禮)　三子者既得聞此<u>論</u>於夫子<u>也</u>, <u>煥</u>若發矇焉.

王注-①　亂於上席之次第.

번역　자리 위에서의 질서가 혼란스럽게 된다는 뜻이다.

王注-②　升階塗無並隨, 則階塗亂.

번역　계단에 오르고 길을 갈 때 나란히 하거나 뒤따르는 예법이 없다면 계단에 오르고 길을 가는 것이 혼란스럽게 된다는 뜻이다.

王注-③　著所立之位也. 門屏之間謂之著也.

번역　'저(著)'는 서게 되는 자리를 뜻한다. 문과 병풍 사이를 '저(著)'라고 부른다.

孔子閒居

【605a】

孔子閒居 第二十九 / 「공자한거」 제 29 편

大全 長樂陳氏曰: 閒居言詩則先之以爲民父母, 而繼之以三王之德. 爲民父母, 則在於致五至而行三無, 三王之德, 則在於奉三無私而先令聞. 蓋有爲民父母之道, 而後可以行三王之德. 洪範曰, 天子作民父母, 以爲天下王, 故其序如此.

번역 장락진씨가 말하길, 「공자한거」편에서 『시』를 언급했을 때, 먼저 "백성들의 부모가 된다."[1]라고 했고, 이에서 '삼왕(三王)[2]의 덕[3]을 언급했다. "백성들의 부모가 된다."라는 말은 오지(五至)[4]를 지극히 하고 삼무(三無)[5]를 시행한다는 것에 달려 있고, '삼왕의 덕'은 삼무사(三無私)[6]를 받들

---

1) 『예기』「공자한거」【605a~b】: 孔子閒居, 子夏侍. 子夏曰, "敢問, 詩云, '凱弟君子, <u>民之父母</u>', 何如斯可謂民之父母矣?" 孔子曰, "夫民之父母乎, 必達於禮樂之原, 以致<u>五至</u>, 而行<u>三無</u>, 以橫於天下. 四方有敗, 必先知之. 此之謂民之父母矣."

2) 삼왕(三王)은 하(夏), 은(殷), 주(周) 삼대(三代)의 왕을 뜻한다. 『춘추곡량전』「은공(隱公) 8年」편에는 "盟詛不及<u>三王</u>."이라는 기록이 있고, 이에 대한 범녕(範寧)의 주에서는 '삼왕'을 하나라의 우(禹), 은나라의 탕(湯), 주나라의 무왕(武王)을 지칭한다고 풀이했다. 그리고 『맹자』「고자하(告子下)」편에는 "五覇者, <u>三王之罪人也</u>."이라는 기록이 있고, 이에 대한 조기(趙岐)의 주에서는 '삼왕'을 범녕의 주장과 달리, 주나라의 무왕 대신 문왕(文王)을 지칭한다고 풀이했다.

3) 『예기』「공자한거」【607c~d】: 子夏曰, "<u>三王之德</u>, 參於天地, 敢問何如斯可謂參於天地矣?" 孔子曰, "奉<u>三無私</u>以勞天下." 子夏曰, "敢問何謂三無私?" 孔子曰, "天無私覆, 地無私載, 日月無私照. 奉斯三者以勞天下, 此之謂三無私. 其在詩曰, '帝命不違, 至於湯齊. 湯降不遲, 聖敬日齊. 昭假遲遲, 上帝是祇, 帝命式于九圍', 是湯之德也."

4) 오지(五至)는 뜻[志]·시(詩)·예(禮)·악(樂)·슬픔[哀]이 두루 이루어진 최상의 경지를 뜻한다.

5) 삼무(三無)는 소리가 없는 음악[樂], 본체가 없는 예(禮), 상복(喪服)이 없는 상(喪)을 뜻한다. 이 세 가지는 마음으로만 시행하고, 겉으로 드러나는 형체가 없기 때문에 '삼무'라고 부른다.

고 영문(令聞)을 먼저 하는 것[7]에 달려있다. 무릇 백성들의 부모가 되는 도리를 가지고 있은 뒤에야 삼왕의 덕을 시행할 수 있기 때문이다. 『서』「홍범(洪範)」편에서도 "천자가 우리들의 부모가 되시어, 천하의 왕이 되셨다."[8]라고 했기 때문에, 그 순서가 이와 같다.

孔疏 陸曰: 閒音閑. 鄭云, "名孔子閒居者, 善其倦而不褻, 猶使一子侍, 爲之說詩. 著其氏, 言可法也. 退燕避人曰閒居."

번역 육덕명이 말하길, '閒'자의 음은 '閑(한)'이다. 정현은 "편명을 '공자한거(孔子閒居)'라고 지은 것은 여유로우면서도 너무 친근하게 하지 않고, 오히려 한 명의 제자로 하여금 시중을 들게 하며, 그를 위해 『시』를 설명해준 것을 좋게 여겼기 때문이다. 그 씨(氏)를 드러낸 것은 법도로 삼을 수 있음을 뜻한다. 한가롭게 있는 곳에서도 물러나 사람들을 피해 있는 것을 '한거(閒居)'라고 부른다."라고 했다.

孔疏 正義曰: 按鄭目錄云: "名曰孔子閒居者, 善其無倦而不褻, 猶使一弟子侍, 爲之說詩. 著其氏, 言可法也. 退燕避人曰閒居. 此於別錄屬通論."

번역 『정의』에서 말하길, 정현의 『목록』을 살펴보면, "편명을 '공자한거(孔子閒居)'라고 지은 것은 게으름도 없으며 너무 친근하지도 않고, 오히려 한 명의 제자로 하여금 시중을 들게 하며, 그를 위해 『시』를 설명해준 것을 좋게 여겼기 때문이다. 그 씨(氏)를 드러낸 것은 법도로 삼을 수 있음을 뜻한다. 한가롭게 있는 곳에서도 물러나 사람들을 피해 있는 것을 '한거(閒

---

6) 삼무사(三無私)는 하늘은 사사롭게 덮어주는 것이 없고, 땅은 사사롭게 실어주는 것이 없으며, 해와 달은 사사롭게 비춰주는 것이 없음을 뜻한다.

7) 『예기』「공자한거」【609b】: 三代之王也, <u>必先其令聞</u>. 詩云, '明明天子, 令聞不已', 三代之德也. '弛其文德, 恊此四國', 大王之德也." 子夏蹶然而起, 負牆而立曰, "弟子敢不承乎?

8) 『서』「주서(周書)·홍범(洪範)」: 曰, 皇極之敷言, 是彝是訓, 于帝其訓, 凡厥庶民, 極之敷言, 是訓是行, 以近天子之光, 曰, <u>天子作民父母, 以爲天下王</u>.

居)'라고 부른다. 「공자한거」편을 『별록』에서는 '통론(通論)' 항목에 포함
시켰다."라고 했다.

訓纂 說文: 尻, 處也. 從尸得几而止. 孝經曰, "仲尼尻." 尻, 謂閑居如此.

번역 『설문』에서 말하길, '거(尻)'자는 "머문다[處]."는 뜻이다. '시(尸)'
자를 구성요소로 하고 '궤(几)'자를 포함하고 있으므로 그친다는 뜻이 된다.
『효경』에서는 "중니가 머물렀다."9)라고 했는데, '거(尻)'는 편히 머물기를
이와 같이 한다는 뜻이다.

---

9) 『효경』「개종명의장(開宗明義章)」 : 仲尼居. 曾子侍. 子曰, 先王有至德要道,
以順天下, 民用和睦, 上下無怨. 汝知之乎? 曾子避席曰, 參不敏, 何足以知之?

백성들의 부모

【605a~b】

孔子閒居, 子夏侍. 子夏曰, "敢問, 詩云, '凱弟君子, 民之父
母', 何如斯可謂民之父母矣?" 孔子曰, "夫民之父母乎, 必
達於禮樂之原, 以致五至, 而行三無, 以橫於天下. 四方有敗,
必先知之. 此之謂民之父母矣."

직역 孔子가 閒居에, 子夏가 侍라. 子夏가 曰, "敢히 問하니, 詩에서 云, '凱弟한
君子여, 民의 父母로다', 何히 斯와 如함을 可히 民의 父母라 謂합니까?" 孔子가
曰, "夫히 民의 父母인저, 必히 禮樂의 原에 達하여, 이로써 五至를 致하고, 三無를
行하여, 이로써 天下에 橫한다. 四方에 敗가 有하면, 必히 先히 知한다. 此를 民의
父母라 謂한다."

의역 공자가 편히 머물러 있을 때 자하가 시중을 들었다. 자하는 "감히 묻겠습
니다.『시』에서는 '화락하고 간이한 군자여, 백성들의 부모로다.'라고 했는데, 어떻
게 하면 백성의 부모라 할 수 있습니까?"라고 했다. 그러자 공자는 "무릇 백성의
부모란 반드시 예악(禮樂)의 근원에 통달하여, 이를 통해 오지(五至)의 도를 지극
히 하고 삼무(三無)의 도를 시행하여, 이것을 천하에 두루 펼친다. 또 사방에 재앙
과 실패의 조짐이 발생하려고 할 때, 반드시 누구보다 먼저 그것을 안다. 이러한
자를 바로 백성들의 부모라고 부른다."라고 했다.

集說 詩, 大雅泂酌之篇. 凱, 樂也. 弟, 易也. 橫者, 廣被之意. 言三無・五
至之道, 廣被於天下也. 四方將有禍敗之釁而必能先知者, 以其切於憂民, 是
以能審治亂之幾也.

번역 '시(詩)'는 『시』「대아(大雅)·형작(泂酌)」편이다.¹⁾ '개(凱)'자는 "화락하다[樂]."는 뜻이다. '제(弟)'자는 "간이하다[易]."는 뜻이다. '횡(橫)'자는 널리 미친다는 뜻이다. 즉 삼무(三無)와 오지(五至)의 도가 천하에 두루 펼쳐진다는 의미이다. 사방에 재앙과 실패의 불씨가 발생하려고 하면 반드시 먼저 그것을 알아차릴 수 있어서, 이를 통해 백성들을 구휼하는데 절실히 노력하니, 이러한 까닭으로 다스려지거나 혼란스럽게 되는 기미를 잘 살필 수 있다.

大全 嚴陵方氏曰: 禮有節, 父道也. 樂能同, 母道也. 五至, 由粗以入精, 故曰致. 三無, 自內以達外, 故曰行. 橫于天下者, 以是道廣被于天下也. 四方有敗, 必先知之, 言其道又足以幾於神也. 敗者, 成之對, 不言成而止言敗者, 蓋君子思患而豫防之, 則敗尤在乎先知之故也.

번역 엄릉방씨가 말하길, 예(禮)에는 절도가 있으니 부친의 도리에 해당한다. 악(樂)은 동화시킬 수 있으니 모친의 도리에 해당한다. '오지(五至)'는 거친 것으로부터 정밀한 것으로 진입하기 때문에 '치(致)'라고 했다. '삼무(三無)'는 내면으로부터 외면으로 통하기 때문에 '행(行)'이라고 했다. '횡우천하(橫于天下)'라는 말은 이러한 도를 천하에 두루 펼친다는 뜻이다. "사방에 실패가 있을 때, 반드시 먼저 그것을 안다."라고 했는데, 그 도는 또한 족히 신에게 가까워질 수 있음을 뜻한다. 실패[敗]는 성공[成]과 상반된 말인데, 성공을 언급하지 않고 단지 실패라고만 말한 것은 군자가 우환을 염려하여 미리 대비하게 된다면, 실패는 더욱이 먼저 알아차리는데 달려 있기 때문이다.

鄭注 凱弟, 樂易也. 原, 猶擧也. 橫, 充也. 敗, 謂禍災也.

번역 '개제(凱弟)'는 화락하고 간이하다는 뜻이다. '원(原)'자는 시행[擧]

---

1) 『시』「대아(大雅)·형작(泂酌)」: 泂酌彼行潦, 挹彼注茲, 可以饋饎. 豈弟君子, 民之父母.

을 뜻한다. '횡(橫)'자는 "가득하다[充]."는 뜻이다. '패(敗)'자는 재앙을 뜻
한다.

釋文 凱, 本又作"愷", 又作"豈", 丘在反, 注同. 弟, 本又作"悌", 徒禮反, 注
同. 樂音洛. 易, 以豉反. 灾音災.

번역 '凱'자는 판본에 따라 또한 '愷'자로도 기록하고, '豈'자로도 기록하
며, '丘(구)'자와 '在(재)'자의 반절음이고, 정현의 주에 나오는 글자도 이와
같다. '弟'자는 판본에 따라 또한 '悌'자로도 기록하며, '徒(도)'자와 '禮(례)'
자의 반절음이고, 정현의 주에 나오는 글자도 이와 같다. '樂'자의 음은 '洛
(낙)'이다. '易'자는 '以(이)'자와 '豉(시)'자의 반절음이다. '灾'자의 음은 '災
(재)'이다.

孔疏 ○正義曰: 但此篇子夏之問, 大略有二, 從此至"施于孫子", 問"民之
父母"之事; 自"三王之德, 參於天地"以下, 問三王之德何以參於天地以終篇
末. 但上節問民之父母, "以致五至而行三無", 子夏覆問2)五至三無之事. 今各
隨文解之.

번역 ○다만 이곳 「공자한거」편에서 자하가 질문한 것은 대체로 두 가
지가 있으니, 이곳 구문으로부터 "자손들에게까지 미친다."3)라는 구문까지
는 "백성들의 부모이다."에 대해 질문한 사안이다. 또 "삼왕의 덕이 천지에
참여한다."4)라고 한 구문부터는 삼왕의 덕이 어떻게 천지에 참여할 수 있

---

2) '문(問)'자에 대하여. '문'자는 본래 없던 글자인데, 완원(阮元)의 『교감기(校
   勘記)』에서는 "혜동(惠棟)의 『교송본(校宋本)』에는 '복(覆)'자 뒤에 '문'자가
   기록되어 있다."라고 했다.
3) 『예기』「공자한거」【606d】: 子夏曰, "何如?" 孔子曰, "無聲之樂, 氣志不違;
   無體之禮, 威儀遲遲; 無服之喪, 內恕孔悲. 無聲之樂, 氣志旣得; 無體之禮, 威
   儀翼翼; 無服之喪, 施及四國. 無聲之樂, 氣志旣從; 無體之禮, 上下和同; 無服
   之喪, 以畜萬邦. 無聲之樂, 日聞四方; 無體之禮, 日就月將; 無服之喪, 純德孔
   明. 無聲之樂, 氣志旣起; 無體之禮, 施及四海; 無服之喪, 施于孫子."
4) 『예기』「공자한거」【607c~d】: 子夏曰, "三王之德, 參於天地, 敢問何如斯可

느냐를 질문한 것으로, 「공자한거」편의 끝까지 내용이 이어진다. 다만 앞의 문단에서는 백성들의 부모가 되는 이유를 질문하여, "이로써 오지(五至)를 지극히 하고 삼무(三無)를 시행한다."라고 대답하고, 자하가 오지와 삼무에 대해서 재차 질문한 사안이 나타난다. 현재는 각각의 문장에 따라서 풀이하겠다.

孔疏 ●"詩云凱弟君子, 民之父母"者, 此詩·大雅·泂酌之篇, 美成王之德. 凱, 樂也. 弟, 易也. 謂成王行此樂易之德, 爲民之父母.

번역 ●經文: "詩云凱弟君子, 民之父母". ○이것은 『시』「대아(大雅)·형작(泂酌)」편의 시로, 성왕(成王)의 덕을 찬미한 것이다. '개(凱)'자는 "화락하다[樂]."는 뜻이다. '제(弟)'자는 "간이하다[易]."는 뜻이다. 즉 성왕이 이러한 화락하고 간이한 덕을 시행하여 백성들의 부모가 될 수 있었다는 의미이다.

孔疏 ●"何如斯可謂民之父母矣"者, 子夏擧此詩義而問夫子, 欲爲何事, 得爲民之父母.

번역 ●經文: "何如斯可謂民之父母矣". ○자하는 이러한 『시』의 뜻을 제시하며 공자에게 질문을 했으니, 어떠한 일을 시행해야만 백성들의 부모가 될 수 있느냐고 묻고자 한 것이다.

孔疏 ●"四方有敗, 必先知之"者, 以聖人行五至三無, 通幽達微, 無所不悉, 觀其萌兆, 觀微知著. 若見其積惡, 必知久有禍災, 故云"四方有敗, 必先知之". 若爲民父母者, 當須豫知禍害, 使民免離於禍, 故爲民之父母. 然四方有

謂參於天地矣?" 孔子曰, "奉三無私以勞天下." 子夏曰, "敢問何謂三無私?" 孔子曰, "天無私覆, 地無私載, 日月無私照. 奉斯三者以勞天下, 此之謂三無私. 其在詩曰, '帝命不違, 至於湯齊. 湯降不遲, 聖敬日齊. 昭假遲遲, 上帝是祗, 帝命式于九圍', 是湯之德也."

福, 亦先知之, 必云"四方有敗"者, 此主爲民除害爲本, 故擧"敗"言之.

번역 ●經文: "四方有敗, 必先知之". ○성인은 오지(五至)와 삼무(三無)를 시행하여 그윽하고 은미한 곳에도 달통하며 살피지 않은 것이 없고, 그 조짐을 관찰하고 은미한 것을 살펴 드러나게 될 것을 안다. 만약 잘못이 반복되는 것을 보게 된다면, 반드시 오래지않아 재앙이 닥치게 될 것을 안다. 그렇기 때문에 "사방에 재앙이 발생할 때, 반드시 앞서서 그것을 안다."라고 말한 것이다. 만약 백성들의 부모가 될 수 있는 자라면, 마땅히 재앙의 폐해를 미리 알아서 백성들로 하여금 재앙으로부터 벗어나게끔 만들어야 한다. 그렇기 때문에 백성들의 부모가 될 수 있다. 그런데 사방에 복이 생기게 된다면 이 또한 먼저 알게 되는데도, 기어코 "사방에 재앙이 발생한다."라고 말한 것은 이 문장은 백성들을 위해 폐해를 제거하는 것을 근본으로 삼는 뜻을 위주로 나타냈다. 그렇기 때문에 '패(敗)'를 제시해서 말한 것이다.

集解 愚謂: 禮樂之原, 卽下文謂"無聲之樂, 無體之禮, 無服之喪"也. 由此而推於彼, 謂之致. 由心而達於事, 謂之行. 橫於天下, 卽下文所謂"志氣塞乎天地"也. 四方有敗, 必先知之者, 惟其有憂民之實心, 而其識又足以察乎幾微也. 蓋聖人之於天下, 明於其利, 達於其患, 所以維持而安全之者, 無所不用其極, 使四海之內, 無一物不得其所, 故可以爲民之父母.

번역 내가 생각하기에, 예악의 원(原)이라는 것은 곧 아래문장에서 말한 "소리가 없는 음악, 사물이 없는 예, 상복이 없는 상"5)이다. 이것을 통해 저것에 미루어보는 것을 '치(致)'라고 부른다. 마음을 통해 외부 사안에 통하는 것을 '행(行)'이라고 한다. '횡어천하(橫於天下)'는 아래문장에서 말한 "뜻과 기운이 천지에 충만하다."6)는 의미이다. "사방에 패(敗)가 생기면 반

---

5) 『예기』「공자한거」【606a】: 子夏曰, "五至旣得而聞之矣, 敢問何謂三無?" 孔子曰, "無聲之樂, 無體之禮, 無服之喪, 此之謂三無." 子夏曰, "三無旣得略而聞之矣, 敢問何詩近之?" 孔子曰, "'夙夜其命宥密', 無聲之樂也; '威儀逮逮, 不可選也', 無體之禮也; '凡民有喪, 匍匐救之', 無服之喪也."

6) 『예기』「공자한거」【605b~c】: 子夏曰, "民之父母旣得而聞之矣, 敢問何謂五

드시 먼저 그것을 안다."라고 했는데, 다만 백성들을 불쌍히 여기는 진실된 마음을 갖추고 있다면, 그 식견은 또한 기미를 충분히 살필 수 있다. 무릇 성인은 천하에 대해서 그 이로움에 해박하고 그 우환에 대해서도 달통하였으니, 그것을 지니고 편안하고 온전히 하는 것은 지극함을 사용하지 않음이 없어, 사해 이내의 모든 것들로 하여금 하나라도 제자리를 얻지 못함이 없게 한다. 그렇기 때문에 백성들의 부모가 될 수 있다.

참고 『시』「대아(大雅) · 형작(泂酌)」

泂酌彼行潦, (형작피행료) : 멀리 저 야트막하게 흐르는 물을 떠다가,
挹彼注茲, (읍피주자) : 저기에서 떠서 이곳에 물을 대니,
可以餴饎. (가이분희) : 술밥을 씻고 익힐 수 있도다.
豈弟君子, (기제군자) : 화락하고 간이한 군자여,
民之父母. (민지부모) : 백성들의 부모로다.

泂酌彼行潦, (형작피행료) : 멀리 저 야트막하게 흐르는 물을 떠다가,
挹彼注茲, (읍피주자) : 저기에서 떠서 이곳에 물을 대니,
可以濯罍. (가이탁뢰) : 뢰(罍)를 씻을 수 있도다.
豈弟君子, (기제군자) : 화락하고 간이한 군자여,
民之攸歸. (민지유귀) : 백성들이 귀의하는 대상이로다.

泂酌彼行潦, (동작피행료) : 멀리 저 야트막하게 흐르는 물을 떠다가,
挹彼注茲, (읍피주자) : 저기에서 떠서 이곳에 물을 대니,
可以濯漑. (가이탁개) : 씻어서 깨끗하게 할 수 있도다.
豈弟君子, (기제군자) : 화락하고 간이한 군자여,
民之攸墍. (민지유기) : 백성들이 휴식을 취할 수 있는 대상이로다.

毛序 泂酌, 召康公, 戒成王也, 言皇天親有德饗有道也.

至?" 孔子曰, "志之所至, 詩亦至焉; 詩之所至, 禮亦至焉; 禮之所至, 樂亦至焉; 樂之所至, 哀亦至焉. 哀樂相生, 是故正明目而視之, 不可得而見也; 傾耳而聽之, 不可得而聞也. 志氣塞乎天地, 此之謂五至."

모서 「형작(泂酌)」편은 소강공이 성왕에게 주의를 주는 시이니, 황천
(皇天)[7]은 덕이 있는 자를 친근하게 여기고, 도가 있는 자의 제사를 흠향한
다는 뜻이다.

참고 원문비교

예기대전 · 공자한거(孔子閒居) 孔子閒居, 子夏侍. 子夏曰, "敢問, 詩云,
'凱弟君子, 民之父母', 何如斯可謂民之父母矣?" 孔子曰, "夫民之父母乎, 必
達於禮樂之原, 以致五至, 而行三無, 以橫於天下. 四方有敗, 必先知之. 此之
謂民之父母矣."

공자가어 · 논례(論禮) 子夏侍坐於孔子曰, "敢問, 詩云, '愷悌君子, 民之
父母', 何如斯可謂民之父母?" 孔子曰, "夫民之父母, 必達於禮樂之源, 以致
五至, 而行三無, 以橫於天下. 四方有敗, 必先知之, 此之謂民之父母."

---

7) 황천(皇天)은 천신(天神)을 높여 부르는 말로, 황천상제(皇天上帝)를 뜻한다.
   '황천상제'는 또한 상제(上帝), 천제(天帝) 등으로 지칭되기도 한다. 한편 '황
   천'과 '상제'를 별개의 대상으로 풀이하기도 한다.

그림 1-1 ◼ 주(周)나라 성왕(成王)

王　　成　　周

※ 출처: 『삼재도회(三才圖會)』 「인물(人物)」 1권

● 그림 1-2 ■ 뇌(罍)

※ **출처**: 좌-『삼재도회(三才圖會)』「기용(器用)」1권
상우-『삼례도집주(三禮圖集注)』14권 ; 하우-『삼례도(三禮圖)』4권

• 제 2 절 •

오지(五至)의 뜻

【605b~c】

子夏曰, "民之父母既得而聞之矣,　敢問何謂五至?" 孔子曰,
"志之所至, 詩亦至焉; 詩之所至, 禮亦至焉; 禮之所至, 樂
亦至焉; 樂之所至, 哀亦至焉. 哀樂相生, 是故正明目而視之,
不可得而見也; 傾耳而聽之, 不可得而聞也. 志氣塞乎天地,
此之謂五至."

직역 子夏가 曰, "民의 父母는 旣히 得하여 聞이나, 敢히 問하니 何를 五至라
謂합니까?" 孔子가 曰, "志가 至한 所는 詩도 亦히 至하고; 詩가 至한 所는 禮도
亦히 至하며; 禮가 至한 所는 樂도 亦히 至하고; 樂이 至한 所는 哀도 亦히 至한다.
哀와 樂이 相히 生하니, 是故로 目을 正明하여 視라도, 得하여 見함이 不可하고;
耳를 傾하여 聽이라도, 得하여 聞함이 不可하다. 志氣가 天地에 塞하니, 此를 五至
라 謂한다."

의역 자하가 말하길, "백성들의 부모가 된다는 말에 대해서는 이미 들어서 그
뜻을 알겠습니다. 그런데 감히 묻겠습니다. 무엇을 오지(五至)라고 합니까?"라고
했다. 그러자 공자는 "뜻이 이른 것은 시 또한 이르고, 시가 이른 것은 예 또한
이르며, 예가 이른 것은 악 또한 이르고, 악이 이른 것은 슬픔 또한 이른다. 슬픔과
즐거움은 상생하니, 이러한 까닭으로 눈의 봄을 바르고 밝게 하더라도 볼 수가 없
고, 귀를 기울여도 들을 수 없다. 뜻과 기운이 천지에 충만하니, 이것을 오지라고
부른다."라고 했다.

集說 五至・三無者, 至則極盛而無以復加; 無則至微而不泥於迹之謂也. 在心爲志, 發言爲詩, 志盛則言亦盛, 故曰志之所至, 詩亦至焉. 詩有美刺, 可以興起好善惡惡之心, 興於詩者必能立於禮, 故曰詩之所至, 禮亦至焉. 禮貴於序, 樂貴於和, 有其序則有其和, 無其序則無其和, 故曰禮之所至, 樂亦至焉. 樂至則樂民之生, 而哀民之死, 故曰樂之所至, 哀亦至焉. 君能如此, 故民亦樂君之生, 而哀君之死, 是哀樂相生也. 樂民之樂者, 民亦樂其樂; 憂民之憂者, 民亦憂其憂, 卽下文無聲之樂, 無服之喪, 是也. 目正視則明全, 耳傾聽則聰審, 今正視且不見, 傾聽且不聞, 是五至無體無聲, 而惟其志氣之充塞乎天地也. 塞乎天地, 卽所謂橫於天下也.

번역 '오지(五至)'와 '삼무(三無)'라고 했는데, 이르렀다면 지극하고 융성하여 재차 더할 것이 없고, 없다면 지극히 은미하여 자취에 구애되지 않음을 이른다. 마음에 있어서는 지(志)가 되는데, 그것이 말로 나타나면 시가 되니, 뜻이 융성하다면 말 또한 융성하게 된다. 그렇기 때문에 "뜻이 이른 것은 시 또한 이른 것이다."라고 했다. 시에는 찬미하는 것도 있고 비판하는 것도 있어서, 선을 좋아하고 악을 싫어하는 마음을 흥기시킬 수 있으니, 시에서 흥성한 것은 반드시 예에서도 확립할 수 있다. 그렇기 때문에 "시가 이른 것은 예 또한 이른 것이다."라고 했다. 예는 질서가 있는 것을 존귀하게 여기고, 악은 조화로운 것을 존귀하게 여기는데, 질서가 생기면 조화가 생기고, 질서가 없으면 조화도 없다. 그렇기 때문에 "예가 이른 것은 악 또한 이른 것이다."라고 했다. 악이 이르게 되면 백성들이 생활하는 것을 즐겁게 여기고, 백성들이 죽는 것을 슬프게 여긴다. 그렇기 때문에 "악이 이른 것은 슬픔 또한 이른다."라고 했다. 군주가 이처럼 할 수 있기 때문에 백성들 또한 군주가 생활하는 것을 즐겁게 여기고, 군주가 죽는 것을 슬프게 여긴다. 이것은 슬픔과 즐거움이 상생하는 것이다. 백성들이 즐거워하는 것을 즐거워한다면 백성들 또한 군주의 즐거움을 즐거워하고, 백성들의 슬픔을 슬퍼한다면 백성들 또한 군주의 슬픔을 슬퍼하니, 아래문장에서 "소리가 없는 음악, 상복이 없는 상"이라고 한 말에 해당한다. 눈은 봄을 올바르게 한다면 눈의 밝음이 온전해지고, 귀는 기울여서 듣게 된다면 총명하고 자세히 듣게 되는데, 현재 봄을 바르게 했는데도 보지 못하고, 귀를 기울여도 듣지 못한다고 했으니, 오지(五至)는 형체도 없고 소리도 없으며 오직 뜻과 기운만이 천지에 충만하기 때문이다. 천지에 가득하다는 것은 바로 "천하에 두루 펼친다."는 뜻에 해당한다.

大全 馬氏曰: 五至者, 治己之事也. 治己, 莫如志, 故以志爲先. 在心爲志, 發言爲詩, 故志之所至, 詩亦至焉. 興於詩, 則可與言, 言而履之, 禮也, 故禮亦至焉. 立於禮, 則可以行, 行而樂之, 樂也, 故樂亦至焉. 治己至於樂, 則治之至也. 治己之至, 則人所憂不可不憂, 故樂之所至, 哀亦至焉. 哀者, 有出而與民同患之意也. 哀樂相生, 自然之勢也. 哀樂相生, 妙道也. 道之妙, 則以聲色求之, 其意愈遠矣. 志氣充於中, 則其精神, 與天地往來, 而俯仰之間, 無所愧怍, 故曰志氣塞乎天地, 此之謂五至.

번역 마씨가 말하길, 오지(五至)는 자신을 다스리는 사안이다. 자신을 다스리는데 있어서 뜻만큼 중요한 것이 없다. 그렇기 때문에 뜻을 우선으로 삼는다. 마음에 있어서는 뜻이 되는데 말로 나타나면 시가 된다. 그렇기 때문에 뜻이 이른 것은 시 또한 이른 것이다. 시에서 흥성하게 되면 함께 말을 할 수 있고, 말을 하고서 실천하는 것은 예이다. 그렇기 때문에 예 또한 이른 것이다. 예에서 확립하면 시행할 수 있고, 시행하고서 즐거워하는 것은 악이다. 그렇기 때문에 악 또한 이른 것이다. 자신을 다스리는데 있어서 악에 이르게 되면, 다스림이 지극해진 것이다. 자신을 다스리는 것이 지극해지면, 사람들이 근심하는 것에 대해서 근심하지 않을 수가 없다. 그렇기 때문에 즐거움이 이른 것은 슬픔 또한 이른 것이다. 슬픔은 나타나면 백성들과 근심을 함께 하는 뜻이 있다. 슬픔과 즐거움이 상생하는 것은 자연적인 형세이다. 슬픔과 즐거움이 상생하는 것은 오묘한 도리이다. 도리가 오묘하게 된다면 소리나 형체를 통해 구하더라도 그 뜻은 더욱 요원해진다. 뜻과 기운이 내면에 충만하다면, 그 정신은 천지와 함께 왕래하고, 굽어보고 우러러보는 사이에 부끄러울 것이 없다. 그렇기 때문에 "뜻과 기운이 천지에 충만하니, 이것을 오지라고 부른다."라고 한 것이다.

鄭注 凡言"至"者, 至於民也. 志, 謂恩意也. 言君恩意至於民, 則其詩亦至也. 詩, 謂好惡之情也. 自此以下, 皆謂民之父母者, 善推其所有, 以與民共之. 人耳不能聞, 目不能見, 行之在胸心也. 塞, 滿也.

번역 무릇 '지(至)'라고 말한 것들은 백성들에게까지 이른다는 뜻이다. '지(志)'자는 은혜로운 뜻을 의미한다. 군주의 은혜로운 뜻이 백성들에게까지 미친다면, 그 시 또한 미치게 된다. '시(詩)'는 좋아하고 싫어하는 정감을 뜻한다. 이로부터 그 이하의 내용은 모두 백성들의 부모가 된 자는 갖추고 있는 것을 잘 미루어서 백성들과 함께 공유하는 것을 뜻한다. 사람들의 귀로는 들을 수 없고 눈으로도 볼 수 없으니, 그것을 시행하는 것은 마음에 달려 있기 때문이다. '색(塞)'자는 "충만하다[滿].''는 뜻이다.

釋文 哀樂音洛, 舊音岳. 頃耳, 音傾. 好惡並如字, 一音上呼報反, 下烏路反.

번역 '哀樂'의 '樂'자는 그 음이 '洛(낙)'이며, 구음(舊音)은 '岳(악)'이다. '頃耳'의 '頃'자는 그 음이 '傾(경)'이다. '好'와 '惡'는 모두 글자대로 읽는데, 다른 음은 '好'는 '呼(호)'자와 '報(보)'자의 반절음이며, '惡'는 '烏(오)'자와 '路(로)'자의 반절음이다.

孔疏 ●"敢問"至"五至". ○正義曰: 此經子夏問"五至"之事, 孔子爲說"五至"之理.

번역 ●經文: "敢問"~"五至". ○이곳 경문은 자하가 오지(五至)의 사안을 질문하자, 공자가 오지의 이치를 설명해준 내용에 해당한다.

孔疏 ●"志之所至, 詩亦至焉"者, "志", 謂君之恩意之至, "所至", 謂恩意至極於民. 詩者, 歌詠歡樂也. 君之恩意旣至於民, 故詩之歡樂亦至極於民.

번역 ●經文: "志之所至, 詩亦至焉". ○'지(志)'자는 군주의 은혜로운 뜻

이 지극한 것을 의미하며, '소지(所至)'는 은혜로운 뜻이 백성들에게까지 지극함이 미친 것을 뜻한다. '시(詩)'자는 노래하고 읊조리며 즐거워하는 것을 뜻한다. 군주의 은혜로운 뜻이 이미 백성들에게까지 미쳤기 때문에, 시에 나타나는 즐거움 또한 백성들에게까지 지극함이 미친 것이다.

孔疏 ●"詩之所至, 禮亦至焉"者, 君旣能歡樂至極於民, 則以禮接下, 故禮亦至極於民焉.

번역 ●經文: "詩之所至, 禮亦至焉". ○군주가 이미 즐거워함을 백성들에게까지 지극함이 미칠 수 있다면, 예(禮)를 통해 아랫사람들을 접하기 때문에 예 또한 백성들에게까지 지극함이 미치는 것이다.

孔疏 ●"禮之所至, 樂亦至焉"者, 旣禮能至極於民, 必爲民之所樂, 故樂亦至極於民焉.

번역 ●經文: "禮之所至, 樂亦至焉". ○이미 예(禮)를 통해 백성들에게까지 지극함이 미칠 수 있다면, 반드시 백성들이 즐거워하는 것을 시행하게 된다. 그렇기 때문에 즐거움 또한 백성들에게까지 지극함이 미치는 것이다.

孔疏 ●"樂之所至, 哀亦至焉"者, 君旣與民同其歡樂, 若民有禍害, 則能悲哀憂恤, 至極於下, 故云"哀亦至焉".

번역 ●經文: "樂之所至, 哀亦至焉". ○군주가 이미 백성들과 즐거움을 함께 하니, 만약 백성들에게 재앙과 피해가 발생한다면, 슬퍼하고 구휼함을 아랫사람들에게까지 지극함이 미치게 할 수 있다. 그렇기 때문에 "슬픔 또한 미친다."라고 했다.

孔疏 ●"哀樂相生"者, 言哀生於樂, 故上云"樂之所至, 哀亦至焉". 凡物先

生而後死, 故先樂而後哀, 哀極則生於樂, 是亦樂生於哀, 故云"哀樂相生". 此
言哀之與樂, 及志與詩・禮, 凡此五者, 皆與民共之.

번역 ●經文: "哀樂相生". ○슬픔은 즐거움을 통해 생겨나기 때문에 앞
에서 "즐거움이 미친 것은 슬픔 또한 미친 것이다."라고 했다. 무릇 사물은
먼저 태어나고 이후에 죽는다. 그렇기 때문에 앞서 즐거워하고 뒤에 슬퍼
하게 되는데, 슬픔이 지극해지면 즐거움에서 그 마음이 생겨난다. 이것은
또한 즐거움이 슬픔에서 생겨남을 뜻한다. 그렇기 때문에 "슬픔과 즐거움
이 상생한다."라고 했다. 여기에서는 슬픔과 즐거움 및 뜻・시・예를 말했
는데, 이러한 다섯 가지를 모두 백성들과 함께 하는 것이다.

孔疏 ●"是故正明目而視之, 不可得而見也. 傾耳而聽之, 不可得而聞也"
者, 以此五者, 君與民上下同有, 感之在於胸心, 外無形聲, 故目不得見, 耳不
得聞.

번역 ●經文: "是故正明目而視之, 不可得而見也. 傾耳而聽之, 不可得而
聞也". ○이러한 다섯 가지를 군주와 백성 및 상하계층이 동일하게 가지고
있고, 그것을 느끼는 것은 마음에 달려 있으며, 외적으로 드러나는 형체나
소리가 없다. 그렇기 때문에 눈으로는 볼 수 없고 귀로는 들을 수 없다.

孔疏 ●"志氣塞乎天地"者, 塞, 滿也. 人君旣與民五事齊同, 上下俱有, 是
人君志氣塞滿天地.

번역 ●經文: "志氣塞乎天地". ○'색(塞)'자는 "충만하다[滿]."는 뜻이다.
군주는 이미 백성들과 다섯 가지 사안들을 동일하게 하고, 상하계층이 모
두 갖추고 있으니, 이것은 군주의 뜻과 기운이 천지에 충만한 것을 뜻한다.

孔疏 ●"此之謂五至"者, 所以能致如此者, 由行五至之道, 故云"此之謂五
至".

[번역] ●經文: "此之謂五至". ○이와 같은 것들을 지극히 할 수 있는 것은 오지(五至)의 도를 시행하는 것으로부터 연유한다. 그렇기 때문에 "이것을 오지라고 부른다."라고 했다.

[孔疏] ◎注"凡言"至"心也". ○正義曰: 云"凡言至"者, 謂經中五事至者也. 云"至於民也"者, 君行五事, 至極於民. 云"志謂恩意也"者, 但志兼善惡, 此至下極於民, 故知是恩意也. 云"詩謂好惡之情也"者, 詩者詠歌, 所好者則美之, 所惡者則刺之, 是詩有好惡之情也. 君之爲民, 上下共同, 故經云"詩亦至焉". 云"自此以下, 皆謂民之父母"者, 謂自此志之所至以下五事, 皆是民之父母所行也. 云"善推其所有, 以與民共之"者, 謂推其己之所有, 亦欲民之俱有. 若己欲恩愛, 民亦欲恩愛. 己有好惡, 民亦有好惡. 己欲禮樂, 民亦欲禮樂. 己欲哀恤, 民亦欲哀恤. 是推己所有, 與民共之也.

[번역] ◎鄭注: "凡言"~"心也". ○정현이 '무릇 지(至)라고 말한 것들'이라고 했는데, 경문에 나오는 다섯 가지 사안의 지(至)를 뜻한다. 정현이 "백성들에게까지 이른다는 뜻이다."라고 했는데, 군주가 다섯 가지 사안을 시행하여, 백성들에게까지 지극함이 미쳤다는 뜻이다. 정현이 "'지(志)'자는 은혜로운 뜻을 의미한다."라고 했는데, 지(志)에는 선과 악이 함께 포함되어 있지만 이것이 지극해져서 아래로 백성들에게까지 지극함이 미쳤기 때문에, 이것이 은혜로운 뜻이 됨을 알 수 있다. 정현이 "'시(詩)'는 좋아하고 싫어하는 정감을 뜻한다."라고 했는데, 시는 읊조리고 노래하는 것이니, 좋아하는 대상이라면 찬미하고 싫어하는 대상이라면 풍자한다. 이것은 시에 좋아하고 싫어하는 정감이 포함됨을 뜻한다. 군주가 백성들을 위하니 상하 계층이 모두 함께 한다. 그렇기 때문에 경문에서 "시 또한 미친다."라고 말한 것이다. 정현이 "이로부터 그 이하의 내용은 모두 백성들의 부모가 된 자를 의미한다."라고 했는데, 이러한 지(志)가 미치는 것으로부터 그 이하의 다섯 가지 사안들은 모두 백성들의 부모인 자가 시행하는 것들이라는 뜻이다. 정현이 "갖추고 있는 것을 잘 미루어서 백성들과 함께 공유한다."라고 했는데, 자신이 갖추고 있는 것을 미루는 것 또한 백성들과 함께 갖추

고자 한다는 뜻이다. 만약 자신이 은혜롭고 친애하고자 한다면 백성들 또
한 은혜롭고 친애하고자 한다. 그리고 자신이 좋아함과 싫어함을 갖추고
있다면 백성들 또한 좋아함과 싫어함을 갖추고 있다. 자신이 예악을 시행
하고자 한다면 백성들 또한 예악을 시행하고자 한다. 자신이 슬퍼하고 구
휼하고자 한다면 백성들 또한 슬퍼하고 구휼하고자 한다. 이것이 자신이
갖춘 것을 미루어서 백성들과 함께한다는 뜻이다.

訓纂 呂與叔曰: 志者, 心之所之也. 詩以道志者也. 故曰"志之所至, 詩亦
至焉." 興於詩, 則必立於禮, 故曰"詩之所至, 禮亦至焉." 立於禮, 則必成於樂,
故曰"禮之所至, 樂亦至焉." 樂者, 樂也. 樂極則悲來, 故曰"樂之所至, 哀亦至
焉." 哀樂相生者也.

번역 여여숙[1]이 말하길, 지(志)는 마음이 가는 바이다. 시(詩)는 뜻을
인도하는 것이다. 그렇기 때문에 "뜻이 이른 것은 시 또한 이른 것이다."라
고 했다. 시에서 흥성하면 반드시 예에서도 확립한다. 그렇기 때문에 "시가
이른 것은 예 또한 이른 것이다."라고 했다. 예에서 확립한다면 반드시 악
에서도 완성한다.[2] 그렇기 때문에 "예가 이른 것은 악 또한 이른 것이다."
라고 했다. 악이라는 것은 즐거워함이다. 즐거움이 지극해지면 슬픔이 도래
한다. 그렇기 때문에 "즐거움이 이른 것은 슬픔 또한 이른 것이다."라고 했
다. 이것이 바로 슬픔과 즐거움이 상생한다는 뜻이다.

集解 愚謂: 在心爲志, 發言爲詩, 旣有憂民之心存於內, 則必有憂民之言
形於外, 故詩亦至焉. 旣有憂民之言, 則必有以踐之, 而有治民之禮, 故禮亦至
焉. 旣有禮以節之, 則必有樂以和之, 故樂亦至焉. 樂者, 樂也. 旣與民同其樂,

---

1) 남전여씨(藍田呂氏, A.D.1040~A.D.1092) : =여대림(呂大臨)·여씨(呂氏)·
   여여숙(呂與叔). 북송(北宋) 때의 학자이다. 이름은 대림(大臨)이고, 자(字)는
   여숙(與叔)이며, 호(號)는 남전(藍田)이다. 장재(張載) 및 이정(二程)형제에게
   서 수학하였다. 저서로는 『남전문집(藍田文集)』 등이 있다.
2) 『논어』「태백(泰伯)」: 子曰, "興於詩, 立於禮, 成於樂."

則必與民同其哀, 故哀亦至焉. 五者本乎一心, 初非見聞之所能及, 而其志氣
之發, 充滿乎天地而無所不至, 故謂之五至.

번역 내가 생각하기에, 마음에 있는 것은 뜻이 되고 말로 나타내면 시가
되는데, 이미 백성들을 근심하는 마음이 내면에 있다면, 반드시 백성들을
근심하는 말도 겉으로 드러나게 된다. 그렇기 때문에 시 또한 이르게 된다.
이미 백성들을 근심하는 말을 했다면, 반드시 그것을 실천하여 백성들을
다스리는 예가 발생한다. 그렇기 때문에 예 또한 이르게 된다. 이미 예를
통해 절제했다면, 반드시 악을 통해 조화롭게 한다. 그렇기 때문에 악 또한
이르게 된다. 악이라는 것은 즐거워함이다. 이미 백성들과 즐거움을 함께
누린다면, 반드시 백성들과 슬픔도 함께하게 된다. 그렇기 때문에 슬픔 또
한 이르게 된다. 다섯 가지는 동일한 마음에 근본을 두고 있어서, 애초에
보고나 들을 수 있는 것이 아니며, 뜻과 기운이 나타나서 천지에 충만하여
미치지 못하는 것이 없기 때문에, 이것을 '오지(五至)'라고 부른다.

참고 원문비교

예기대전 · 공자한거(孔子閒居)   子夏曰, "民之父母既得而聞之矣, 敢問
何謂五至?" 孔子曰, "志之所至, 詩亦至焉; 詩之所至, 禮亦至焉; 禮之所至,
樂亦至焉; 樂之所至, 哀亦至焉. 哀樂相生, 是故正明目而視之, 不可得而見
也; 傾耳而聽之, 不可得而聞也. 志氣塞乎天地, 此之謂五至."

공자가어 · 논례(論禮)   子夏曰, "敢問何謂五至?" 孔子曰, "志之所至, 詩
亦至焉; 詩之所至, 禮亦至焉; 禮之所至, 樂亦至焉; 樂之所至, 哀亦至焉. 詩
禮相成, 哀樂相生, 是以正明目而視之, 不可得而見; 傾耳而聽之, 不可得而
聞. 志氣塞于天地, 行之克於四海, 此之謂五至矣."

• 제 3 절 •

삼무(三無)의 뜻

【606a】

子夏曰, "五至旣得而聞之矣, 敢問何謂三無?" 孔子曰, "無聲之樂, 無體之禮, 無服之喪, 此之謂三無." 子夏曰, "三無旣得略而聞之矣, 敢問何詩近之?" 孔子曰, "'夙夜其命宥密', 無聲之樂也; '威儀逮逮, 不可選也', 無體之禮也; '凡民有喪, 匍匐救之', 無服之喪也."

직역 子夏가 曰, "五至는 旣히 得하여 聞이나, 敢히 問하니 何를 三無라 謂합니까?" 孔子가 曰, "聲이 無한 樂, 體가 無한 禮, 服이 無한 喪이니, 此를 三無라 謂한다." 子夏가 曰, "三無는 旣히 得하여 略하여 聞이나, 敢히 問하니 何詩가 近합니까?" 孔子가 曰, "'夙夜로 命을 其하여 宥密이라', 聲이 無한 樂이고; '威儀가 逮逮하니, 選이 不可라', 體가 無한 禮이며; '凡民에 喪이 有하면, 匍匐하여 救라', 服이 無한 喪이다."

의역 자하가 말하길, "오지(五至)에 대해서는 이미 들어서 그 뜻을 알겠습니다. 그런데 감히 묻겠습니다. 무엇을 삼무(三無)라고 합니까?"라고 했다. 그러자 공자는 "소리가 없는 악(樂), 사물이 없는 예(禮), 상복이 없는 상(喪)이 바로 삼무이다."라고 했다. 자하는 계속하여, "삼무에 대해서는 이미 대략적인 내용을 들어서 알겠습니다. 그런데 감히 묻겠습니다. 어떠한 시가 삼무에 가깝습니까?"라고 했다. 그러자 공자는 "'밤낮으로 천명의 기틀을 세워 관대하고 편안하게 한다.'라고 했는데, 이것이 바로 소리가 없는 악을 비유한다. '위엄스러운 거동이 융성하고 융성하니, 가릴 수가 없구나.'라고 했는데, 이것이 바로 사물이 없는 예를 비유한다. '백성

들 중에 상사가 생기면 다급히 찾아가서 도와주는구나.'라고 했는데, 이것이 바로
상복이 없는 상을 비유한다."라고 했다.

集說 夙, 早也. 基, 始也. 宥, 寬也. 密, 寧也. 周頌昊天有成命篇, 言文王武
王夙夜憂勤, 以肇基天命, 惟務行寬靜之政以安民, 夫子以喩無聲之樂者, 言
人君政善, 則民心自然喜悅, 不在於鐘鼓管絃之聲也. 逮逮, 詩作棣棣, 盛也.
選, 擇也. 邶風栢舟之篇, 言仁人威儀之盛, 自有常度, 不容有所選擇, 初不待
因物以行禮而後可見, 故以喩無體之禮也. 手行爲匍, 伏地爲匐, 邶風谷風之
篇, 言凡人有死喪之禍, 必汲汲然往救助之, 此非爲有服屬之親, 特周救其急
耳, 故以喩無服之喪也.

번역 '숙(夙)'자는 아침[早]이라는 뜻이다. '기(基)'자는 "시작하다[始]."
는 뜻이다. '유(宥)'자는 "관대하다[寬]."는 뜻이다. '밀(密)'자는 "편안하다
[寧]."는 뜻이다. 『시』「주송(周頌) · 호천유성명(昊天有成命)」편으로,1) 문
왕과 무왕이 밤낮으로 근심하고 노력하여 천명의 기틀을 세우고, 오직 관
대하고 안정된 정사를 시행하는데 힘써서 백성들을 편안하게 했다는 뜻이
니, 공자는 이를 통해 소리가 없는 음악을 비유한 것이다. 즉 군주가 시행하
는 정치가 선하다면, 백성들의 마음은 자연히 기뻐하게 되니, 이러한 것들
은 종이나 북 관악기나 현악기의 소리에 달려있지 않다는 의미이다. '체체
(逮逮)'를 『시』에서는 체체(棣棣)라고 기록했으니, 융성하다는 뜻이다. '선
(選)'자는 "가리다[擇]."는 뜻이다. 『시』「패풍(邶風) · 백주(栢舟)」편으로,2)
인(仁)한 자의 위엄스러운 거동은 융성하여 그 자체로 일정한 법도가 있으
니, 가려서 뽑을 것 자체가 없고, 애초에 어떤 사물에 따라 예를 시행한
이후에야 볼 수 있는 것을 기다리지 않는다. 그렇기 때문에 이를 통해 사물
이 없는 예를 비유한 것이다. 손으로 기는 것은 '포(匍)'가 되고 땅에 엎드리

---

1) 『시』「주송(周頌) · 호천유성명(昊天有成命)」: 昊天有成命, 二后受之. 成王不
敢康, <u>夙夜基命宥密</u>. 於緝熙, 單厥心. 肆其靖之.
2) 『시』「패풍(邶風) · 백주(栢舟)」: 我心匪石, 不可轉也. 我心匪席, 不可卷也. <u>威
儀棣棣, 不可選也</u>.

는 것은 '복(葍)'이 되며, 『시』「패풍(邶風)·곡풍(谷風)」편으로,[3] 사람에게
상사의 재앙이 발생하면 반드시 다급히 찾아가서 도와주어야 한다는 뜻이
고, 이것은 상복관계에 속한 친족이 아니더라도 단지 그의 다급함을 두루
구원해야 함을 뜻한다. 그렇기 때문에 이를 통해 상복이 없는 상을 비유한
것이다.

大全 藍田呂氏曰: 先儒, 謂此三者, 皆行之在心, 外無形狀, 故稱無也. 蓋
樂必有聲, 其無聲者, 非樂之器, 乃樂之道也. 禮必有體, 其無體者, 非禮之文,
乃禮之本也. 喪必有服, 其無服者, 非喪之事, 乃喪之理也. 則此三者, 行之在
心, 外無形狀, 可知也.

번역 남전여씨가 말하길, 선대 학자들은 이 세 가지는 모두 시행하는
것이 마음에 달려 있어서, 외적으로 드러나는 형상이 없기 때문에 '무(無)'
라고 지칭한다고 했다. 무릇 악(樂)에는 반드시 소리가 있으니, 소리가 없
다는 것은 악의 기물들이 아니며 곧 악의 도에 해당한다. 예(禮)에는 반드
시 사물이 있으니, 사물이 없다는 것은 예의 형식이 아니며 곧 예의 본질이
다. 상(喪)에는 반드시 상복이 있으니, 상복이 없다는 것은 상의 구체적 사
안이 아니며 곧 상의 이치이다. 따라서 이 세 가지 것들을 시행하는 것은
마음에 달려 있고, 외적으로 드러나는 형상이 없음을 알 수 있다.

大全 臨川吳氏曰: 所謂禮樂之原, 非眞有形而後爲禮, 有聲而後爲樂, 有
喪服而後爲哀, 故以三無言之.

번역 임천오씨가 말하길, 이른바 예악의 원(原)이라는 것은 진실로 형
체가 있은 뒤에야 예(禮)가 되고, 소리가 있은 뒤에야 악(禮)이 되며, 상복
이 있은 뒤에야 슬픔이 되는 것이 아니다. 그렇기 때문에 '삼무(三無)'라고
말했다.

---

3) 『시』「패풍(邶風)·곡풍(谷風)」: 就其深矣, 方之舟之. 就其淺矣, 泳之游之. 何
有何亡, 黽勉求之. <u>凡民有喪, 匍匐救之.</u>

鄭注 於意未察, 求其類於詩. 詩長人情. 詩讀"其"爲"基", 聲之誤也. 基, 謀也. 密, 静也. 言君夙夜謀爲政教以安民, 則民樂之, 此非有鐘鼓之聲也. 逮逮, 安和之貌也. 言君之威儀, 安和逮逮然, 則民倣之, 此非有升降揖讓之禮也. "救之", 賙恤之, 言君於民有喪, 有以賙恤之, 則民倣之, 此非有衰経之服.

번역 그 뜻에 대해 아직 완전히 깨닫지 못하여 『시』에서 비슷한 의미를 찾고자 한 것이다. 시는 사람의 정감을 노래한 것이다. 『시』에서는 '기(其)'자를 '기(基)'자로 풀이했으니, 소리가 비슷해서 생긴 오류이다. '기(基)'자는 "도모하다[謀]."는 뜻이다. '밀(密)'자는 "고요하다[静]."는 뜻이다. 즉 군주가 밤낮으로 도모하여 정사를 시행하고 이를 통해 백성들을 편안하게 만든다면, 백성들이 즐거워하게 되는데, 이것은 종이나 북의 소리가 있는 악(樂)이 아니라는 뜻이다. '체체(逮逮)'는 편안하고 화락한 모습을 뜻한다. 즉 군주의 위엄스러운 거동이 편안하고 화락하다면, 백성들은 그것을 본받게 되는데, 이것은 오르고 내리며 읍(揖)하고 사양하는 구체적 예절이 있는 예(禮)가 아니라는 뜻이다. '구지(救之)'는 구휼한다는 뜻이니, 군주가 백성들에게 발상한 상사에 대해 구휼하게 된다면, 백성들이 그것을 본받게 되는데, 이것은 최질(衰経)과 같은 상복이 있는 상(喪)이 아니라는 뜻이다.

釋文 近, 附近之近. 長, 丁丈反. 其命, 依注音基. 宥音又. 逮, 大計反, 注同. 選, 宣面反. 匍音扶, 又音蒲. 匐音服, 又蒲北反. 倣, 胡孝反. 賙音周. 哀, 七雷反. 経, 大結反.

번역 '近'자는 '부근(附近)'이라고 할 때의 '近'이다. '長'자는 '丁(정)'자와 '丈(장)'자의 반절음이다. '其命'에서의 '命'자는 정현의 주에 따르면 그 음은 '基(이)'이다. '宥'자의 음은 '又(우)'이다. '逮'자는 '大(대)'자와 '計(계)'자의 반절음이며, 정현의 주에 나오는 글자도 그 음이 이와 같다. '選'자는 '宣(선)'자와 '面(면)'자의 반절음이다. '匍'자의 음은 '扶(부)'이며, 또한 그 음은 '蒲(포)'도 된다. '匐'자의 음은 '服(복)'이며, 또한 그 음은 '蒲(포)'자와 '北(북)'자의 반절음도 된다. '倣'자는 '胡(호)'자와 '孝(효)'자의 반절음이다.

‘賙’자의 음은 ‘周(주)’이다. ‘哀’자는 ‘七(칠)’자와 ‘雷(뢰)’자의 반절음이다.
‘経’자는 ‘大(대)’자와 ‘結(결)’자의 반절음이다.

孔疏 ●“敢問”至“喪也”. ○正義曰: 此一節子夏問三無之事, 夫子答以三
無. 子夏意猶未曉, 更問“何詩近之”, 夫子答以所近之詩, 以開子夏之意.

번역 ●經文: “敢問”~“喪也”. ○이곳 문단은 자하가 삼무(三無)의 사안
을 질문하여, 공자가 삼무에 대해 답해준 것이다. 자하는 그 뜻을 깨우치지
못했으므로, 재차 질문하여 “어떤 시가 그에 가깝습니까?”라고 한 것이고,
공자는 근접한 내용을 가진 시로 답변을 해주어 자하의 생각을 깨우쳐준
것이다.

孔疏 ●“無聲之樂, 無體之禮, 無服之喪”, 此三者皆謂行之在心, 外無形
狀, 故稱“無”也.

번역 ●經文: “無聲之樂, 無體之禮, 無服之喪”. ○여기에 나온 세 가지는
모두 시행하는 것이 마음에 달려 있고 외적으로 드러나는 형상이 없다. 그
렇기 때문에 ‘무(無)’라고 지칭했다.

孔疏 ●“孔子曰: 夙夜其命宥密, 無聲之樂也”者, 此詩·周頌·昊天有成
命之篇. 其詩云: 在上昊天, 有成實之命. “二后受之”, 謂文武二君承受之. “成
王不敢康”, 言文·武成此王功, 不敢康寧. “夙夜基命宥密”者, 夙, 早也; 夜,
暮也; 基, 始也; 命, 信也; 宥, 寬⁴⁾也; 密, 靜也, 言文·武早暮始信順天命, 行
寬弘仁靜之化. 今此言以“基”爲“謀”, 言早夜謀爲政教於國, 民得寬和寧靜,
民喜樂之. 於是無鐘鼓之聲而民樂, 故爲無聲之樂也.

번역 ●經文: “孔子曰: 夙夜其命宥密, 無聲之樂也”. ○이것은『시』「주송

---

4) ‘관(寬)’자에 대하여.『십삼경주소(十三經注疏)』북경대 출판본에서는 “‘관’자
는 본래 ‘과(寡)’자로 기록되어 있었는데,『예기훈찬(禮記訓纂)』의 기록에 따
라 수정하였다.”라고 했다.

(周頌)·호천유성명(昊天有成命)」이라는 편이다. 그 시에서는 천상에 있는 호천(昊天)[5]은 완성되고 진실된 명을 갖추고 있다고 했다. 그리고 "두 임금이 그것을 받았다."라고 했으니, 문왕과 무왕이 그것을 받들었다는 뜻이다. "왕업을 이루었는데도 감히 편안히 있지 않았다."라고 했는데, 문왕과 무왕이 이러한 왕업을 완성하였지만, 감히 편안히 있지 않았다는 뜻이다. "밤낮으로 천명을 믿기 시작하여 관대하고 안정되게 했다."라고 했는데, '숙(夙)'자는 아침[早]이라는 뜻이며, '야(夜)'자는 밤[暮]이라는 뜻이고, '기(基)'자는 "시작하다[始]."는 뜻이며, '명(命)'자는 "믿다[信]."는 뜻이고, '유(宥)'자는 "관대하다[寬]."는 뜻이며, '밀(密)'자는 "고요하다[靜]."는 뜻이다. 즉 문왕과 무왕은 밤낮으로 천명을 믿기 시작했고, 관대하고 인자하며 안정된 교화를 시행했다는 뜻이다. 현재 이곳에서는 '기(基)'자를 "도모하다[謀]."는 뜻으로 풀이했으니, 나라에 정치와 교화를 시행하고자 밤낮으로 도모하여, 백성들이 관대하고 온화하며 안정되고 고요함을 얻게 되고, 백성들이 기뻐하며 즐거워했다는 뜻이다. 이때에는 종이나 북을 치는 소리가 없는데도 백성들이 즐거워했기 때문에, 소리가 없는 음악의 뜻이 된다.

孔疏 ●"威儀逮逮, 不可選也"者, 此詩·邶風·柏舟之篇, 刺衛頃公之詩.

---

5) 호천상제(昊天上帝)는 호천(昊天)과 상제(上帝)로 구분하여 해석하기도 하며, '호천상제'를 하나의 용어로 해석하기도 한다. 후자의 경우 '호천'이라는 말은 '상제'를 수식하는 말이다. 고대에는 축호(祝號)라는 것을 지어서 제사 때의 용어를 수식어로 꾸미게 되는데, '호천상제'의 경우는 '상제'에 대한 축호에 해당하며, 세분하여 설명하자면 신(神)의 명칭에 수식어를 붙이는 신호(神號)에 해당한다. 『예기』「예운(禮運)」편에는 "作其祝號, 玄酒以祭, 薦其血毛, 腥其俎, 孰其殽."라는 기록이 있고, 이에 대한 진호(陳澔)의 주에서는 "作其祝號者, 造爲鬼神及牲玉美號之辭. 神號, 如昊天上帝."라고 풀이했다. '호천'과 '상제'로 풀이할 경우, '상제'는 만물을 주재하는 자이며, '상천(上天)'이라고도 불렀다. 고대인들은 길흉(吉凶)과 화복(禍福)을 내릴 수 있는 능력을 갖추고 있었다고 생각하였다. 한편 '상제'는 오행(五行) 관념에 따라 동·서·남·북·중앙의 구분이 생기면서, 천상을 각각 나누어 다스리는 오제(五帝)로 설명되기도 한다. '호천'의 경우 천신(天神)을 뜻하는데, '상제'와 비슷한 개념이다. '호천'을 '상제'보다 상위의 개념으로 해석하여, 오제 위에서 군림하는 신으로 해석하는 경우도 있다.

言仁人不遇, 其"威儀逮逮"然安和, 不可選數. 有威可畏, 有儀可象, 民則傚之,
非有升降揖讓之禮, 故爲無體之禮也.

[번역] ●經文: "威儀逮逮, 不可選也". ○이것은 『시』「패풍(邶風)·백주
(柏舟)」라는 편이니, 위(衛)나라 경공(頃公)에 대해 풍자한 시이다. 즉 인
(仁)한 자가 때를 만나지 못하여, "위엄스러운 거동이 편안하고 화락하다."
라고 했던 것처럼 안정되고 화락했지만, 선발이 되지 못했다는 뜻이다. 남
들이 외경할 정도의 위엄을 갖추고, 남들이 본받을 정도의 격식을 갖췄다
면, 백성들은 그를 본받게 되는데, 이것은 오르고 내리며 읍(揖)하고 사양
하는 구체적 예절이 있는 것이 아니다. 그렇기 때문에 사물이 없는 예(禮)
의 뜻이 된다.

[孔疏] ●"凡民有喪, 匍匐救之"者, 此詩·邶風·谷風之篇, 婦人怨夫棄薄
之辭也. 言凡人之家有死喪, 鄰里匍匐往救助之. 此記謂人君見民有死喪, 則
匍匐往賙敬之. 民皆倣傚之, 此非有衰絰之服, 故云"無服之喪"也.

[번역] ●經文: "凡民有喪, 匍匐救之". ○이것은 『시』「패풍(邶風)·곡풍
(谷風)」이라는 편이니, 부인이 남편에 대해 내치고 야박하게 구는 것을 원
망하는 말이다. 즉 남의 가정에 상사가 발생하면, 이웃에서는 다급히 찾아
와서 도와준다는 의미이다. 이곳『예기』의 기록은 군주가 백성들에게 상사
가 발생하면, 다급히 찾아와서 도와주고 공경스럽게 대한다고 했다. 이처럼
하게 되면 백성들은 모두 그를 본받게 되는데, 이것은 최질(衰絰)과 같은
상복이 있는 것이 아니다. 그렇기 때문에 "상복이 없는 상(喪)이다."라고
했다.

[集解] 無聲之樂, 謂心之和而無待於聲也. 無體之禮, 謂心之敬而無待於事
也. 無服之喪, 謂心之至誠惻怛而無待於服也. 三者存乎心, 由是而之焉則爲
志, 發焉則爲詩, 行之則爲禮·爲樂·爲哀, 而無所不至. 蓋五至者禮樂之實,
而三無者禮樂之原也. 宥, 宏深也. 密, 靜謐也. 其, 詩作"基". 基者, 積累於下,

以承籍乎上者也. 此詩周頌昊天有成命之篇, 言成王夙夜積德, 以承藉乎天命者甚宏深而靜謐, 無聲之樂之意也. 逮逮, 詩作"棣棣", 閑習之意. 此詩邶風柏舟之篇, 言仁人之威儀無不閑習, 而不可選擇, 無體之禮之意也. 匍匐, 手足並行之貌. 此詩邶風谷風之篇, 言凡民非於己有親屬, 然聞其喪則匍匐而往救, 無服之喪之意也.

번역 소리가 없는 악(樂)은 마음이 조화로워서 소리를 통해 드러낼 필요가 없다는 뜻이다. 본체가 없는 예(禮)는 마음이 공경스러워서 일을 통해 드러낼 필요가 없다는 뜻이다. 상복이 없는 상(喪)은 마음이 지극히 정성되고 슬퍼하여 상복을 통해 드러낼 필요가 없다는 뜻이다. 세 가지는 마음에 달려 있고, 이를 통해 미루게 되면 뜻이 되고, 그것을 드러내면 시가 되며, 그것을 시행하면 예·악·슬픔이 되어, 이르지 못하는 곳이 없게 된다. 무릇 오지(五至)는 예악의 실질이 되고 삼무(三無)는 예악의 근원이 된다. '유(宥)'는 넓고 깊다는 뜻이다. '밀(密)'자는 고요하고 편안하다는 뜻이다. '기(其)'자를 『시』에서는 '기(基)'자로 기록했다. '기(基)'라는 것은 아래부터 차곡차곡 쌓아서 위를 받들게 되는 것이다. 이 『시』는 「주송(周頌)·호천유성명(昊天有成命)」편으로, 성왕이 밤낮으로 덕을 쌓아서 천명을 받든 것이 넓고도 깊고 고요하고 편안하다는 뜻이니, 소리가 없는 악의 뜻에 해당한다. '체체(逮逮)'를 『시』에서는 '체체(棣棣)'로 기록했으니, 아름답고 익숙하다는 뜻이다. 이 『시』는 「패풍(邶風)·백주(柏舟)」편으로, 인자한 자의 위엄스러운 거동은 아름답거나 익숙하지 않은 것이 없어서, 선택하고 가릴 수 없다는 뜻이니, 본체가 없는 예의 뜻에 해당한다. '포복(匍匐)'은 손과 발을 모두 모두 움직이는 모습이다. 이 『시』는 「패풍(邶風)·곡풍(谷風)」편으로, 백성들은 자신에게 있어 친족관계가 없지만, 그들의 상사 소식을 듣게 된다면 포복을 하듯 다급히 찾아가서 도와준다는 뜻이니, 상복이 없는 상의 뜻에 해당한다.

참고 『시』「주송(周頌)·호천유성명(昊天有成命)」

昊天有成命, (호천유성명) : 호천이 이룬 명이 있으신데,
二后受之. (이후수지) : 두 임금께서 그것을 받으셨도다.
成王不敢康, (성왕불감강) : 성왕께서 감히 편안히 있지 못하셔서,
夙夜基命宥密. (숙야기명유밀) : 밤낮으로 비로소 천명을 믿고 따르셨도다.
於緝熙, (오즙희) : 오! 광대하게 빛나는구나,
單厥心, (단궐심) : 그 마음을 두터이 하시니,
肆其靖之. (사기정지) : 그러므로 조화롭게 하셨도다.

毛序 昊天有成命, 郊祀天地也.

모서 「호천유성명(昊天有成命)」편은 천지에게 교사(郊社)를 지내는 것을 읊은 시이다.

참고 『시』「패풍(邶風)·백주(柏舟)」

汎彼柏舟, (범피백주) : 흘러가는 저 측백나무 배여,
亦汎其流. (역범기류) : 또한 도도하게 흘러가는구나.
耿耿不寐, (경경불매) : 불안하고 두려워 잠을 이루지 못하니,
如有隱憂. (여유은우) : 마치 아픔과 근심이 있는 것 같구나.
微我無酒, (미아무주) : 나에게 술이 없어서
以敖以遊. (이오이유) : 즐기며 근심을 잊을 수 있는 것이 아니니라.

我心匪鑒, (아심비감) : 내 마음은 거울과 같지 않아서,
不可以茹. (불가이여) : 헤아릴 수가 없구나.
亦有兄弟, (역유형제) : 또한 형제가 있으나,
不可以據. (불가이거) : 의지할 수가 없구나.
薄言往愬, (박언왕소) : 다급하고 분주히 찾아가서 하소연을 했으나,
逢彼之怒. (봉피지노) : 형제의 분노만 샀구나.

我心匪石, (아심비석) : 내 마음은 돌과 같지 않아서,
不可轉也. (불가전야) : 굴릴 수가 없구나.
我心匪席, (아심비석) : 내 마음은 자리와 같지 않아서,
不可卷也. (불가권야) : 둘둘 말 수가 없구나.
威儀棣棣, (위의체체) : 위엄스러운 거동이 풍요로우면서도 아름다우니,
不可選也. (불가선야) : 헤아릴 수가 없구나.

憂心悄悄, (우심초초) : 근심하는 마음에 노심초사하거늘,
慍于群小. (온우군소) : 소인배들에게 노여움을 샀구나.
覯閔旣多, (구민기다) : 아픔을 당한 것이 이미 많거늘,
受侮不少. (수모불소) : 업신여김을 당한 것도 적지 않구나.
靜言思之, (정언사지) : 고요히 내가 생각을 하거늘,
寤辟有摽. (오벽유표) : 밤중에 깨어 가슴을 치도다.

日居月諸, (일거월제) : 해와 달이여,
胡迭而微. (호질이미) : 어찌 번갈아가며 이지러지는가.
心之憂矣, (심지우의) : 마음의 근심이여,
如匪澣衣. (여비한의) : 마치 빨지 않은 옷과 같구나.
靜言思之, (정언사지) : 고요히 내가 생각을 하거늘,
不能奮飛. (불능분비) : 떨쳐 일어나 떠날 수가 없구나.

毛序 柏舟, 言仁而不遇也. 衛頃公之時, 仁人不遇, 小人在側.

모서 「백주(柏舟)」편은 인(仁)을 갖췄지만 제대로 된 군주를 만나지 못함을 읊은 시이다. 위(衛)나라 경공 때에는 인한 자가 제대로 된 군주를 만나지 못하여 소인이 군주의 측근에 있었다.

참고 『시』 「패풍(邶風) · 곡풍(谷風)」

習習谷風, (습습곡풍) : 온화하고 쾌적한 곡풍(谷風)[6]이여,
以陰以雨. (이음이우) : 흐려져 비가 내리는구나.

黽勉同心, (민면동심) : 힘쓰고 노력하여 마음을 함께 하니,

不宜有怒. (불의유노) : 노여움을 두어서는 안 되느니라.

采葑采菲, (채봉채비) : 봉(葑)을 캐고 비(菲)를 캐는 것은,

無以下體. (무이하체) : 뿌리줄기 때문이 아니니라.

德音莫違, (덕음막위) : 덕음은 어긋남이 없으니,

及爾同死. (급이동사) : 그대와 죽을 때까지 함께 하리라.

行道遲遲, (행도지지) : 길을 감에 더디고 더디니,

中心有違. (중심유위) : 마음에 배회함이 있도다.

不遠伊邇, (불원이이) : 멀리 가지 않고 가까이에서 하니,

薄送我畿. (박송아기) : 나를 전송함에 박하여 문안에서 하는구나.

誰謂荼苦, (수위도고) : 그 누가 씀바귀를 쓰다고 하는가,

其甘如薺. (기감여제) : 달기가 냉이와 같구나.

宴爾新昏, (연이신혼) : 네가 새로운 혼사를 편안하게 여기니,

如兄如弟. (여형여제) : 마치 형제와 같구나.

涇以渭濁, (경이위탁) : 경수(涇水)는 위수(渭水)로 인해 탁해졌는데,

湜湜其沚. (식식기지) : 물가는 고요하고 정지되어 있구나.

宴爾新昏, (연이신혼) : 네가 새로운 혼사를 편안하게 여기니,

不我屑以. (불아설이) : 나를 다시 데려가지 않는구나.

毋逝我梁, (무서아량) : 나의 어량(魚梁)에 가지 말아라,

毋發我笱. (무발아구) : 나의 통발을 꺼내지 말아라.

我躬不閱, (아궁불열) : 내 몸 조차 포용할 수 없거늘,

遑恤我後. (황휼아후) : 내 후손을 어느 겨를에 근심하랴.

就其深矣, (취기심의) : 깊은 곳에 나아가니,

---

6) 곡풍(谷風)은 동쪽에서 불어오는 바람을 뜻한다. 『이아』「석천(釋天)」편에는 "東風謂之谷風."이라는 기록이 있고, 이에 대한 형병(邢昺)의 소에서는 손염(孫炎)의 주장을 인용하여, "谷之言穀. 穀, 生也; 谷風者, 生長之風也."라고 풀이했다. 즉 '곡풍'의 '곡(谷)'자는 '곡(穀)'자의 뜻이 되는데, '곡(穀)'은 생장시킨다는 뜻이다. 따라서 '곡풍'은 동쪽에서 불어와서 만물을 생장시키는 바람을 뜻한다.

方之舟之. (방지주지) : 뗏목을 타고 배를 타는구나.

就其淺矣, (취기천의) : 얕은 곳에 나아가니,

泳之游之. (영지유지) : 헤엄을 치는구나.

何有何亡, (하유하망) : 무엇이 있고 무엇이 없는가,

黽勉求之. (민면구지) : 힘쓰고 노력하여 구하는구나.

凡民有喪, (범민유상) : 백성에게 상사가 발상하니,

匐匍救之. (포복구지) : 다급히 달려가 도와주는구나.

不我能慉, (불아능휵) : 나를 길들이지 못하거늘,

反以我爲讎. (반이아위수) : 도리어 나를 원수로 여기는구나.

旣阻我德, (기조아덕) : 내 덕을 은폐하니,

賈用不售. (가용불수) : 장사꾼이 물건을 팔지 못하는구나.

昔育恐育鞫, (석육공육국) : 예전 어렸을 때에는 늙어서도 궁핍할까 걱정하여,

及爾顚覆. (급이전복) : 너와 함께 가사에 혼심을 다하였도다.

旣生旣育, (기생기육) : 살만해지고 나이가 들자,

比予于毒. (비여우독) : 나를 독충처럼 여기는구나.

我有旨蓄, (아유지축) : 내가 맛있는 채소를 모아두는 것은,

亦以御冬. (역이어동) : 또한 겨울을 대비하기 위해서이다.

宴爾新昏, (연이신혼) : 네가 새로운 혼사를 편안하게 여기니,

以我御窮, (이아어궁) : 나를 곤궁함을 막는 수단으로 여겼구나.

有洸有潰, (유광유궤) : 펄쩍펄쩍 뛰고 노기를 내니,

旣詒我肄. (기이아이) : 나에게 수고로움을 떠넘기는구나.

不念昔者, (불념석자) : 그 옛날

伊余來墍. (이여래기) : 내가 와서 안식을 주었던 것을 생각하지 않는구나.

毛序 谷風, 刺夫婦失道也. 衛人化其上, 淫於新昏而棄其舊室, 夫婦離絶, 國俗傷敗焉.

모서 「곡풍(谷風)」편은 부부사이에서 도리를 잃어버린 것을 풍자한 시이다. 위(衛)나라 사람들은 군주에게 동화되어 새로 부인을 맞이하는 것에

빠지고 이전 부인을 내버리니, 부부의 도리가 끊어지고 나라의 풍속이 무너졌다.

참고 원문비교

예기대전 · 공자한거(孔子閒居)   子夏曰, “<u>五至旣得而聞之矣</u>, 敢問何謂三無?”孔子曰, “無聲之樂, 無體之禮, 無服之喪, 此之謂三無.”子夏曰, “<u>三無旣得略而聞之矣</u>, 敢問何詩近之?”孔子曰, “‘夙夜其命宥密’, 無聲之樂也; ‘威儀逮逮, 不可選也’, 無體之禮也; ‘凡民有喪, 匍匐救之’, 無服之喪也.”

공자가어 · 논례(論禮)   子夏曰, “敢問何謂三無?”孔子曰, “無聲之樂, 無體之禮, 無服之喪, 此之謂三無.”子夏曰, “敢問 三無 何詩近之?”孔子曰, “‘夙夜基命宥密’, 無聲之樂也①; ‘威儀逮逮, 不可選也’, 無體之禮也; ‘凡民有喪, 扶伏 救之’, 無服之喪也.”

王注-① 夙夜, 恭也. 基, 始也. 命, 信也. 宥, 寬也. 密, 寧也. 言己行與民信, 王敎在寬, 民以安寧, 故謂之無聲之樂也.

번역 ‘숙야(夙夜)’는 공손하다는 뜻이다. ‘기(基)’자는 시작하다는 뜻이다. ‘명(命)’자는 믿는다는 뜻이다. ‘유(宥)’자는 관대하다는 뜻이다. ‘밀(密)’자는 편안하다는 뜻이다. 즉 자신의 행실은 백성들과 함께 믿음을 주고, 천자의 교화는 관대하게 시행되며 백성은 이를 통해 편안하게 된다. 그렇기 때문에 ‘소리가 없는 음악’이라고 부른다는 뜻이다.

• 제 4 절 •

오기(五起)의 뜻

【606c】

子夏曰, "言則大矣·美矣·盛矣, 言盡於此而已乎?" 孔子曰, "何爲其然也? 君子之服之也, 猶有五起焉."

직역 子夏가 曰, "言은 大矣하고 美矣하며 盛矣한데, 言은 此에 盡할 따름입니까?" 孔子가 曰, "何히 그 然이 爲리오? 君子가 服함에는 猶히 五起가 有하다."

의역 자하가 말하길, "말씀은 크고도 아름다우며 융성한데, 설명하신 말씀은 여기에서 끝날 뿐입니까?"라고 했다. 그러자 공자는 "어찌 그처럼만 하겠는가? 군자가 익혀야 할 것에는 아직도 오기(五起)가 있다."라고 했다.

集說 疏曰: 服, 習也. 言君子習此三無, 猶有五種起發其義.

번역 공영달[1]의 소에서 말하길, '복(服)'자는 "익힌다[習]."는 뜻이다. 즉 군자가 이러한 삼무(三無)를 익혔더라도, 여전히 그 뜻을 일으키는 다섯 가지 것들이 있다는 의미이다.

鄭注 言盡於此乎, 意以爲說未盡也. 服, 猶習也. 君子習讀此詩, 起此詩之 義, 其說有五也.

번역 "말씀이 여기에서 끝납니까?"라고 한 말은 설명이 아직 끝나지 않

---

1) 공영달(孔穎達, A.D.574~A.D.648) : =공씨(孔氏). 당대(唐代)의 경학자이다. 자(字)는 중달(仲達)이고, 시호(諡號)는 헌공(憲公)이다. 『오경정의(五經正 義)』를 찬정(撰定)하는데 중심적인 역할을 했다.

았다고 여긴 것이다. '복(服)'자는 "익힌다[習]."는 뜻이다. 군자가 이러한 시를 익히고 읽게 되면, 그 시의 뜻을 일으키게 되는데, 그와 관련된 설명에는 다섯 종류가 있다는 의미이다.

孔疏 ●"子夏"至"孫子". ○正義曰: 此一節言子夏旣聞"三無", 意以說義未盡, 故孔子更爲說三種之無, 猶有五種起發之事.

번역 ●經文: "子夏"~"孫子". ○이곳 문단에서 자하는 이미 '삼무(三無)'에 대한 대답을 들었는데, 의미를 설명한 것이 다 끝나지 않았다고 여겼기 때문에, 공자는 재차 세 종류의 무(無)를 설명하면서도 여전히 다섯 종류의 일으키는 일이 있다고 말해준 것을 뜻한다.

孔疏 ●"孔子曰: 何爲其然也"者, 子夏旣聞孔子之言, 猶疑其未盡, 故更問夫子, 而夫子答云"何爲其然". "然"猶"如是", 言何爲如是盡也. 言其義猶未盡.

번역 ●經文: "孔子曰: 何爲其然也". ○자하는 이미 공자의 말을 들었는데, 여전히 그 뜻을 다 설명하지 않았다는 의심이 들었다. 그렇기 때문에 재차 공자에게 질문하여 공자가 "어찌 그처럼만 하겠는가?"라고 대답한 것이다. '연(然)'자는 "이와 같다[如是]."는 뜻이니, "어떻게 이와 같이만 하는 것이 다하는 것이겠는가?"라는 의미로, 그 의미가 아직 미진하다는 뜻이다.

孔疏 ●"君子之服之也, 猶有五起焉"者, 服, 習也. 言君子習此"三無", 猶有五種起發其義. 言猶有五種翻覆說其義, 興起也.

번역 ●經文: "君子之服之也, 猶有五起焉". ○'복(服)'자는 "익힌다[習]."는 뜻이다. 즉 군자가 이러한 삼무(三無)를 익히더라도, 여전히 다섯 가지 그 뜻을 일으키는 것이 있다는 의미이다. 여전히 다섯 종류가 있어서 그 뜻을 반복해서 설명하여 흥기시킨다는 뜻이다.

集解 服, 猶行也, 言行此三無也. 起, 猶發也, 言君子行此三無, 由內以發於外, 由近以及於遠, 其次第有五也.

번역 '복(服)'자는 "시행한다[行]."는 뜻이니, 이러한 삼무(三無)를 시행한다는 의미이다. '기(起)'자는 "발현하다[發]."는 뜻이니, 군자가 이러한 삼무를 시행하는 것은 내적인 것으로부터 연유하여 외적으로 나타내는 것이고, 가까운 것으로부터 연유하여 먼 곳까지 미치는 것으로, 그 차례에는 다섯 종류가 있다는 의미이다.

참고 원문비교

예기대전·공자한거(孔子閒居) 子夏曰, "言則大矣·美矣·盛矣, 言盡於此而已乎?" 孔子曰, "何爲其然也? 君子之服之也, 猶有五起焉."

공자가어·논례(論禮) 子夏曰, "言則美矣·大矣, 言盡於此而已乎?" 孔子曰, "何謂其然? 吾語汝其義, 猶有五起焉①."

王注-① 語, 魚據反.

번역 '語'자는 '魚(어)'자와 '據(거)'자의 반절음이다.

【606d】

> 子夏曰, "何如?" 孔子曰, "無聲之樂, 氣志不違; 無體之禮, 威儀遲遲; 無服之喪, 內恕孔悲. 無聲之樂, 氣志旣得; 無體之禮, 威儀翼翼; 無服之喪, 施及四國. 無聲之樂, 氣志旣從; 無體之禮, 上下和同; 無服之喪, 以畜萬邦. 無聲之樂, 日聞四方; 無體之禮, 日就月將; 無服之喪, 純德孔明. 無聲之樂, 氣志旣起; 無體之禮, 施及四海; 無服之喪, 施于孫子."

직역 子夏가 曰, "何如입니까?" 孔子가 曰, "聲이 無한 樂은 氣志가 不違하고; 體가 無한 禮는 威儀가 遲遲하며; 服이 無한 喪은 內恕하고 孔悲한다. 聲이 無한 樂은 氣志가 旣히 得하고; 體가 無한 禮는 威儀가 翼翼하며; 服이 無한 喪은 施하여 四國에 及한다. 聲이 無한 樂은 氣志가 旣히 從하고; 體가 無한 禮는 上下가 和同하며; 服이 無한 喪은 이로써 萬邦을 畜한다. 聲이 無한 樂은 日로 四方에 聞하고; 體가 無한 禮는 日로 就하고 月로 將하며; 服이 無한 喪은 純德이 孔明한다. 聲이 無한 樂은 氣志가 旣히 起하고; 體가 無한 禮는 施하여 四海에 及하며; 服이 無한 喪은 孫子에게 施한다."

의역 자하가 말하길, "무엇을 오기(五起)라고 합니까?"라고 했다. 그러자 공자는 "소리가 없는 악(樂)은 뜻과 기운이 어긋나지 않고, 사물이 없는 예(禮)는 위엄스러운 거동이 느긋하고 여유로우며, 상복이 없는 상(喪)은 내적으로 관대하고 크게 슬퍼한다. 소리가 없는 악은 기운과 뜻을 이미 얻게 되고, 사물이 없는 예는 위엄스러운 거동이 엄숙하고 공경스러우며, 상복이 없는 상은 네 나라에 미치게 된다. 소리가 없는 악은 기운과 뜻이 이미 따르고, 사물이 없는 예는 상하계층이 화합하며, 상복이 없는 상은 이로써 모든 나라를 기르게 된다. 소리가 없는 악은 날로 사방으로 소문이 퍼지고, 사물이 없는 예는 날로 달로 성취되며, 상복이 없는 상은 순수한 덕이 크고도 밝게 된다. 소리가 없는 악은 기운과 뜻이 이미 일어나고, 사물이 없는 예는 사해에 두루 미치며, 상복이 없는 상은 자손들에게까지 미친다."라고 했다.

集說 方氏曰: 無聲之樂, 始之以氣志不違者, 言內無所戾也. 無所戾, 則無所失, 故繼之以氣志旣得. 得之於身, 則人亦與之, 故繼之以氣志旣從. 人從之矣, 則聲聞于外, 故繼之以日聞四方. 日聞不已, 則方興而未艾, 故繼之以氣志旣起. 無體之禮, 始之以威儀遲遲者, 言緩而不迫也. 緩或失之於怠, 故繼之以威儀翼翼. 威儀得中, 則無乖離之心, 故繼之以上下和同. 和同而無乖離, 則久而愈大, 故繼之以日就月將. 愈大則不特施于近而可以及乎遠, 故終之以施及四海. 無服之喪, 始之以內恕孔悲者, 言其以仁存心也. 仁者愛人, 故繼之以施及四國. 以仁及人, 則所養者衆, 故繼之以以畜萬邦. 所養者衆則其德發揚于外, 故繼之以純德孔明. 德旣發揚于外, 則澤足以被于後世, 故終之以施于孫子. 其序如此, 謂之五起, 不亦宜乎?

번역 방씨가 말하길, 소리가 없는 악(樂)에 대해서 "기운과 뜻이 어기지 않는다."는 말로 시작을 한 것은 내적으로 어긋나는 점이 없다는 뜻이다. 어긋나는 것이 없게 된다면 잘못을 저지르는 것도 없게 된다. 그렇기 때문에 계속하여 "기운과 뜻을 이미 얻는다."라고 말한 것이다. 자신이 그것들을 터득한다면 남들 또한 함께 한다. 그렇기 때문에 계속하여 "기운과 뜻이 이미 따른다."라고 말한 것이다. 남들이 따른다면 소리가 밖에서 들려온다. 그렇기 때문에 계속하여 "날로 사방으로 소문이 퍼진다."라고 말한 것이다. 날로 늘어나는 소문이 그치지 않는다면 지역마다 흥성하게 되어 다하지 않는다. 그렇기 때문에 계속하여 "기운과 뜻이 이미 일어난다."라고 말한 것이다. 사물이 없는 예(禮)에 대해서 "위엄스러운 거동이 지지(遲遲)하다."는 말로 시작을 했는데, 느긋하고 급박하지 않다는 뜻이다. 느긋하게 되면 간혹 태만하게 구는 잘못을 범하기도 한다. 그렇기 때문에 계속하여 "위엄스러운 거동이 엄숙하고 공경스럽다."라고 말한 것이다. 위엄스러운 거동이 알맞음을 얻었다면 어긋나고 분리되는 마음이 없다. 그렇기 때문에 계속하여 "상하계층이 화합한다."라고 말한 것이다. 화합하여 어기거나 떠나지 않는다면 오래될수록 더욱 커지게 된다. 그렇기 때문에 계속하여 "날과 달로 성취한다."라고 말한 것이다. 더욱 커지게 된다면 단지 가까운 곳에만 베풀어지는 것이 아니며 멀리까지 미칠 수 있다. 그렇기 때문에 "사해에 미친다."라는 말로 결론을 맺었다. 상복이 없는 상(喪)에 대해서 "내적으로 관대하고 크게 슬퍼한다."는 말로 시작을 했는데, 인(仁)함을 마음에 보존하고 있기 때문이라는 뜻이다. 인(仁)은 남을 사랑하는 것이다. 그렇기 때문에 계속하여 "네 나라에 미친다."라고 말한 것이다. 인(仁)을 남에게 미칠수 있다면 기를 바가 많아진다. 그렇기 때문에 계속하여 "이를 통해 모든 나라를 기른다."라고 말한 것이다. 기르는 것이 많다면 그 덕은 겉으로 드날리게 된다. 그렇기 때문에 계속하여 "순수한 덕이 크게 밝다."라고 말한 것이다. 덕이 이미 겉으로 드날리게 된다면 은택은 후세에까지 미치기에 충분하다. 그렇기 때문에 "자손에게까지 미친다."라는 말로 결론을 맺었다. 그 순서가 이와 같은데, 이것을 오기(五起)라고 부르는 것 또한 마땅하지 않겠는가?

集說 應氏曰: 大抵援詩句以發揚詠歎之, 蓋贊美之不已也.

번역 응씨가 말하길, 대체로 『시』의 구문을 인용하여 그 뜻을 드러내고 읊조리며 탄식을 했으니, 무릇 찬미하길 그치지 않는 것이다.

集說 劉氏曰: 志氣塞乎天地, 則是君之志動天地之氣也; 氣志不違以下, 則是君心和樂之氣感天下之志也.

번역 유씨가 말하길, 뜻과 기운이 천지에 충만하다면, 군주의 뜻이 천지의 기운을 움직이게 하는 것이며, 뜻과 기운이 어긋나지 않는다는 것으로부터 그 이하의 경우는 군주의 마음이 화락하여 나타난 기운이 천지의 뜻을 감동시키는 것이다.

大全 藍田呂氏曰: 無聲之樂, 在於氣志, 無體之禮, 在於威儀. 氣志與物不違, 則固樂矣, 於理旣得, 則尤樂矣, 於道旣合, 則愈樂矣. 然則雖曰無聲, 日聞四方矣. 是故天下樂之氣志旣起也. 威儀, 和而緩, 則無急迫之態矣, 敬而肅, 則無怠慢之容矣. 上下和同, 則無乖異之變矣. 然則雖曰無體, 而小者日就, 大

者月將矣. 是故一人行之施及四海也. 若夫無服之喪, 本由內恕孔悲, 則視人
之喪, 猶己之喪也. 旣推是心施及四國, 必由是道以畜萬邦. 厥今純德孔明, 其
後施于孫子, 此仁之至也. 氣志旣充, 威儀旣備, 而篤於仁, 然後三無五起之義
可得而盡矣.

번역 남전여씨가 말하길, 소리가 없는 악(樂)은 기운과 뜻에 달려 있고,
사물이 없는 예(禮)는 위엄스러운 거동에 달려 있다. 기운과 뜻이 사물과
어긋나지 않는다면 진실로 즐거워하게 되고, 이치에 대해 이미 터득했다면
더욱 즐거워하게 되며, 도리에 대해 이미 합치된다면 더더욱 즐거워하게
된다. 그러므로 비록 소리가 없다고 하지만 날마다 그 소문이 사방으로 퍼
진다. 이러한 까닭으로 천하에는 즐거운 기운과 뜻이 이미 일어나게 된다.
위엄스러운 거동이 조화로우면서도 느긋하다면 급박한 모습이 나타나지
않고, 공경스러우면서도 엄숙하다면 태만한 모습이 나타나지 않는다. 상하
계층이 화합한다면 어긋나거나 달리하는 변고가 발생하지 않는다. 그러므
로 비록 사물이 없다고 하지만 작은 것은 날로 성취되고 큰 것은 달로 성취
된다. 이러한 까닭으로 한 사람이 시행한 것이 사해까지 미치게 된다. 상복
이 없는 상(喪)의 경우 그 근본은 내적으로 관대하고 크게 슬퍼하는데 연유
하니, 남의 상을 마치 자신의 상처럼 여기는 것이다. 이미 이러한 마음을
미루어서 네 나라에 미칠 수 있다면, 분명 이러한 도리에 따라서 모든 나라
를 기르게 된다. 현재 순수한 덕이 크고도 밝다고 했는데, 그것은 이후 자손
들에게까지 미친다고 했으니, 바로 인(仁)의 지극함에 해당한다. 기운과 뜻
이 이미 충만하고 위엄스러운 거동이 이미 갖춰졌으며 인(仁)에도 독실한
뒤에야 삼무(三無)와 오기(五起)의 뜻을 다할 수 있게 된다.

鄭注 不違者, 民不違君之氣志也. 孔, 甚也. 施, 易也. 從, 順也. 畜, 孝也,
使萬邦之民競爲孝也. 就, 成也. 將, 大也. 使民之傚禮, 日有所成, 至月則大
矣. 起猶從2)也.

---

2) '종(從)'자에 대하여. '종'자는 본래 '행(行)'자로 기록되어 있었는데, 완원(阮
元)의 『교감기(校勘記)』에서는 "혜동(惠棟)의 『교송본(校宋本)』에는 '행'자를

번역 '불위(不違)'는 백성들이 군주의 기운과 뜻을 어기지 않는다는 뜻이다. '공(孔)'자는 매우[甚]라는 뜻이다. '시(施)'자는 "옮기다[易]."는 뜻이다. '종(從)'자는 "따르다[順]."는 뜻이다. '휵(畜)'자는 "효성스럽게 하다[孝]."는 뜻이니, 모든 나라의 백성들로 하여금 앞 다투어 효를 시행하도록 만든다는 의미이다. '취(就)'자는 "이루다[成]."는 뜻이다. '장(將)'자는 "크다[大]."는 뜻이다. 백성들로 하여금 예를 본받게 해서 날마다 이루는 것이 있게 하고 한 달을 채우게 되면 크게 된다는 의미이다. '기(起)'자는 "따른다[從]."는 뜻이다.

釋文 施及, 以豉反, 下同. 畜, 許六反. 聞音問, 下"令聞"幷注同. "施, 易也", 並以豉反.

번역 '施及'에서의 '施'자는 '以(이)'자와 '豉(시)'자의 반절음이며, 아래 문장에 나오는 글자도 이와 같다. '畜'자는 '許(허)'자와 '六(륙)'자의 반절음이다. '聞'자의 음은 '問(문)'이며, 아래문장에 나오는 '令聞'의 '聞'자와 정현의 주에 나오는 글자도 그 음이 이와 같다. "施, 易也"에서의 '施'자와 '易'자는 모두 '以(이)'자와 '豉(시)'자의 반절음이다.

孔疏 ●"無聲之樂, 氣志不違"者, 此以下五節, 從輕以漸至於重. 初言不違, 民但不違君之志氣. 二云"志氣旣得", 言君之志氣得於下. 三云"旣從", 民所從也. 四云"日聞四方", 及於遠也. 五云"旣起", 是旣發起也. 是從微至著.

번역 ●經文: "無聲之樂, 氣志不違". ○이곳 구문으로부터 이하의 다섯 문단은 상대적으로 덜 중요한 것으로부터 점진적으로 중요한 것에 이르고 있다. 처음에는 "어기지 않는다."고 했는데, 백성들이 단지 군주의 뜻과 기운을 어기지 않는다는 의미이다. 두 번째에서는 "뜻과 기운을 이미 얻었다."라고 했는데, 군주의 뜻과 기운이 백성들에게 통했다는 뜻이다. 세 번째

'종'자로 기록하고 있고, 『고문(考文)』에서 인용하고 있는 『고본(古本)』·『족리본(足利本)』에도 동일하게 기록되어 있다."라고 했다.

에서는 "이미 따른다."라고 했는데, 백성들이 따른다는 뜻이다. 네 번째에서는 "날로 사방에 소문이 퍼진다."라고 했는데, 멀리까지 미친다는 뜻이다. 다섯 번째에서는 "이미 일어난다."라고 했는데, 이미 발흥하여 일으켜진다는 뜻이다. 이것은 은미한 것으로부터 현저히 드러나는 것에 이른 것이다.

孔疏 ●"威儀遲遲"者, 初時但舒遲而已, 二則威儀翼翼而恭敬, 三則上下和同無不從也, 四則日就月將漸興進也, 五則施及四海所及遠也.

번역 ●經文: "威儀遲遲". ○처음에는 단지 느긋하고 여유로울 뿐이라는 뜻이며, 두 번째는 위엄스러운 거동이 익익(翼翼)하여 공경스럽다는 뜻이고, 세 번째는 상하계층이 화합하여 따르지 않는 자가 없다는 뜻이며, 네 번째는 날마다 성취하고 달마다 커져서 점진적으로 부흥하고 진척된다는 뜻이고, 다섯 번째는 사해에 미쳐서 먼 곳까지 이른다는 뜻이다.

孔疏 ●"內恕孔悲"者, 初則親族之內悲哀, 其處近也. 二則"施及四國", 所被遠也. 三則"以畜萬邦", 皆爲孝也. 四則"純德孔明", 益甚也. 五則"施于孫子", 垂後世也.

번역 ●經文: "內恕孔悲". ○처음에는 친족에 대해서 내적으로 슬퍼하니, 미치는 지점이 가까운 것이다. 두 번째는 "네 나라에 미친다."라고 했으니, 영향을 끼치는 곳이 먼 것이다. 세 번째는 "이로써 모든 나라를 휵(畜)하게 한다."라고 했으니, 모두 효를 시행한다는 뜻이다. 네 번째는 "순수한 덕이 매우 밝다."라고 했으니, 더욱 깊어진다는 뜻이다. 다섯 번째는 "자손에게까지 미친다."라고 했으니, 후세에까지 그 영향이 미친다는 뜻이다.

孔疏 ◎注云"孔, 甚也. 畜, 孝也". ○正義曰: "孔, 甚", 釋言文. "畜, 孝", 祭統云"孝者, 畜也", 故畜爲孝也.

번역 ◎鄭注: "孔, 甚也. 畜, 孝也". ○정현이 "'공(孔)'자는 매우[甚]라는 뜻이다."라고 했는데, 이것은 『이아』「석언(釋言)」편의 문장이다.3) 정현이 "'흄(畜)'자는 '효성스럽게 하다[孝].'는 뜻이다."라고 했는데, 『예기』「제통(祭統)」편에서는 "효는 기르는 것이다."4)라고 했기 때문에, 흄(畜)을 효(孝)로 풀이한 것이다.

訓纂 釋訓: 遲遲, 徐也.

번역 『이아』「석훈(釋訓)」편에서 말하길, '지지(遲遲)'는 '천천히'라는 뜻이다.5)

集解 氣志不違者, 言其發之中節而無所乖戾也. 既無乖戾, 則合於理矣, 故曰"既得", 得, 謂得於理也. 既得於理, 則順於民矣, 故曰"既從", 從, 順也. 既順於民, 則著聞於四方矣, 既著聞乎四方, 則民之氣志皆起而應之矣. 威儀遲遲, 行禮以和, 而從容不迫也. 和而有節, 則又見其翼翼而嚴正矣. 禮達而分定, 則上下和睦而齊同矣. 上下既一於禮, 則日有所就, 月有所將, 而行之不倦矣. 人皆行禮不倦, 則道德一, 風俗同, 而施及四海矣. 內恕孔悲者, 以己度人而實致其惻怛·慈愛之意也. 既有愛人之心, 則必有及物之恩, 而施及於四國矣. 既有及物之恩, 則民有被恩之實, 而可以養畜萬邦矣. 恩足以畜萬邦, 則其德純一而顯明矣. 德既甚顯明, 則不惟及於當時, 而又施及孫子, 使後世亦蒙其澤矣. 蓋禮樂之原於一心, 而橫乎天下者如此.

번역 "기운과 뜻이 어긋나지 않는다."는 발현한 것이 절도에 맞아서 어긋나는 것이 없다는 뜻이다. 이미 어긋남이 없다면 이치에 부합하게 된다. 그렇기 때문에 "이미 득(得)한다."라고 했는데, '득(得)'자는 이치에 맞다는 뜻이다. 이미 이치에 맞다면 백성들의 뜻에 따르게 된다. 그렇기 때문에

---

3) 『이아』「석언(釋言)」: 孔, 甚也.
4) 『예기』「제통(祭統)」【575a】: 祭者, 所以追養繼孝也. <u>孝者畜也</u>, 順於道, 不逆於倫, 是之謂畜.
5) 『이아』「석훈(釋訓)」: 祁祁·<u>遲遲, 徐也</u>.

"이미 종(從)한다."라고 했으니, '종(從)'자는 따른다는 뜻이다. 이미 백성들의 뜻에 따른다면 사방으로 그 소문이 나게 되며, 이미 사방으로 소문이 났다면 백성들의 기운과 뜻이 모두 일어나서 그에 호응하게 된다. "위엄스러운 거동이 지지(遲遲)하다."라고 했는데, 예를 시행할 때 조화로움에 따라서 행동거지가 급박하지 않은 것이다. 조화롭고 절도가 있으면 또한 공경스러움이 드러나 엄숙하고 단정하게 된다. 예가 두루 통용되고 본분이 확정된다면, 상하계층이 화목하게 되고 가지런히 동화된다. 상하계층이 이미 예에 대해서 한결같이 따른다면 날마다 성취하는 점이 있고 달마다 시행되는 점이 있어서, 시행하는 것이 나태하게 되지 않는다. 사람들이 모두 예를 시행하며 나태하지 않다면 도덕이 한결같이 되고 풍속이 동화되어, 사해까지 미치게 된다. "내적으로 관대하고 크게 슬퍼한다."고 했는데, 자신을 통해 남을 헤아리고 실질적으로 슬퍼하고 자애로운 뜻을 지극히 하기 때문이다. 이미 남을 사랑하는 마음을 가지고 있다면 반드시 사물에게까지 미치는 은정을 갖추고 네 나라에도 미치게 된다. 이미 사물에게까지 미치는 은정을 갖추고 있다면 백성들은 은정의 실질을 입게 되어 모든 나라를 기를 수 있게 된다. 은정이 모든 나라를 기르기에 충분하다면, 그 덕은 순일하여 현저하게 드러난다. 덕이 이미 매우 현저하게 밝다면, 단지 당시에만 미치는 것이 아니며, 또한 자손들에게까지 미치게 되어, 후세 사람들로 하여금 또한 그 은택을 입게 만든다. 무릇 예악의 근원은 한결같은 마음에 근본을 두어, 이처럼 천하에 펼쳐지게 된다.

참고 원문비교

예기대전 · 공자한거(孔子閒居) 　子夏曰, “何如?” 孔子曰, “無聲之樂, 氣志不違; 無體之禮, 威儀遲遲; 無服之喪, 內恕孔悲. 無聲之樂, 氣志既得; <u>無體之禮, 威儀翼翼; 無服之喪, 施及四國</u>. 無聲之樂, 氣志既從; 無體之禮, 上下和同; 無服之喪, <u>以畜萬邦</u>. <u>無聲之樂, 日聞四方; 無體之禮, 日就月將</u>; 無服之喪, 純德孔明. <u>無聲之樂, 氣志既起; 無體之禮, 施及四海; 無服之喪, 施于孫子</u>.”

공자가어 · 논례(論禮) 　子貢曰, “何如?” 孔子曰, “無聲之樂, 氣志不違; 無體之禮, 威儀遲遲; 無服之喪, 內恕孔悲. 無聲之樂, 所願必從; 無體之禮, 上下和同; 無服之喪, 施及萬邦.”

• 제 5 절 •

삼무사(三無私)의 뜻과 탕(湯)임금의 덕

子夏曰, "三王之德, 參於天地, 敢問何如斯可謂參於天地矣?"
孔子曰, "奉三無私以勞天下." 子夏曰, "敢問何謂三無私?"
孔子曰, "天無私覆, 地無私載, 日月無私照. 奉斯三者以勞
天下, 此之謂三無私. 其在詩曰, '帝命不違, 至於湯齊. 湯降
不遲, 聖敬日齊. 昭假遲遲, 上帝是祇, 帝命式于九圍', 是湯
之德也."

직역 子夏가 曰, "三王의 德은 天地에 參한데, 敢히 問하니 何히 斯와 如함을 可히 天地에 參이라 謂합니까?" 孔子가 曰, "三無私를 奉하여 天下를 勞한다." 子夏가 曰, "敢히 問하니 何를 三無私라 謂합니까?" 孔子가 曰, "天은 私히 覆함이 無하며, 地는 私히 載함이 無하고, 日月은 私히 照함이 無라. 斯三者를 奉하여 天下를 勞하니, 此를 三無私라 謂한다. 그 詩에 在하기를 曰, '帝命이 不違하여, 湯에 至하여 齊라. 湯이 降하여 不遲하고, 聖敬하여 日로 齊라. 昭假가 遲遲하니, 上帝가 是에 祇하여, 帝命이 九圍에 式이라', 是는 湯의 德이다."

의역 자하가 말하길, "옛 말 중에는 삼왕의 덕이 천지에 참여한다고 했는데, 감히 묻겠습니다. 어떻게 하는 것을 천지에 참여한다고 말할 수 있습니까?"라고 했다. 그러자 공자는 "삼무사(三無私)를 받들어서 천하를 위해 애쓰셨다."라고 했다. 자하는 "감히 묻겠습니다. 무엇을 삼무사라고 합니까?"라고 했다. 그러자 공자는 "하늘은 사사롭게 덮어주는 것이 없으며, 땅은 사사롭게 실어주는 것이 없고, 해와 달은 사사롭게 비춰주는 것이 없다. 이러한 세 가지 뜻을 받들어서 천하를 위해 애쓰는 것을 삼무사라고 부른다. 『시』에서도 '상제의 명이 어그러지지 않아 탕임금에 이르러서 가지런히 되었다. 탕임금은 자신을 낮추는데 더디게 하지 않았으니 성스럽고 공경스러운 덕이 날로 높아졌다. 그 빛남이 하늘에 이르러 매우 느긋하였으며, 상제도 이에 그를 공경하게 대해, 상제의 명으로 구위(九圍)¹⁾에 모범이 되었다.'라고 했으니, 바로 탕임금의 덕을 나타내는 말이다."라고 했다.

集說 三王之德參於天地, 蓋古語, 故子夏擧以爲問. 詩, 商頌長發之篇, 孔子引之以證湯無私之德.

번역 "삼왕의 덕이 천지에 참여한다."는 말은 아마도 고대로부터 전해져 온 말일 것이다. 그렇기 때문에 자하가 이 말을 제시하여 질문한 것이다. 시는 『시』「상송(商頌)・장발(長發)」편으로,²⁾ 공자는 이 시를 인용하여 탕임금에게는 삿됨이 없는 덕이 있었음을 증명하였다.

集說 嚴氏曰: 商自契以來, 天命所嚮, 未嘗去之, 然至湯而後與天齊, 謂王業至此而成, 天命至此而集, 天人適相符合也. 湯之謙抑, 所以自降下者甚敏而不遲, 故聖敬之德, 日以躋升也. 敬爲聖人之敬, 言至誠也. 日躋, 言至誠無息也. 德日新, 又日新, 是聖敬日躋之盛, 卽文王之純亦不已也. 其昭格於天, 遲遲甚緩, 言湯無心於得天, 付之悠悠也. 湯無所覬倖, 故唯上帝是敬, 其誠專一, 然天自命之以爲法於天下, 使爲王也.

번역 엄씨가 말하길, 은나라는 설(契)로부터 그 이래로 천명이 전해져서 일찍이 떠난 적이 없었는데, 탕임금에 이른 이후에는 하늘과 가지런히 되었으니, 천자의 과업이 이 시기에 이르러 완성되었고, 천명 또한 이 시기에 이르러 응집되어, 하늘과 사람이 때마침 서로 부합하게 되었다는 뜻이다. 탕임금은 겸손하여, 스스로 자신을 낮추는 것이 매우 민첩하였고 더디지 않았다. 그렇기 때문에 성스럽고 공경스러운 덕은 날로 상승하였다. 공

---

1) 구위(九圍)는 구주(九州)를 뜻한다. 천하를 아홉 권역으로 나눠서 천자의 수도를 둘러싸도록 했기 때문에 구주를 '구위'라고도 부른다.
2) 『시』「상송(商頌)・장발(長發)」: 帝命不違, 至于湯齊. 湯降不遲, 聖敬日躋. 昭假遲遲, 上帝是祇, 帝命式于九圍.

경함은 성인의 공경함이 되니, 지극히 정성스러웠음을 뜻한다. '일제(日躋)'
는 지극히 정성스럽고 그침이 없었음을 뜻한다. 그 덕이 날마다 새롭고 또
날마다 새로워졌으니,[3] 성스럽고 공경스러움이 날마다 상승하여 융성하게
된 것으로, 문왕의 순수한 덕 또한 그치지 않은 것이다. 그 밝음은 하늘에
이르렀으며 느긋하여 매우 여유로웠으니, 탕임금은 천명을 얻는데 사심이
없어서 그에 따르기를 여유롭게 했던 것이다. 탕임금은 요행을 바라는 마
음이 없었기 때문에, 상제도 공경스럽게 대했으니, 그 성실함이 전일하여,
하늘이 스스로 그에게 명령을 내려 천하의 모범으로 삼아 그를 천자로 만
든 것이다.

大全 嚴陵方氏曰: 天之高也, 凡在下者, 無不覆, 故曰無私覆. 地之厚也,
凡在上者, 無不載, 故曰無私載. 日月之明也, 凡容光者, 無不照, 故曰無私照.

번역 엄릉방씨가 말하길, 하늘은 높아서 무릇 그 밑에 있는 것들에 대해
서는 덮어주지 않는 것이 없다. 그렇기 때문에 "사사롭게 덮어줌이 없다."
라고 했다. 땅은 두터워서 무릇 그 위에 있는 것들에 대해서는 실어주지
않는 것이 없다. 그렇기 때문에 "사사롭게 실어줌이 없다."라고 했다. 해와
달은 밝아서 무릇 빛을 받게 되는 것들에 대해서는 비춰주지 않는 것이
없다. 그렇기 때문에 "사사롭게 비춰줌이 없다."라고 했다.

大全 石林葉氏曰: 所謂參者, 卽易之所謂合也. 德合於天地, 則其明必合
於日月, 故曰奉三無私以勞天下.

번역 석림섭씨가 말하길, '참(參)'은 바로 『역』에서 말한 "합한다[合]."
는 뜻이다.[4] 덕이 천지에 합치된다면 그 밝음은 분명 해와 달과도 합치되
기 때문에, "삼무사를 받들어 천하를 위해 애쓴다."라고 했다.

---

3) 『대학』「전(傳) 2장」: 湯之盤銘曰, "苟日新, 日日新, 又日新."
4) 『역』「건괘(乾卦)」: 夫"大人"者, 與天地合其德, 與日月合其明, 與四時合其序,
與鬼神合其吉凶. 先天而天弗違, 後天而奉天時. 天且弗違, 而況於人乎? 況於
鬼神乎?

大全 朱子曰: 商之先祖, 旣有明德, 天命未嘗去之, 以至於湯. 湯之生也, 應期而降, 適當其時, 其聖敬又日躋升, 以至昭格于天, 久而不息, 惟上帝是敬, 故帝命之, 使爲法於九州也.

번역 주자가 말하길, 은나라의 선조에게도 이미 밝은 덕이 있어서, 천명이 일찍이 은나라 왕실에서 떠나지 않았고 탕임금에 이르게 되었다. 탕임금이 나타나자 그 시기에 호응하여 내려주었는데 때마침 그 시기에 적합하였고, 그의 성스럽고 공경스러움은 또한 날마다 상승하여 그 빛이 하늘에 이르는 경지에 도달하였는데, 오래도록 그치지 않았으니 상제도 공경을 해주었다. 그렇기 때문에 상제가 그에게 명령하여 구주(九州)[5]에 모범이 되도록 만들었다.

---

5) 구주(九州)는 9개의 주(州)를 뜻한다. 고대 중국에서는 중원 지역을 9개의 주로 구분하여, 다스렸다. 따라서 '구주'는 오랑캐 지역과 대비되는 중국 땅을 지칭하는 용어로 사용되었다. '구주'의 포함되는 '주'의 이름들은 각 기록마다 차이를 보인다. 『서』「우서(虞書)·우공(禹貢)」편에는 "禹敷土, 隨山刊木, 奠高山大川. 冀州旣載. …… 濟河惟兗州. 九河旣道. …… 海岱惟靑州. 嵎夷旣略, 濰淄其道. …… 海岱及淮惟徐州, 淮沂其乂, 蒙羽其藝. …… 淮海惟揚州, 彭蠡其豬, 陽鳥攸居. …… 荊及衡陽惟荊州. 江漢朝宗于海. …… 荊河惟豫州, 伊洛瀍澗, 旣入于河. …… 華陽黑水惟梁州. 岷嶓旣藝, 沱潛旣道. …… 黑水西河惟雍州. 弱水旣西."라는 기록이 있다. 즉 『서』에 기록된 '구주'는 기주(冀州)·연주(兗州)·청주(靑州)·서주(徐州)·양주(揚州)·형주(荊州)·예주(豫州)·양주(梁州)·옹주(雍州)이다. 한편 『이아』「석지(釋地)」편에는 " 兩河間曰冀州. 河南曰豫州. 河西曰雝州. 漢南曰荊州. 江南曰楊州. 濟河間曰兗州. 濟東曰徐州. 燕曰幽州. 齊曰營州."라는 기록이 있다. 즉 『이아』에 기록된 '구주'는 『서』의 기록과 달리, '서주'와 '양'주에 대한 기록이 없고, 대신 유주(幽州)와 영주(營州)가 기록되어 있다. 또 『주례』「하관(夏官)·직방씨(職方氏)」편에는 "乃辨九州之國使同貫利. 東南曰揚州. …… 正南曰荊州. …… 河南曰豫州. …… 正東曰靑州. …… 河東曰兗州. …… 正西曰雍州. …… 東北曰幽州. …… 河內曰冀州. …… 正北曰幷州."라는 기록이 있다. 즉 『주례』에 기록된 '구주'는 『서』의 기록과 달리, '서주'와 '양주'에 대한 기록이 없고, 대신 '유주'와 병주(幷州)에 대한 기록이 있다. 이외에도 일부 차이를 보이는 기록들이 있다.

鄭注 三王, 謂禹 · 湯 · 文王也. 參天地者, 其德與天地爲三也. 勞, 勞來. 帝, 天帝也. 詩讀"湯齊"爲"湯躋". 躋, 升也. 降, 下也. 齊, 莊也. 昭, 明也. 假, 至也. 祇, 敬也. 式, 用也. 九圍, 九州之界也. 此詩云: 殷之先君, 其爲政不違天之命, 至於湯升爲君. 又下天之政教甚疾, 其聖敬日莊嚴, 其明道至於民遲遲然安和, 天是用敬之, 命之用事於九州, 謂使王也. "是湯之德"者, 是湯奉天無私之德也.

번역 '삼왕(三王)'은 하나라의 우임금, 은나라의 탕임금, 주나라의 문왕을 뜻한다. "천지에 참여한다."는 말은 그의 덕은 천지와 더불어서 셋이 된다는 뜻이다. '노(勞)'자는 은덕을 통해 사람들이 찾아오게끔 한다는 뜻이다. '제(帝)'자는 천제를 뜻한다. 『시』에서는 '탕제(湯齊)'를 '탕제(湯躋)'로 풀이했다. '제(躋)'자는 "상승한다[升]."는 뜻이다. '강(降)'자는 "낮추다[下]."는 뜻이다. '제(齊)'자는 "장엄하다[莊]."는 뜻이다. '소(昭)'자는 "밝다[明]."는 뜻이다. '격(假)'자는 "이른다[至]."는 뜻이다. '지(祇)'자는 "공경하다[敬]."는 뜻이다. '식(式)'자는 "사용한다[用]."는 뜻이다. '구위(九圍)'는 구주의 경계를 뜻한다. 이 시의 내용은 다음과 같다. 은나라의 선군들은 정치를 시행할 때 하늘의 명령을 어기지 않았는데, 탕임금에 이르러서 그의 지위가 높아져 군주가 되었다. 또 하늘의 정치와 교화를 밑으로 펼치는 데 있어서 매우 신속하였고, 그의 성스럽고 공경스러움은 날로 장엄해졌으며, 그의 밝은 도가 백성들에게 이르러 느긋하면서도 안락하고 조화로워, 하늘이 이를 통해 그를 공경스럽게 대하고, 그에게 명령하여 구주에 정사를 펼치도록 했으니, 그를 천자로 만들었다는 의미이다. "이것이 탕임금의 덕이다."라고 했는데, 탕임금이 하늘을 받들고 삿됨이 없었던 덕이라는 뜻이다.

釋文 勞, 力報反, 注及下同. 來, 力代反. 昭音照, 本亦作照. 湯齊, 依注音躋, 亦作躋, 子兮反, 詩如字. 日, 人實反. 齊, 側皆反, 注"齊莊"同, 詩作躋, 子兮反. 假音格, 注同. 遲, 直私反. 祇, 諸夷反. 使王, 于況反, 下"王天下"·"王功"皆同.

번역 '勞'자는 '力(력)'자와 '報(보)'자의 반절음이며, 정현의 주와 아래문 장에 나오는 글자도 그 음이 이와 같다. '來'자는 '力(력)'자와 '代(대)'자의 반절음이다. '昭'자의 음은 '照(조)'이며, 판본에 따라서는 또한 '照'자로도 기록한다. '湯齊'에서의 '齊'자는 정현의 주에 따르면 그 음이 '躋'이고, 또란 '躋'자로도 기록하는데, '子(자)'자와 '兮(혜)'자의 반절음이며, 『시』에서는 글자대로 읽는다. '日'자는 '人(인)'자와 '實(실)'자의 반절음이다. '齊'자는 '側(측)'자와 '皆(개)'자의 반절음이며, 정현의 주에 나오는 '齊莊'에서의 '齊' 자도 그 음이 이와 같고, 『시』에서는 '躋'자로 기록했으니, '子(자)'자와 '兮 (혜)'자의 반절음이다. '假'자의 음은 '格(격)'이고, 정현의 주에 나오는 글자 도 그 음이 이와 같다. '遲'자는 '直(직)'자와 '私(사)'자의 반절음이다. '祇'자 는 '諸(제)'자와 '夷(이)'자의 반절음이다. '使王'에서의 '王'자는 '于(우)'자와 '況(황)'자의 반절음이며, 아래문장에 나오는 '王天下'·'王功'에서의 '王'자 도 모두 그 음이 이와 같다.

孔疏 ●"子夏"至"德也". ○正義曰: 自此以德下至"大王之德"一節, 子夏 問"三王之德, 參於天地", 夫子答以行"三無私"之事, 幷明湯及文·武三代大 王之德, 今各隨文解之.

번역 ●經文: "子夏"~"德也". ○이곳에서 덕으로 한다고 한 구문으로 부터 아래로 "태왕의 덕이다."[6]라고 한 문단까지는 자하가 "삼왕의 덕이 천지에 참여한다."고 한 내용에 대해 물어보아서, 공자가 '삼무사(三無私)' 를 시행하는 사안으로 대답을 해주고, 아울러 탕임금, 문왕과 무왕의 세 세대가 태왕의 덕을 교대로 시행하였다고 밝힌 것이니, 현재는 각각의 문 장에 따라 풀이하겠다.

孔疏 ●"其在詩曰: 帝命不違, 至于湯齊"者, 此詩·商頌·長發之篇, 美

---

6) 『예기』「공자한거」【609b】: 三代之王也, 必先其令聞. 詩云, '明明天子, 令聞 不已', 三代之德也. '弛其文德, 恊此四國', <u>大王之德</u>也. 子夏蹶然而起, 負牆而 立曰, "弟子敢不承乎?"

成湯之辭. 言天帝命此殷家, 世世行之不違, 至於成湯乃與天心齊也.

번역 ●經文: "其在詩曰: 帝命不違, 至于湯齊". ○이것은『시』「상송(商頌)‧장발(長發)」편으로, 성탕을 찬미한 말이다. 즉 천제가 은나라에 천명을 내렸는데 대대로 그것을 시행하면서도 어기지 않았고, 성탕에 이르러서는 천심과 동일하게 되었다는 뜻이다.

孔疏 ●"湯降不遲"者, 降, 下也. 言湯降下賢士不遲緩, 甚能速疾.

번역 ●經文: "湯降不遲". ○'강(降)'자는 "낮추다[下]."는 뜻이다. 즉 탕임금은 현명한 선비에게 자신을 낮출 때 더디게 하지 않았으니, 매우 신속히 할 수 있었다는 뜻이다.

孔疏 ●"聖敬日齊"者, 言其聖敬之德日日升進.

번역 ●經文: "聖敬日齊". ○성스럽고 공경스러운 덕이 날마다 높아졌다는 뜻이다.

孔疏 ●"昭假遲遲"者, 昭, 明也; 假, 暇也. 言湯以昭明寬暇天下之士, 心遲遲然甚舒緩.

번역 ●經文: "昭假遲遲". ○'소(昭)'자는 "밝다[明]."는 뜻이며, '가(假)'자는 "한가롭다[暇]."는 뜻이다. 즉 탕임금은 밝음을 통해 천하의 선비들을 관대하게 포용하였는데, 마음이 느긋하여 매우 여유로웠다는 뜻이다.

孔疏 ●"上帝是祗"者, 上帝, 天也; 祗, 敬也. 言天於是敬愛之.

번역 ●經文: "上帝是祗". ○'상제(上帝)'는 하늘을 뜻하며, '지(祗)'자는 "공경하다[敬]."는 뜻이다. 즉 하늘은 이로 인해 그를 공경하면서도 친애했다는 의미이다.

孔疏 ●“帝命式于九圍”者, 式, 用也; 九圍, 九州之界也. 言天命湯之用事於九州爲天子也. 詩之本注如此. 今此記注意, 言殷之先君施其政敎, 奉行天命不敢違也.

번역 ●經文: “帝命式于九圍”. ○‘식(式)’자는 “사용하다[用].”는 뜻이며, ‘구위(九圍)’는 구주의 경계이다. 즉 하늘이 명령하여 탕임금으로 하여금 구주에 대해 정사를 펼치게 하여 천자로 만들었다는 뜻이다. 『시』의 본래 주석도 이와 같다. 현재 이곳 『예기』의 주에 나오는 뜻은 은나라의 선군들이 정교를 펼칠 때 천명을 받들어 시행하며 감히 어기지 않았다는 의미이다.

孔疏 ●“至于湯齊”者, 齊, 躋也; 躋, 升也. 言至於成湯, 升爲國君, 湯降下政敎不遲緩, 其聖敬之德日日齊莊. 昭, 明也; 假, 至也. 言湯之明德, 下至於民, 遲遲然安和不急疾. 此與詩注稍殊, 大略同.

번역 ●經文: “至于湯齊”. ○‘제(齊)’자는 ‘제(躋)’자의 뜻이니, ‘제(躋)’자는 “오르다[升].”는 의미이다. 즉 성탕에 이르러서 그 지위가 올라 군주가 되었는데, 탕임금은 자신을 낮추어 정교를 시행하는데 더디게 하지 않았고, 그의 성스럽고 공경스러운 덕은 날마다 장엄하게 되었다는 뜻이다. ‘소(昭)’자는 “밝다[明].”는 뜻이며, ‘격(假)’자는 “이르다[至].”는 뜻이다. 탕임금의 밝은 덕이 아래로 백성들에게까지 미치어 여유로우면서도 안정되고 화락하여 급박하지 않았다는 뜻이다. 이곳 기록과 『시』의 주석은 다소 차이를 보이지만, 대략적으로 동일하다.

孔疏 ◎注“帝天”至“德也”. ○正義曰: “帝, 天帝”者, 恐有人帝之嫌, 故曰 “天帝”. “降, 下也”, “式, 用也”, 釋言文. “假, 至也”, “祗, 敬也”, 釋詁文. 云“是湯奉天無私之德也”者, 以上云“奉三無私”, 下卽引詩論湯之德, 言湯之明德, 下降於民, 遲遲安和, 是無私之事.

번역 ◎鄭注: “帝天”~“德也”. ○정현이 “‘제(帝)’자는 천제를 뜻한다.”

라고 했는데, 아마도 인간세상의 제왕이라고 오해할 것을 염려했기 때문에, '천제(天帝)'라고 말한 것이다. 정현이 "'강(降)'자는 '낮추다[下].'는 뜻이다."7)라고 했고, "'식(式)'자는 '사용한다[用].'는 뜻이다."8)라고 했는데, 이것은『이아』「석언(釋言)」편의 기록이다. 정현이 "'격(假)'자는 '이른다[至].'는 뜻이다."9)라고 했고, "'지(祗)'자는 '공경하다[敬].'는 뜻이다."10)라고 했는데, 이것은『이아』「석고(釋詁)」편의 기록이다. 정현이 "탕임금이 하늘을 받들고 삿됨이 없었던 덕이라는 뜻이다."라고 했는데, 앞에서는 "삼무사(三無私)를 받든다."라고 했고, 그 뒤에서는 곧『시』를 인용하여 탕임금의 덕을 논의하였으니, 탕임금의 밝은 덕은 아래로 백성들에게 미쳐서 여유롭고 안정되며 화락했으니, 이것은 삿됨이 없는 사안에 해당한다는 뜻이다.

訓纂 吳幼淸曰: 勞, 謂安其居, 節其力, 使勞者得休息也.

번역 오유청이 말하길, '노(勞)'자는 자신의 거처를 편안하게 여기고, 힘을 아끼게 하여, 수고로운 일을 했던 자로 하여금 휴식을 취하도록 했다는 뜻이다.

集解 勞, 勞來也. 詩, 商頌長發之篇. 日齊, 詩作"日躋". 躋, 升也.

번역 '노(勞)'자는 은덕을 통해 사람들이 찾아오게끔 한다는 뜻이다. 이 시는『시』「상송(商頌)·장발(長發)」편이다. '일제(日齊)'를『시』에서는 '일제(日躋)'로 기록했다. '제(躋)'자는 "오른다[升]."는 뜻이다.

集解 愚謂: 引詩以證湯有無私之德, 故帝命之使爲法於天下也.

7)『이아』「석언(釋言)」: 降, 下也.
8)『이아』「석언(釋言)」: 試 · 式, 用也.
9)『이아』「석고(釋詁)」: 迄 · 臻 · 極 · 到 · 赴 · 來 · 弔 · 艐 · 格 · 戾 · 懷 · 摧 · 詹, 至也.
10)『이아』「석고(釋詁)」: 儼 · 恪 · 祗 · 翼 · 諲 · 恭 · 欽 · 寅 · 熯, 敬也.

번역 내가 생각하기에, 『시』를 인용하여 탕임금은 삿됨이 없는 덕을 가지고 있었기 때문에, 상제가 그에게 명령하여 천하에 모범이 되도록 했음을 증명하였다.

참고 『시』「상송(商頌)・장발(長發)」

濬哲維商, (준철유상) : 깊고도 명철한 은나라에,
長發其祥. (장발기상) : 그 상서로움이 장구히 발현되도다.
洪水芒芒, (홍수망망) : 홍수가 무성하거늘,
禹敷下土方, (우부하토방) : 우임금이 은덕을 베풀어 사방을 바르게 하시고,
外大國是疆. (외대국시강) : 외부의 큰 나라로 경계를 삼으셨다.
幅隕旣長, (폭운기장) : 영토가 크게 넓어졌는데,
有娀方將, (유융방장) : 유융씨가 커지기에,
帝立子生商. (제입자생상) : 상제께서 아들을 세워 은나라를 내셨도다.

玄王桓撥, (현왕환발) : 설(契)께서 크게 다스리시니,
受小國是達, (수소국시달) : 작은 나라를 받음에 교화와 명령을 전달하시고,
受大國是達. (수대국시달) : 큰 나라를 받음에 교화와 명령을 전달하셨도다.
率履不越, (솔리불월) : 백성들을 통솔하여 예법을 준수토록 하며 벗어나
                        지 않게 하셨고,
遂視旣發. (수시기발) : 두루 살피서서 교화와 정령을 모두 시행하셨도다.
相土烈烈, (상토열열) : 설의 손자인 상토(相土)께서 위엄과 무용을 떨치
                      시니,
海外有截. (해외유절) : 사해 밖의 사람들이 복종하여 가지런히 되도다.

帝命不違, (제명불위) : 상제의 명령을 어기지 않으셔서,
至于湯齊. (지우탕제) : 탕임금에 이르러 천심에 합당하게 되었도다.
湯降不遲, (탕강불지) : 탕임금은 현명한 자에게 자신을 낮추기를 더디게
                      하지 않았으며,
聖敬日躋. (성경일제) : 성스럽고 공경스러운 덕이 날로 증진하였도다.

昭假遲遲, (소가지지) : 빛나고 여유로워서 백성들에 대해서 관대하셨는데,
上帝是祇, (상제시지) : 상제께서 이에 그를 공경하셔서,
帝命式于九圍. (제명식우구위) : 상제께서 명령하여 구위에 모범이 되게
　　　　　　　　　　　　　하셨도다.

受小球大球, (수소구대구) : 작은 옥을 받으시고 큰 옥을 받으셔서,
爲下國綴旒, (위하국철류) : 제후국들을 결집하여,
何天之休. (하천지휴) : 하늘의 아름다운 명예를 짊어지셨도다.
不競不絿, (불경불구) : 다투지 않고 다급히 하지 않으셨으며,
不剛不柔, (불강불유) : 너무 굳세게도 하지 않고 너무 부드럽게도 하지
　　　　　　　　　　　　　않으셨으며,
敷政優優, (부정우우) : 정사를 펼침에 관대하고 너그러워서,
百祿是遒. (백록시주) : 온갖 복이 이에 모이였구나.

受小共大共, (수소공대공) : 손으로 잡게 되는 작은 옥을 받으시고 큰 옥
　　　　　　　　　　　　　을 받으셔서,
爲下國駿厖, (위하국준방) : 제후국들의 크고 두터움이 되어,
何天之龍. (하천지룡) : 하늘의 총애를 짊어지셨도다.
敷奏其勇, (부주기용) : 그 용맹을 바치시니,
不震不動, (부진부동) : 진동하지 않으셨으며,
不戁不竦, (불난불송) : 겁내거나 두려워하지 않으셔서,
百祿是總. (백록시총) : 모든 복이 이에 결집되었구나.

武王載斾, (무왕재패) : 탕임금이 깃발을 수레에 싣고서,
有虔秉鉞, (유건병월) : 또 굳건히 도끼를 쥐시니,
如火烈烈, (여화열열) : 마치 맹렬하게 타오르는 불과 같으니,
則莫我敢曷. (즉막아감갈) : 누가 감히 나를 막으리오.
苞有三蘗, (포유삼얼) : 본디 세 가지를 두었으나,
莫遂莫達, (막수막달) : 그 덕을 하늘에 도달치 못하니,
九有有截. (구유유절) : 구주의 제후들이 한결같이 탕임금에게 귀의하노라.
韋顧旣伐, (위고기벌) : 위국과 고국을 정벌하시고,
昆吾夏桀. (곤오하걸) : 곤오와 하나라의 걸임금을 주살하셨도다.

昔在中葉, (석재중엽) : 옛날 상토 때에도,

有震且業. (유진차업) : 위엄과 과업이 갖춰졌었도다.

允也天子, (윤야천자) : 하늘이 자식으로 여겨 천자로 만드시고,

降于卿士. (강우경사) : 현명한 신하들을 내려주셨도다.

實維阿衡, (실유아형) : 실로 이윤이 있어,

實左右商王. (실좌우상왕) : 실로 탕임금을 도왔도다.

毛序 長發, 大禘也.

모서 「장발(長發)」편은 성대한 체(禘)제사[11]를 지낼 때 사용하는 시가이다.

참고 원문비교

예기대전·공자한거(孔子閒居) 子夏曰, “三王之德, 參於天地, 敢問何如斯可謂參於天地矣?” 孔子曰, “奉三無私以勞天下.” 子夏曰, “敢問何謂三無私?” 孔子曰, “天無私覆, 地無私載, 日月無私照. 奉斯三者以勞天下, 此之謂三無私. 其在詩曰, ‘帝命不違, 至於湯齊. 湯降不遲, 聖敬日齊. 昭假遲遲, 上帝是祇, 帝命式于九圍’, 是湯之德也.”

공자가어·논례(論禮) “既然而又奉之以三無私, 而勞天下, 此之謂五起.” 子夏曰, “何謂三無私?”, 孔子曰, “天無私覆, 地無私載, 日月無私照. 其在詩曰, ‘帝命不違, 至于湯齊①. 湯降不遲, 聖敬日隮②. 昭假遲遲, 上帝是祇③, 帝命式于九圍④’, 是湯之德也.”

---

11) 체제(禘祭)는 천신(天神) 및 조상신(祖上神)에게 지내는 ‘큰 제사[大祭]’를 뜻한다. 『이아』「석천(釋天)」편에는 “禘, 大祭也.”라는 기록이 있고, 이에 대한 곽박(郭璞)의 주에서는 “五年一大祭.”라고 풀이하여, 대제(大祭)로써의 체제사는 5년마다 1번씩 지낸다고 설명한다. 그러나 『예기』「왕제(王制)」에 수록된 각종 제사들에 대한 기록을 살펴보면, 체제사는 큰 제사임에는 분명하나, 반드시 5년마다 1번씩 지내는 제사는 아니었다.

王注-① 至湯以天心齊.

번역 탕임금 때에 이르러 천심과 동일하게 되었다는 뜻이다.

王注-② 不遲, 言疾. 隮, 升也. 湯疾行下人之道, 其聖敬之德, 日升聞也.

번역 '부지(不遲)'는 신속하다는 뜻이다. '제(隮)'자는 오른다는 뜻이다. 탕임금은 남에게 자신을 낮추는 도를 신속히 시행하였으니, 성스럽고 공경스러운 덕이 날로 올라가 소문이 퍼지게 되었다는 뜻이다.

王注-③ 湯之威德, 昭明遍至, 化行寬舒, 遲遲然, 故上帝敬其德.

번역 탕임금의 위엄과 덕성은 밝아져 두루 미쳤고, 행실을 조화롭게 하고 관대하고 너그러워서 여유로웠기 때문에, 상제가 그의 덕을 공경했다는 뜻이다.

王注-④ 九圍, 九州也. 天命用于九州, 謂以爲天下王.

번역 '구위(九圍)'는 구주를 뜻한다. 하늘이 명령하여 구주에 쓰이게 했다는 말은 그를 천하의 왕으로 삼았다는 뜻이다.

그림 5-1   ▣ 은(殷)나라 탕왕(湯王)

湯　成　王　商

※ **출처:** 『삼재도회(三才圖會)』「인물(人物)」 1권

그림 5-2 ◨ 은(殷)나라 세계도(世系圖)

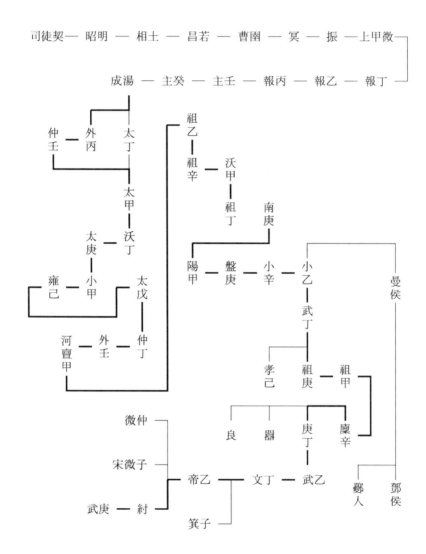

※ 출처: 『역사(繹史)』 1권 「역사세계도(繹史世系圖)」

그림 5-3　◼ 구주(九州)-『서』「우공(禹貢)」

※ **출처**: 『흠정사고전서(欽定四庫全書)』「도서편(圖書編)」 31권

● 그림 5-4 ■ 구주(九州)-『주례』

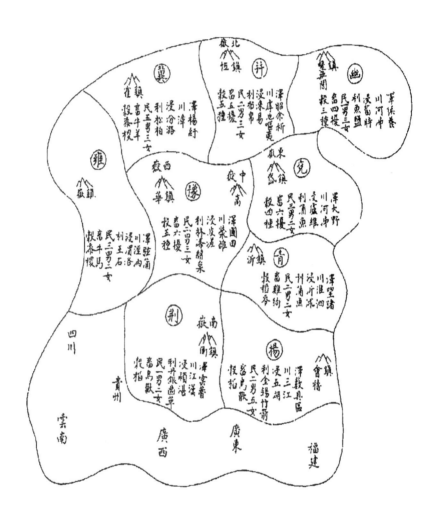

※ 출처: 『주례도설(周禮圖說)』 상권

• 제 6 절 •

문왕(文王)과 무왕(武王)의 덕

【608a~b】

"天有四時, 春秋冬夏, 風雨霜露, 無非敎也. 地載神氣, 神氣風霆, 風霆流形, 庶物露生, 無非敎也."

직역 "天에는 四時가 有하니, 春秋冬夏와 風雨霜露는 敎가 非함이 無라. 地는 神氣를 載하니, 神氣는 風霆이고, 風霆은 流形하여, 庶物이 露生하니, 敎가 非함이 無라."

의역 공자가 계속하여 말하길, "하늘에는 사계절이 있으니, 봄과 가을 겨울과 여름 및 바람과 비 서리와 이슬 중에는 하늘의 가르침이 아닌 것들이 없다. 또 땅은 신기를 받들고 있는데, 신기는 바람과 천둥을 일으키고, 바람과 천둥은 조화로운 운행을 통해 만물이 생겨나게 되니, 이것들 중에는 땅의 가르침이 아닌 것들이 없다."라고 했다.

集說 上章引詩以明王道之無私, 此言天地之無私也, 春夏之啓, 秋冬之閉, 風雨之發生, 霜露之肅殺, 無非天道至公之敎也. 載, 猶承也, 由神氣之變化, 致風霆之顯設, 地順承天施, 故能發育群品; 形, 猶迹也, 流形, 所以運造化之迹, 而庶物因之以生. 此地道至公之敎也. 聖人之至德, 與天道之至敎, 均一無私而已.

번역 앞의 문장에서는 시를 인용하여 왕도에는 삿됨이 없음을 나타내었다. 이곳에서는 천지에는 삿됨이 없음을 말하였는데, 봄과 여름이 열어주고 가을과 겨울이 닫아주며, 바람과 비가 발생시키고 서리와 이슬이 숙살시키는 것 등에는 천도의 지극히 공평한 가르침 아닌 것들이 없다. '재(載)'자는 "받들다[承]."는 뜻이니, 신기의 변화에 따라서 바람과 천둥을 일으키게 하고, 땅은 하늘이 베푸는 것을 순종하고 받들기 때문에 뭇 사물들을 발생시키고 기를 수 있다. '형(形)'자는 자취[迹]를 뜻하니, '유형(流形)'은 조화로운 자취를 운행하여 만물이 그에 따라 생겨나게 하는 것이다. 이것은 땅의 도리가 지극히 공평한 가르침이 됨을 나타낸다. 성인의 지극한 덕은 천도의 지극한 가르침과 균일하여 삿됨이 없을 따름이다.

大全 藍田呂氏曰: 天有四時, 運行於上, 地載神氣, 動作於下. 春秋冬夏, 風雨霜露, 所以釋天有四時也. 風霆流形, 庶物露生, 所以釋地載神氣也. 春秋執生殺之機, 冬夏極陰陽之用, 風雨霜露, 施于庶物者, 皆可取法, 無非敎也. 風之動蕩, 霆之震耀, 流形于下, 化育庶物, 使皆呈露發生者, 亦可取法, 無非敎也. 然風霆猶風雨, 皆神氣也, 降於天, 載於地, 以成化育者也. 獨於地言之, 則以流形而可見也.

번역 남전여씨가 말하길, 하늘에 사계절이 있어서 위에서 운행하고 땅은 신기를 받들고 있어서 아래에서 움직인다. 봄과 가을 겨울과 여름, 바람과 비 서리와 이슬은 하늘에 사계절이 있음을 풀이한 것이다. 바람과 천둥이 유행하여 드러나고 만물이 발생하는 것은 땅이 신기를 받들고 있음을 풀이한 것이다. 봄과 가을은 살리고 죽이는 기틀을 가지고 있고, 겨울과 여름은 음양의 쓰임을 지극히 하는데, 바람과 비 서리와 이슬이 만물에게 베풀어지는 것들은 모두 본받을 수 있으므로, 가르침이 아닌 것들이 없다. 바람이 움직이고 요동치며 천둥이 울리고 빛을 내어 아래에서 유행하며 형체를 드러내어 만물을 화육하고, 그것들로 하여금 모두 드러내어 생겨나도록 하니, 이 또한 본받을 수 있으므로, 가르침이 아닌 것들이 없다. 그런데 바람과 우레는 바람과 비와 같은 것이니, 모두 신기에 해당하며, 하늘에서 내리고 땅에서 실어주어 화육을 완성시키는 것이다. 유독 땅에 대해서만 말한 것은 유행하여 형체를 드러내어 볼 수 있기 때문이다.

大全 嚴陵方氏曰: 天以氣運乎上, 故其教以四時爲主. 地以形成乎下, 故其教以庶物爲主. 言天之四時, 則其序先於風雨霜露者, 四時以風雨霜露爲之用故也. 言地之庶物, 則其序後於神氣風霆者, 庶物以神氣風霆爲之體故也. 且四時之在天, 一往一來, 莫不有先後之序盈虛之數. 庶物之在地, 一動一植, 莫不有小大之別多少之分, 則聖人之設教, 豈能舍是哉? 故曰無非教也. 神氣者, 天氣也, 及其下降而得地載之, 故曰地載神氣. 神氣散而爲風, 薄而爲霆, 故曰神氣風霆. 風霆流行而成形, 故曰風霆流形. 形成而後物生可見, 故曰庶物露生. 夫風之行也, 植物之甲者, 莫不拆, 霆之震也, 動物之蟄者, 莫不蘇, 則庶物露生, 於此可見矣. 若雨露, 莫不物資以生, 然止以風霆言之者, 以風霆無方而莫測, 尤爲氣之神故也. 易曰鼓之舞之以盡神, 揚子曰鼓舞萬物, 其雷風乎, 蓋以是也.

번역 엄릉방씨가 말하길, 하늘은 기를 통해 위에서 운행하기 때문에 교화는 사계절을 위주로 삼는다. 땅은 형상을 아래에서 완성하기 때문에 교화는 만물을 위주로 삼는다. 하늘의 사계절을 말했다면 그 순서가 바람과 비 서리와 이슬보다 앞서는데, 사계절은 바람과 비 서리와 이슬을 운용으로 삼기 때문이다. 땅의 만물을 말했다면 그 순서가 신기의 바람과 천둥보다 뒤가 되는데, 만물은 신기의 바람과 천둥을 본체로 삼기 때문이다. 또 사계절은 하늘에 있어서 한 번 가고 한 번 오니, 선후의 순서 및 차고 비는 법칙이 있지 않은 것이 없다. 만물은 땅에 있어서 한 번 움직이고 한 번 그치니 대소의 구별 및 많고 적은 구분이 있지 않은 것이 없다. 따라서 성인이 교화를 펼칠 때 어찌 이것을 내버릴 수 있겠는가? 그렇기 때문에 "교화가 아닌 것이 없다."라고 했다. 신기(神氣)는 하늘의 기운인데, 그것이 내려오게 되면 땅이 실을 수가 있다. 그렇기 때문에 "땅이 신기를 싣는다."라고 했다. 신기가 흩어지면 바람이 되고 옅어지면 천둥이 된다. 그렇기 때문에 "신기는 바람이고 천둥이다."라고 했다. 바람과 천둥은 유행하여 형체를 이룬다. 그렇기 때문에 "바람과 천둥이 유행하여 형체를 이룬다."라고 했다. 형체를 이룬 뒤에는 만물이 생겨나는 것을 볼 수 있다. 그렇기 때문에 "만물이 드러나고 생겨난다."라고 했다. 무릇 바람이 불 때 식물의 싹을 둘러

싼 껍데기는 갈라지지 않는 것이 없고, 천둥이 울릴 때 동물 중 칩거했던 것은 소생하지 않는 것이 없으니, 만물이 드러나고 생겨나는 것은 여기에서 볼 수 있다. 비와 이슬과 같은 것도 만물의 보탬이 되어 생겨나도록 하지 않는 것이 없지만, 단지 바람과 천둥으로만 말한 것은 바람과 천둥은 정해진 장소가 없어 헤아릴 수 없으니, 더더욱 기운의 신묘함이 되기 때문이다. 『역』에서 "부추기고 춤추게 하여 신묘함을 다한다."[1]라고 했고, 양자[2]가 "만물을 부추기고 춤추게 하는 것은 우레와 바람일 것이다."라고 한 것도 이러한 이유 때문일 것이다.

鄭注 言天之施化牧殺, 地之載生萬物, 此非有所私也. "無非敎"者, 皆人君所當奉行以爲政敎.

번역 하늘은 베풀고 조화롭게 하며 이끌고 숙살시키며, 땅은 만물을 싣고 낳는데, 사사롭게 여기는 것이 없다는 뜻이다. "가르침 아닌 것이 없다."는 말은 모두 군주가 마땅히 받들어서 정치와 교화로 삼아야 할 것들이라는 의미이다.

釋文 神氣風霆, 音廷, 絶句. "風霆流形", 絶句.

번역 '神氣風霆'에서의 '霆'자는 그 음이 '廷(정)'이며, 여기에서 구문을 끊는다. '風霆流形'에서 구문을 끊는다.

孔疏 ●"天有"至"敎也". ○正義曰: 前經云"奉三無私", 次論湯德. 此經論

---

1) 『역』「계사상(繫辭上)」: 子曰, "聖人立象以盡意, 設卦以盡情僞, 繫辭焉以盡其言, 變而通之以盡利, 鼓之舞之以盡神."

2) 양웅(楊雄, B.C.53~A.D.18): =양웅(揚雄)·양자(揚子). 전한(前漢) 때의 학자이다. 자(字)는 자운(子雲)이다. 사부작가(辭賦作家)로도 명성이 높았다. 왕망(王莽)에게 동조했다는 이유로 송(宋)나라 이후부터는 배척을 당하였다. 만년에는 경학(經學)에 전념하여, 자신을 성현(聖賢)이라고 자처하였다. 참위설(讖緯說) 등을 배척하고, 유가(儒家)와 도가(道家)의 사상을 절충하였다. 저서로는 『법언(法言)』, 『태현경(太玄經)』 등이 있다.

天地無私, 聖人則之以爲敎.

번역 ●經文: "天有"~"敎也". ○앞의 경문에서는 "삼무사(三無私)를 받든다."라고 했고, 그 다음으로 탕임금의 덕을 논의하였다. 이곳 경문에서는 천지에는 사사로움이 없으니, 성인이 그것을 본받아 교화로 삼는다는 것을 논의하였다.

孔疏 ●"天有四時, 春秋冬夏, 風雨霜露, 無非敎也"者, 言天春生夏長, 秋殺冬藏, 以風以雨, 以霜以露, 化養於物. 聖人則之, 事事倣法以爲敎, 故云"無非敎也".

번역 ●經文: "天有四時, 春秋冬夏, 風雨霜露, 無非敎也". ○하늘은 봄을 통해 낳고 여름을 통해 길러주며 가을을 통해 죽이고 겨울을 통해 보관시키는데, 바람과 비를 통하고 서리와 이슬을 통해서 만물을 조화롭게 길러준다. 성인은 그것을 본받아서 모든 일에 있어 그 법도를 모방하여 가르침으로 삼는다. 그렇기 때문에 "가르침 아닌 것이 없다."라고 했다.

孔疏 ●"地載神氣, 神氣風霆, 風霆流形, 庶物露生, 無非敎也"者, "神氣"謂神妙之氣. 風霆, 霆, 雷也. 神氣風霆流形, 謂地以神氣·風雷之等, 流布其形.

번역 ●經文: "地載神氣, 神氣風霆, 風霆流形, 庶物露生, 無非敎也". ○'신기(神氣)'는 신묘한 기운을 뜻한다. '풍정(風霆)'이라고 했는데, '정(霆)'은 우레를 뜻한다. '신기풍정류형(神氣風霆流形)'이라는 말은 땅은 신묘한 기운과 바람 및 우레 등을 이용하여 그 형체를 유행시키고 펼친다는 뜻이다.

孔疏 ●"庶物露生", 庶, 衆也. 言衆物感此"神氣風霆"之形, 露見而生, 人君法則此地之生物, 事事奉之以爲敎也, 故云"無非敎也". 神氣風霆, 亦天之所有, 故春秋云"天有六氣", 此經云天有風雨, 不偏屬於地. 今屬於地者, 其實

神氣風霆, 天地共有. "春秋冬夏", 是天之神氣. 旣稱"春秋冬夏", 故於地變言
"神氣". 但氣從地出, 又風著於土, 雷出於地, 故神氣風雷, 偏繫於地.

[번역] ●經文: "庶物露生". ○'서(庶)'자는 무리[衆]를 뜻한다. 즉 만물이
이러한 신묘한 기운과 바람 및 우레 등의 형체에 감응하여 드러나고 생겨
난다는 뜻으로, 군주가 땅이 만물을 낳는 것을 본받아서 모든 일들에 대해
그것을 받들어 가르침으로 삼는다는 의미이다. 그렇기 때문에 "가르침 아
닌 것이 없다."라고 했다. 신묘한 기운과 바람 및 우레는 또한 하늘이 가지
고 있는 것이다. 그렇기 때문에 『춘추』에서는 "하늘에는 육기(六氣)[3]가 있
다."[4]라고 한 것이고, 이곳 경문에서는 하늘에 바람과 비가 있다고 한 것이
니, 땅에만 속하는 것이 아니다. 그런데 현재 이곳 기록에서는 땅에 배속시
켰으니, 실제로는 신묘한 기운과 바람 및 우레를 천지가 함께 가지고 있는
것이다. '봄과 가을 겨울과 여름'이라고 했는데, 이것은 하늘의 신묘한 기운
이다. 이미 '봄과 가을 겨울과 여름'이라고 했기 때문에, 땅에 대해서는 그
명칭을 바꿔서 '신묘한 기운'이라고 한 것이다. 다만 기는 땅을 통해 나타나
고 또 바람은 땅에서 불며, 우레는 땅에서 나타난다. 그렇기 때문에 신묘한
기운과 바람 및 우레를 땅에만 연계시킨 것이다.

[訓纂] 說文: 霜, 喪也. 成物者. 露, 潤澤也. 霆, 雷餘聲鈴鈴, 所以挺出萬物.

[번역] 『설문』에서 말하길, '상(霜)'자는 잃는다는 뜻이다. 만물을 완성시

---

3) 육기(六氣)는 자연 기후의 변화 속에 나타나는 여섯 가지 주요 현상을 뜻한
다. 음기(陰氣), 양기(陽氣), 바람[風], 비[雨], 어둠[晦], 밝음[明]을 뜻한다. 『
춘추좌씨전』 「소공(昭公) 1년」편에는 "六氣曰陰 · 陽 · 風 · 雨 · 晦 · 明也."라
는 기록이 있고, 『장자(莊子)』 「재유(在宥)」편에는 "天氣不和, 地氣鬱結, 六氣
不調, 四時不節."이라는 기록이 있는데, 이에 대한 성현영(成玄英)의 소(疏)
에서는 "陰 · 陽 · 風 · 雨 · 晦 · 明, 此六氣也."라고 풀이했으며, 또 『국어(國
語)』 「주어하(周語下)」편에 대한 위소(韋昭)의 주에서는 "六氣, 陰陽風雨晦明
也."라고 풀이했다.
4) 『춘추좌씨전』 「소공(昭公) 1년」 : 天有六氣, 降生五味, 發爲五色, 徵爲五聲. 淫
生六疾.

키는 것이다. '노(露)'자는 윤택하게 적신다는 뜻이다. '정(霆)'자는 우레의 소리가 쩌렁쩌렁 울려서 만물이 나타나도록 하는 것이다.

訓纂 蔡邕月令章句曰: 露者, 陰液也. 釋爲露, 凝爲霜.

번역 채옹5)의 『월령장구』에서 말하길, '노(露)'자는 음액이다. 그것이 풀어지면 이슬이 되고 응결되면 서리가 된다.

訓纂 爾雅曰, "疾雷爲霆霓." 郭注, "雷之急激者, 謂霹靂."

번역 『이아』에서는 "다급히 치는 우레는 정역(霆霓)이 된다."6)라고 했고, 곽박7)의 주에서는 "우레 중에서도 급하고 격렬한 것을 벽력(霹靂)이라고 부른다."라고 했다.

訓纂 蒼頡篇: 霆, 霹靂也.

번역 『창힐편』8)에서 말하길, '정(霆)'은 벽력(霹靂)이다.

---

5) 채옹(蔡邕, A.D.131~A.D.192): 후한(後漢) 때의 학자이다. 자(字)는 백개(伯喈)이다. A.D.189년 동탁(董卓)에게 발탁되어, 시어사(侍御史)와 좌중랑장(左中郎將) 등을 역임하였으나, 동탁이 죽은 후 투옥되어 옥중에서 죽었다. 박학하였으며 술수(術數), 천문(天文), 사장(辭章) 등에 조예가 깊었다.
6) 『이아』「석천(釋天)」: 疾雷爲霆霓.
7) 곽박(郭璞, A.D.276~A.D.324): =곽경순(郭景純). 진(晉)나라 때의 학자이다. 자(字)는 경순(景純)이다. 저서로는 『이아주(爾雅注)』, 『방언주(方言注)』, 『산해경주(山海經注)』 등이 있다.
8) 『창힐(倉頡)』은 또한 『창힐(蒼頡)』・『창힐편(倉頡篇)』・『창힐편(蒼頡篇)』 등으로 부른다. 『창힐』편은 본래 진(秦)나라 때의 이사(李斯)가 만들었다고 전해지는 자서(字書)이다. 본래 어린아이들에게 글자를 가르치기 위해서 작성된 자서(字書)이다. 진시황(秦始皇)이 문자(文字)를 통일한 이후 글자를 익히게 하기 위해서, 소전체(小篆體)로 작성되었다. 한(漢)나라 때에는 『창힐(倉頡)』, 『원력(爰歷)』, 『박학(博學)』을 합쳐서 한 권을 책으로 만들었고, 이것을 통칭하여 『창힐편』 또는 『삼창(三倉)』・『삼창(三蒼)』 등으로 불렀다.

集解 呂氏大臨曰: 此衍"神氣風霆"四字.

번역 여대림이 말하길, 이곳 문장에는 '신기풍정(神氣風霆)'이라는 네 글자가 연문으로 기록되어 있다.

集解 愚謂: 此言天地之無私也. 神氣, 五行之精氣也. 露生, 謂露見而發生也. 天以四時運於上, 地以神氣應於下, 播五行於四時也. 雨及霜露降於天, 雷霆出乎地, 而風則鼓盪於天地之間, 故於天地皆言之. 乾資始, 故言"風雨霜露", 擧其所以施之者而已. 坤資生, 故言"品物露生", 而究其功用之著焉. 無非教者, 天何言哉? 四時行焉, 百物生焉, 莫非天地無私之政教也.

번역 내가 생각하기에, 이 문장은 천지에는 사사로움이 없음을 나타내고 있다. '신기(神氣)'는 오행의 정기이다. '노생(露生)'은 드러나고 발생한다는 뜻이다. 하늘은 사계절을 통해 위에서 운행하고 땅은 신기를 통해 아래에서 호응하여, 사계절에 오행을 펼친다. 비와 서리 및 이슬은 하늘에서 내려오고 우레와 천둥은 땅에서 솟아나는데, 바람은 천지 사이에서 불며 요동친다. 그렇기 때문에 천지에 대해서 모두 바람을 말한 것이다. 건괘(乾卦)는 만물이 의뢰하여 시작하도록 만들기 때문에[9] '바람과 비 서리와 이슬'이라고 말한 것은 베풀어지는 것을 제시한 것일 뿐이다. 곤괘(坤卦)는 만물이 의뢰하여 생겨나도록 만들기 때문에[10] "만물이 드러나고 생겨난다."라고 말하여, 그 공용의 작용을 현저히 드러낸 것이다. "가르침 아닌 것이 없다."고 했는데, 하늘이 무슨 말을 하던가? 사계절이 유행하고 만물이 생겨난다고 했으니,[11] 천지의 사사로움이 없는 정치와 교화가 아닌 것들이 없다.

---

9) 『역』「건괘(乾卦)」: 象曰, 大哉乾元! 萬物資始, 乃統天.
10) 『역』「곤괘(坤卦)」: 象曰, 至哉坤元, 萬物資生, 乃順承天.
11) 『논어』「양화(陽貨)」: 子曰, "予欲無言." 子貢曰, "子如不言, 則小子何述焉?" 子曰, "天何言哉? 四時行焉, 百物生焉, 天何言哉?

참고 원문비교

예기대전·공자한거(孔子閒居) "天有四時, 春秋冬夏, 風雨霜露, 無非敎
也. 地載神氣, <u>神氣風霆</u>, <u>風霆流形</u>, <u>庶物露生</u>, 無非敎也."

공자가어·문옥(問玉) "天有四時, 春夏秋冬, 風雨霜露, 無非敎也. 地載
神氣, <u>吐納雷霆</u>, <u>流形庶物</u>, 無非敎也."

【608d】

"清明在躬, 氣志如神, 耆欲將至, 有開必先, 天降時雨, 山川出
雲. 其在詩曰, '嵩高維嶽, 峻極于天. 維嶽降神, 生甫及申. 維
申及甫, 爲周之翰. 四國于蕃, 四方于宣.' 此文武之德也."

직역 "清明이 躬에 在하면, 氣志가 神과 如하고, 耆欲이 將히 至하면, 開가 有
하여 必히 先하며, 天이 時雨를 降하면, 山川이 雲을 出한다. 그 詩에 在하기를
曰, '嵩高라 維히 嶽이여, 峻이 天에 極이라도. 維히 嶽이여 神을 降하니, 甫와 申을
生이라도. 維히 申과 甫여, 周의 翰이 爲로다. 四國에 蕃하며, 四方에 宣이라.' 此는
文武의 德이다."

의역 공자가 계속하여 말하길, "맑고 밝음이 자신에게 있다면 그 기운과 뜻이
신과 같아지고, 바라고 원하던 것이 장차 이르게 되면 반드시 그보다 앞서 그것을
열어주는 조짐이 나타나며, 하늘이 때에 맞는 비를 내리고자 하면 산천은 그보다
앞서 구름을 생성한다. 『시』에서도 '높고도 높구나 저 악(嶽)이여, 그 높음이 하늘
에 이르렀구나. 오직 이러한 악만이 신령을 내려서 중산보와 신백이 태어나도록
했다. 신백과 중산보는 주나라의 근간이 되었고, 사방의 나라는 그들을 환란을 막
는 울타리로 삼고 은택을 펼치게 했도다.'라고 했으니, 바로 문왕과 무왕의 덕을
나타내는 말이다."라고 했다.

集說 淸明在躬, 氣志如神, 卽至誠前知之謂也. 耆欲, 所願欲之事也. 有開必先, 言先有以開發其兆眹者, 如將興必有禎祥, 若時雨將降, 山川必先爲之出雲也. 國家將興, 天必爲之豫生賢佐, 故引大雅嵩高之篇, 言文武有此無私之德, 故天爲之生賢佐以興周, 而文武無此詩, 故取宣王詩爲喩, 而曰此文武之德也.

번역 "청명이 자신에게 있으면 기운과 뜻이 신과 같다."라고 했는데, 지극히 정성스러워서 미리 알 수 있다는 뜻이다.[12] '기욕(耆欲)'은 원하고 바라는 사안을 뜻한다. '유개필선(有開必先)'은 먼저 그 조짐을 열어주는 일이 있다는 뜻이니, 마치 앞으로 흥성하게 될 때에는 반드시 경사스러운 조짐이 나타나고, 마치 때에 맞는 비가 내리려고 할 때 산천이 반드시 그보다 앞서 구름을 내놓는 것과 같다. 국가가 흥성하려고 하면 하늘은 반드시 그를 위해 현명한 신하를 태어나게 한다. 그렇기 때문에 『시』「대아(大雅)·숭고(嵩高)」편을 인용하였으니,[13] 문왕과 무왕에게는 이처럼 삿됨이 없는 덕이 있었기 때문에, 하늘이 그들을 위해 현명한 신하를 태어나게 하여 주나라를 흥기시켰다는 뜻이다. 그런데 문왕과 무왕 때에는 이러한 시가 없었기 때문에 선왕(宣王)에 대해 읊조린 시를 가져다가 비유를 하고, "이것은 문왕과 무왕의 덕이다."라고 한 것이다.

集說 嚴氏曰: 嵩然而高竦者嶽也, 其山峻大, 極至于天, 維此嶽降其神靈, 以生仲山甫及申伯. 此申伯及山甫皆爲周室之翰榦, 四國則于以蕃蔽其患難, 四方則于以宣布其德澤.

번역 엄씨가 말하길, 높고도 높아서 우뚝 솟아 있는 것은 악(嶽)인데, 그 산은 매우 높고도 커서 그 끝이 하늘에 이른 것이니, 오직 이러한 악(嶽)만이 신령을 내려서 중산보와 신백이 태어나도록 한 것이다. 신백과 중산

---

12) 『중용』「24장」: 至誠之道可以前知. 國家將興, 必有禎祥. 國家將亡, 必有妖孽. 見乎蓍龜, 動乎四體. 禍福將至, 善必先知之, 不善必先知之. 故至誠如神.

13) 『시』「대아(大雅)·숭고(崧高)」: 崧高維嶽, 駿極于天. 維嶽降神, 生甫及申. 維申及甫, 維周之翰. 四國于蕃, 四方于宣.

보는 모두 주나라의 근간이 된 신하들인데, 사방의 나라가 이들을 환란을 막는 울타리로 삼았고, 사방은 이들을 통해 은덕을 펼쳤다.

大全 藍田呂氏曰: 淸而明者, 天之德也. 以天德在躬, 故氣志如神. 孟子曰, 中天下而立, 定四海之民, 君子樂之, 所謂耆欲將至, 則有開於興王, 必先有以生賢. 有開於興王, 譬猶天降時雨也, 必先有以生賢, 譬猶山川出雲也. 嵩高者, 生賢之詩也. 宣王, 中興之王也. 申甫, 間生之賢也, 故能爲周翰, 以蕃于四國, 宣于四方也. 文武之德如此, 無詩以言之, 故取類以明義也.

번역 남전여씨가 말하길, 맑고도 밝은 것은 하늘의 덕이다. 하늘의 덕이 자신에게 있기 때문에 기운과 뜻이 신과 같게 된다. 『맹자』에서는 "천하의 가운데 서서 천자가 되어 사해의 백성들을 안정시키는 것을 군자가 즐거워한다."[14]라고 했으니, 바라는 것이 이르려고 한다면 왕업을 흥기시킴에 열어주는 점이 있으니, 반드시 그보다 앞서 현명한 신하를 태어나게 한다는 뜻이다. 왕업을 흥기시킴에 열어주는 점이 있다는 것은 비유하자면 하늘이 때에 맞는 비를 내리려고 한다는 뜻이고, 반드시 그보다 앞서 현명한 신하를 태어나게 한다는 것은 비유하자면 산천이 구름을 생성한다는 뜻이다. 「숭고」편은 현명한 자를 태어나게 함을 노래한 시이다. '선왕(宣王)'은 중흥을 시킨 천자이다. 신백과 중산보는 그 사이에 태어난 현자들이다. 그렇기 때문에 주나라의 근간이 되어 사방의 나라에 대해 울타리가 되고, 사방에 대해 선정을 펼친 것이다. 문왕과 무왕의 덕이 이와 같은데, 그것을 노래한 시가 없었기 때문에 비슷한 종류의 시를 인용하여 그 뜻을 드러내었다.

大全 石林葉氏曰: 淸明在躬, 則志所向, 氣所適, 其驗於外者, 如神也. 以其如神, 故耆欲將至, 有開必先, 中庸曰, 見乎蓍龜, 動乎四體, 禍福將至, 善必先知之, 不善必先知之, 故至誠如神. 誠之至, 則亦虛一而靜. 耆欲將至, 而先

---

14) 『맹자』「진심상(盡心上)」: 孟子曰, 廣土衆民, 君子欲之, 所樂不存焉, <u>中天下而立, 定四海之民, 君子樂之,</u> 所性不存焉.

動乎四體者人也, 雨降而先出乎雲者天也, 國家將興, 而五嶽必生輔助者, 天
人之相應也.

번역 석림섭씨가 말하길, 맑고 밝음이 자신에게 있다면 뜻이 지향하고
기운이 향하는 것에 있어서, 외부로 드러나는 증험이 신과 같은 것이다.
신과 같기 때문에 바라는 것이 이르게 될 때 열어주는 점이 반드시 그보다
앞서 있게 된다. 『중용』에서는 "시초점과 거북점을 통해 드러나고 사체를
통해 움직이니, 재앙과 복이 이르려고 할 때, 좋은 것은 반드시 그보다 앞서
알고 좋지 못한 것도 반드시 그보다 앞서 알게 되므로 지극한 정성이 신과
같다."라고 했다. 정성이 지극하다면 또한 마음을 비우고 전일하여 고요하
게 된다. 바라는 것이 이르게 될 때 그보다 앞서 사지를 통해 움직이는 것은
사람에 해당하고, 비가 내릴 때 그보다 앞서 구름을 만드는 것은 하늘에
해당하는데, 국가가 흥성하려고 할 때 오악(五嶽)15)이 반드시 도와줄 자들
을 태어나게 하는 것은 하늘과 사람이 서로 호응하는 것이다.

鄭注 "淸明在躬, 氣志如神", 謂聖人也. "耆欲將至", 謂其王天下之期將至

---

15) 오악(五岳)은 오악(五嶽)이라고도 부르며, 다섯 방위에 따른 대표적인 산들
을 뜻한다. 그러나 각 기록에 따라서 해당하는 산의 명칭에는 다소 차이가
있다. 첫 번째 주장은 동쪽의 태산(泰山), 남쪽의 형산(衡山), 서쪽의 화산(華
山), 북쪽의 항산(恒山), 중앙의 숭산(嵩山:= 嵩高山)을 '오악'으로 부른다. 『
주례』「춘관(春官) · 대종백(大宗伯)」편에는 "以血祭祭社稷 · 五祀 · 五嶽."이
라는 기록이 있는데, 이에 대한 정현의 주에서는 "五嶽, 東曰岱宗, 南曰衡山,
西曰華山, 北曰恒山, 中曰嵩高山."이라고 풀이했다. 두 번째 주장은 동쪽의
태산(泰山), 남쪽의 곽산(霍山), 서쪽의 화산(華山), 북쪽의 항산(恒山), 중앙
의 숭산(嵩山)을 '오악'으로 부른다. 『이아』「석산(釋山)」편에는 "泰山爲東嶽,
華山爲西嶽, 翟山爲南嶽, 恒山爲北嶽, 嵩高爲中嶽."이라는 기록이 있다. 세
번째 주장은 동쪽의 대산(岱山), 남쪽의 형산(衡山), 서쪽의 화산(華山), 북쪽
의 항산(恒山), 중앙의 악산(嶽山: =吳嶽)을 '오악'으로 부른다. 『주례』「춘관
(春官) · 대사악(大司樂)」편에는 "凡日月食, 四鎭 · 五嶽崩."이라는 기록이 있
는데, 이에 대한 정현의 주에서는 "五嶽, 岱在兗州, 衡在荊州, 華在豫州, 嶽在
雍州, 恒在幷州."라고 풀이했고, 『이아』「석산(釋山)」편에는 "河南, 華; 河西,
嶽; 河東, 岱; 河北, 恒; 江南, 衡."이라고 풀이했다.

也, 神有以開之, 必先爲之生賢知之輔佐, 若天將降時雨, 山川爲之先出雲矣.
峻, 高大也. 翰, 幹也. 言周道將興, 五嶽爲之生賢輔佐仲山甫及申伯, 爲周之
幹臣, 天下之蕃衛, 宣德於四方, 以成其王功. "此文·武之德也", 是文王·武
王奉天地無私之德也. 此宣王詩也. 文·武之時, 其德如此, 而詩無以言之, 取
類以明之.

번역 "맑고 밝음이 자신이게 있다면 기운과 뜻이 신과 같게 된다."라고
했는데, 성인을 뜻한다. "바라던 것이 이르려고 한다."라고 했는데, 천하의
왕노릇을 하게 되는 시기가 도래하게 된다면, 신령은 그것을 열어주어, 반
드시 그보다 앞서 그를 위해 현명하고 지혜로운 신하를 태어나게 하니, 마
치 하늘이 때에 맞는 비를 내리려고 할 때 산천이 그를 위해 먼저 구름을
생성하는 것과 같다. '준(峻)'자는 높고 크다는 뜻이다. '한(翰)'자는 줄기
[幹]를 뜻한다. 즉 주나라의 도가 장차 흥성하려고 하여, 오악(五嶽)이 그를
위해 현명하게 도와줄 신하 중산보와 신백을 태어나게 해서, 주나라의 근
간이 되는 신하로 삼았고, 또 천하의 울타리로 삼아서 사방에 덕을 펼쳐
천자의 공적을 완성하도록 시켰다는 뜻이다. "이것은 문왕과 무왕의 덕이
다."라고 했는데, 문왕과 무왕은 천지의 삿됨이 없는 덕을 받들었다는 뜻이
다. 그런데 이것은 선왕(宣王)에 대한 시이다. 문왕과 무왕 때에는 그 덕이
이와 같았지만, 그것을 노래한 시가 없었으므로, 비슷한 부류의 시를 인용
하여 그 사안을 밝힌 것이다.

釋文 嗜欲, 市志反, 注同. 嵩, 息忠反. 嶽音岳. 峻, 私俊反. 翰, 胡旦反, 徐
音寒. 蕃, 方袁反. 爲之, 于僞反, 下"川爲"·"嶽爲"皆同. 賢知音智.

번역 '嗜欲'에서의 '嗜'자는 '市(시)'자와 '志(지)'자의 반절음이며, 정현
의 주에 나오는 글자도 그 음이 이와 같다. '嵩'자는 '息(식)'자와 '忠(충)'자
의 반절음이다. '嶽'자의 음은 '岳(악)'이다. '峻'자는 '私(사)'자와 '俊(준)'자
의 반절음이다. '翰'자는 '胡(호)'자와 '旦(단)'자의 반절음이며, 서음(徐音)
은 '寒(한)'이다. '蕃'자는 '方(방)'자와 '袁(원)'자의 반절음이다. '爲之'에서

의 '爲'자는 '于(우)'자와 '僞(위)'자의 반절음이며, 아래문장에 나오는 '川爲'와 '嶽爲'에서의 '爲'자도 모두 그 음이 이와 같다. '賢知'에서의 '知'자는 그 음이 '智(지)'이다.

孔疏 ●"淸明"至"德也". ○正義曰: 此一節明周之文武之德.

번역 ●經文: "淸明"~"德也". ○이곳 문단은 주나라 문왕과 무왕의 덕을 나타내고 있다.

孔疏 ●"淸明在躬"者, 淸謂淸靜, 明謂顯著, 言聖人淸靜光明之德在於躬身.

번역 ●經文: "淸明在躬". ○'청(淸)'자는 맑고 고요하다는 뜻이며, '명(明)'자는 현저히 드러난다는 뜻이니, 성인은 맑고 고요하며 광채가 나는 덕을 자신이 갖추고 있다는 의미이다.

孔疏 ●"氣志如神"者, 氣志變化, 微妙如神, 謂文·武也.

번역 ●經文: "氣志如神". ○기운과 뜻이 변화하는데 은미하고 오묘함이 신과 같은 것으로, 문왕과 무왕을 뜻한다.

孔疏 ●"嗜欲將至"者, "嗜欲", 謂王位也. 王位是聖人所貪, 故云"嗜欲". 方欲王天下, 故云"將至".

번역 ●經文: "嗜欲將至". ○'기욕(嗜欲)'은 천자의 제위를 뜻한다. 천자의 제위는 성인이 바라는 것이기 때문에 '기욕(嗜欲)'이라고 했다. 천하의 왕노릇을 하려고 하기 때문에 "장차 이른다."라고 했다.

孔疏 ●"有開必先"者, 言聖人欲王天下, 有神開道, 必先豫爲生賢知之輔佐.

번역 ●經文: "有開必先". ○성인이 천하를 통치하고자 할 때, 신이 그

길을 열어주어 반드시 그보다 앞서 현명하고 지혜로운 신하를 태어나게
한다는 뜻이다.

孔疏 ●"天降時雨, 山川出雲"者, 此譬其事由如天將降時雨, 山川先爲之
出雲. 言文·武將王之時, 豫生賢佐. 但文·武之時, 無此生16)賢佐之詩, 故孔
子引周宣王之時生賢佐之詩以證之.

번역 ●經文: "天降時雨, 山川出雲". ○이것은 그 사안의 연유가 하늘이
장차 때에 맞는 비를 내리고자 할 때 산천이 먼저 그것을 위해 구름을 생성
하는 것과 같다는 것을 비유한다. 즉 문왕과 무왕이 천자에 오르려고 할
때, 미리 현명한 신하를 태어나게 했다는 의미이다. 다만 문왕과 무왕의
시기에는 이처럼 현명한 신하를 태어나게 했다고 노래한 시가 없었기 때문
에, 공자는 주나라의 선왕(宣王) 때 현명한 신하를 태어나게 했다는 시를
인용하여 그 사실을 증명한 것이다.

孔疏 ●"其在詩曰: 嵩高惟嶽, 峻極于天"者, 此詩·大雅·嵩高之篇, 美
宣王之詩. 嵩然而高者, 惟是五嶽, 其形高峻至于天.

번역 ●經文: "其在詩曰: 嵩高惟嶽, 峻極于天". ○이것은 『시』「대아(大
雅)·숭고(嵩高)」편으로, 선왕(宣王)을 찬미한 시이다. 높고도 높은 것은 오직
오악(五嶽)밖에 없는데, 그 형체는 매우 높아서 하늘에 다다른다는 뜻이다.

孔疏 ●"惟嶽降神, 生甫及申"者, 惟此五嶽, 降此神靈和氣而生甫侯及申
伯也. 以甫侯·申伯先祖伯夷掌嶽神有功, 故嶽神輔助宣王爲生申·甫也.

번역 ●經文: "惟嶽降神, 生甫及申". ○오직 이러한 오악(五嶽)만이 신
령의 조화로운 기운을 내려서 보후나 신백과 같은 자를 태어나게 한다는

---

16) '생(生)'자에 대하여. '생'자는 본래 '생생(生生)'으로 기록되어 있었는데, 완원
(阮元)의 『교감기(校勘記)』에서는 "혜동(惠棟)의 『교송본(校宋本)』에는 '생'
자로 기록되어 있은데, 이 기록이 옳다."라고 했다.

뜻이다. 보후와 신백의 선조인 백이는 산신을 담당하여 공적을 세웠기 때문에 산신이 선왕을 도와 신백과 보후를 태어나게 한 것이다.

孔疏 ●"惟周之翰"者, 翰, 幹也, 言申伯·甫侯爲周之楨幹之臣.

번역 ●經文: "惟周之翰". ○'한(翰)'자는 줄기[幹]를 뜻하니, 신백과 보후는 주나라의 근간이 되는 신하라는 의미이다.

孔疏 ●"四國於蕃, 四方于宣"者, 言此申·甫爲四方之國作蕃屛, 又於四方宣揚王之德化.

번역 ●經文: "四國於蕃, 四方于宣". ○신백과 보후는 사방의 나라를 위해 울타리를 만들었고, 또 사방에 천자의 덕과 교화를 드날리게 했다는 뜻이다.

孔疏 ●"此文·武之德也"者, 詩之所論, 當此文·武之德, 以文·武無私, 所得賢臣, 唯遣爲四方蕃屛, 及四方宣揚威德, 不私爲己, 是文·武奉天無私之德也.

번역 ●經文: "此文·武之德也". ○시에서 논의한 것은 문왕과 무왕의 덕에 해당한다는 뜻이니, 문왕과 무왕은 사사로움이 없고 현명한 신하를 얻어서, 그를 파견하여 사방의 울타리를 만들고 사방에 위엄과 덕을 드날리게 했는데, 이것은 사사롭게 자신을 위한 것이 아니니, 문왕과 무왕은 하늘의 삿됨이 없는 덕을 받들었다는 의미이다.

孔疏 ◎注"仲山甫及申伯". ○正義曰: 按詩·崧高之篇, "甫侯及申伯", "甫侯", 謂呂侯也. 穆王之時, "訓夏贖刑", 謂呂刑與申伯俱出伯夷之後, 掌四岳之祀. 又詩·烝民稱仲山甫之賢, 與崧高"生甫及申"全別. 此云"仲山甫"者, 按鄭志注禮在先, 未得毛詩傳. 然則此注在前, 故以"甫"爲仲山甫. 在後箋詩,乃得毛傳, 知甫侯·申伯同出伯夷之後, 故與禮別也.

번역 ◎鄭注: "仲山甫及申伯". ○『시』「숭고(嵩高)」편을 살펴보면, "보후와 신백이다."라고 했는데, '보후(甫侯)'는 여후(呂侯)를 뜻한다. 목왕(穆王) 때 "하나라의 속형(贖刑)17)을 가르쳤다."18)라고 했는데, 여형과 신백은 모두 백이의 후손 중에서 나와 사악(四岳)의 제사를 담당하도록 했다는 뜻이다. 또『시』「증민(烝民)」편에서는 중산보의 현명함을 나타내었지만,「숭고」편에서 "보후와 신백을 낳았다."라고 한 것과는 완전히 구별된다. 이곳에서는 "중산보이다."라고 했는데,『정지』19)를 살펴보면『예기』에 대한 정현의 주는 먼저 작성되었고, 이때에는 아직『모시전』을 얻지 못했었다. 그러므로 이곳 주석은 이전에 작성되었기 때문에 '보(甫)'를 중산보라고 한 것이다. 이후에『시』에 대해 전문(箋文)을 작성했을 때에는『모전』을 얻었으므로, 보후와 신백이 모두 백이의 후손 중에서 나왔다는 사실을 알았다. 그렇기 때문에『예기』의 주석과 구별되는 것이다.

訓纂 說文: 雲, 山川氣也. 從雨, 云象雲回轉形.

번역 『설문』에서 말하길, 구름은 산천의 기운이다. '우(雨)'자를 부수로 하며, '운(云)'자는 구름이 흘러 다니는 모습을 상징한다.

集解 耆欲, 謂所願欲之事也. 聖人之所願欲者, 德澤之及於民也. 人之德本清明, 惟其有物欲之累也, 故不能無所蔽. 聖人無私, 故其德之在躬者極其清明, 合於神明, 而能上格乎天焉. 其於所願欲之事, 但爲之開其端, 而天必先爲生賢臣以輔佐之, 猶天之將降雨澤, 而山川先爲之出雲也. 詩, 大雅嵩高之

---

17) 속형(贖刑)은 범칙금을 내고 죄를 사면 받는 것을 뜻한다.
18) 『서』「주서(周書)·여형(呂刑)」: 呂命, 穆王訓夏贖刑, 作呂刑.
19) 『정지(鄭志)』는 정현(鄭玄)과 그의 제자들이 오경(五經)에 대해서 문답을 주고받은 내용을 기록한 문헌이다.『논어』의 형식에 의거하여, 정현의 제자들이 편찬하였다. 『후한서(後漢書)』「장조정열전(張曹鄭列傳)」편에는 "門人相與撰玄荅諸弟子問五經, 依論語作鄭志八篇."라는 기록이 있다.

篇. 甫, 甫侯, 穆王時賢臣. 申, 申伯, 宣王時賢臣. 此詩宣王時尹吉甫送申伯所
作, 而記者引之, 以證文武之事, 斷章之義也.

번역 '기욕(耆欲)'은 바라고 원하는 일을 뜻한다. 성인이 바라고 원하는
것은 덕과 은택을 백성들에게 미치는 것이다. 사람의 덕은 본래 맑고 밝지
만 물욕으로 인해 더럽혀지기 때문에 가려짐이 없을 수 없다. 성인은 사사
로움이 없기 때문에 자신에게 있는 덕에 대해 맑고 밝음을 지극히 하여
신명에 합치하고 위로 하늘에 이를 수 있다. 바라고 원하는 일에 대해 단지
그를 위해 그 단서를 열어주는데, 하늘은 반드시 그보다 앞서서 현명한 신
하를 태어나게 해서 그를 도우니, 마치 하늘이 비를 내리려고 할 때 산천이
그보다 앞서 비를 위해 구름을 생성하는 것과 같다. 시는 『시』「대아(大
雅) · 숭고(嵩高)」편이다. '보(甫)'자는 보후를 뜻하니, 목왕(穆王) 때의 현
명한 신하이다. '신(申)'자는 신백을 뜻하니, 선왕(宣王) 때의 현명한 신하이
다. 이 시는 선왕 때 윤길보가 신백을 전송하며 지은 것인데, 『예기』를 기록
한 자가 이것을 인용하여 문왕과 무왕에 대한 일을 증명하였으니, 단장취
의한 것이다.

참고 『시』「대아(大雅) · 숭고(崧高)」

崧高維嶽, (숭고유악) : 높고 큰 산악은,
駿極于天. (준극우천) : 그 큼이 하늘에 이르렀도다.
維嶽降神, (유악강신) : 산악이 신령을 내리셔서,
生甫及申. (생보급신) : 보후와 신백을 내셨도다.
維申及甫, (유신급보) : 신백과 보후는,
維周之翰. (유주지한) : 주나라의 근간이 되었도다.
四國于蕃, (사국우번) : 사방의 울타리가 되었으며,
四方于宣. (사방우선) : 사방에 은택이 미치도록 하였도다.

亹亹申伯, (미미신백) : 열심히 일하는 신백을,
王纘之事. (왕찬지사) : 왕이 그 일을 계승토록 하시다.

于邑于謝, (우읍우사) : 사(謝)에 읍을 세우도록 하시니,

南國是式. (남국시식) : 남쪽 나라가 그를 본받았도다.

王命召伯, (왕명소백) : 왕이 소공에게 명하시어,

定申伯之宅. (정신백지택) : 신백을 그 읍으로 가도록 하시도다.

登是南邦, (등시남방) : 남쪽 나라들을 본받게 하시고,

世執其功. (세집기공) : 대대로 정사를 펼치도록 하셨도다.

王命申伯, (왕명신백) : 왕이 신백에게 명하시어,

式是南邦. (식시남방) : 남쪽 나라에 모범이 되게 하시도다.

因是謝人, (인시사인) : 이에 사읍의 사람들은

以作爾庸. (이작이용) : 너의 공적을 일으키도다.

王命召伯, (왕명소백) : 왕이 소공에게 명하시어,

徹申伯土田. (철신백토전) : 신백의 토지를 구획하도록 하셨도다.

王命傅御, (왕명부어) : 왕이 총재에게 명하시어,

遷其私人. (천기사인) : 가신들을 옮겨가게 하셨도다.

申伯之功, (신백지공) : 신백이 공적을 세워,

召伯是營. (소백시영) : 소공이 건물을 건설하였도다.

有俶其城, (유숙기성) : 이에 그 성곽을 만들고,

寢廟旣成. (침묘기성) : 침실과 종묘가 완성되었도다.

旣成藐藐, (기성막막) : 건물이 완성됨에 아름답고 아름다우니,

王錫申伯. (왕석신백) : 왕이 신백에게 하사하셨도다.

四牡蹻蹻, (사모교교) : 네 마리의 수말이 건장하고 건장하니,

鉤膺濯濯. (구응탁탁) : 장식한 것이 빛나고 빛나도다.

王遣申伯, (왕견신백) : 왕이 신백을 파견하심에,

路車乘馬. (노거승마) : 노거(路車)[20]와 네 마리의 말이로다.

---

20) 노거(路車)는 천자 및 제후 등이 타는 수레이다. 후대에는 귀족들이 타는 수
레까지도 지칭하는 용어로 사용되었다. '노거'의 '노(路)'자는 그 뜻이 크다
[大]는 의미이다. 따라서 군주가 이용하거나 머무는 장소에 '노'자를 붙여서
부르게 된 것이다. 『춘추좌씨전』「환공(桓公) 2년」편에는 "大路越席."이라는
기록이 있는데, 이에 대한 공영달(孔穎達)의 소(疏)에서는 "路, 訓大也. 君之

我圖爾居, (아도이거) : 내가 너의 기거할 곳을 헤아려보니,

莫如南土. (막여남토) : 남쪽 땅만한 곳이 없구나.

錫爾介圭, (석이개규) : 너에게 개규(介圭)21)를 하사하니,

以作爾寶. (이작이보) : 너의 보물로 삼거라.

往近王舅, (왕근왕구) : 가거라 나의 외숙이여,

南土是保. (남토시보) : 남쪽 땅을 보호할 지어다.

申伯信邁, (신백신매) : 신백이 믿고 길을 떠나니,

王餞于郿. (왕전우미) : 왕이 미(郿)에서 송별회를 열도다.

申伯還南, (신백환남) : 신백이 다시 남쪽으로 가니,

謝于誠歸. (사우성귀) : 진실로 사읍으로 돌아가도다.

王命召伯, (왕명소백) : 왕이 소공에게 명하시어,

徹申伯土疆, (철신백토강) : 신백의 땅에 조세를 거두게 하시고,

以峙其粻, (이치기장) : 이를 쌓아두도록 하니,

式遄其行. (식천기행) : 그 여정을 빨리하게 하도다.

申伯番番, (신백파파) : 신백이 무용과 위엄을 떨치며,

旣入于謝, (기입우사) : 사읍으로 들어가니,

徒御嘽嘽. (도어탄탄) : 수레를 탄 행렬이 많고도 여유롭도다.

周邦咸喜, (주방함희) : 나라 안의 모든 사람들이 기뻐하며,

戎有良翰. (융유량한) : 너는 우리의 훌륭한 군주로다.

不顯申伯, (불현신백) : 드러나지 않겠는가 신백이여,

王之元舅, (왕지원구) : 왕의 외숙이리니,

文武是憲. (문무시헌) : 문과 무의 표번이 되도다.

申伯之德, (신백지덕) : 신백의 덕이여,

柔惠且直. (유혜차직) : 유순하며 은혜롭고도 정직하도다.

揉此萬邦, (유차만방) : 모든 나라를 순종케 하니,

所在以大爲號, 門曰路門, 寢曰路寢, 車曰路車, 故人君之車, 通以路爲名也."라
고 풀이했다.

21) 개규(介圭)는 대규(大圭)를 뜻한다. 허리에 차는 옥(玉)으로 정(丁)자 형태로
만들었다.

聞于四國. (문우사국) : 사방에 소문이 나도다.

吉甫作誦, (길보작송) : 길보가 시를 지음이여,

其詩孔碩, (기시공석) : 그 시가 매우 아름다우며,

其風肆好, (기풍사호) : 은밀히 경계의 뜻을 알려줌이 좋아서,

以贈申伯. (이증신백) : 이를 신백에게 주는구나.

毛序 崧高, 尹吉甫美宣王也. 天下復平, 能建國親諸侯, 褒賞申伯焉.

모서 「숭고(崧高)」편은 윤길보가 선왕(宣王)을 찬미한 시이다. 천하가 재차 평화롭게 되고 제후국들을 재건할 수 있었으니, 신백을 기린 것이다.

참고 『시』「대아(大雅)·증민(烝民)」

天生烝民, (천생증민) : 하늘이 만민을 낳음에,

有物有則. (유물유칙) : 본성에 오덕이 있고 정감에 법도가 있도다.

民之秉彛, (민지병이) : 백성들이 항상된 도를 지니고 있어서,

好是懿德. (호시의덕) : 아름다운 덕을 좋아하도다.

天監有周, (천감유주) : 하늘이 주나라의 정사를 살피시어,

昭假于下. (소가우하) : 빛을 아래로 내려주시도다.

保茲天子, (보자천자) : 천자를 보우하여,

生仲山甫. (생중산보) : 중산보를 낳으셨도다.

仲山甫之德, (중산보지덕) : 중산보의 덕은,

柔嘉維則. (유가유칙) : 유순하고 아름다워서 법칙이 되었도다.

令儀令色, (영의령색) : 행동거지를 아름답게 하고 용모를 아름답게 하며,

小心翼翼. (소심익익) : 조심스럽고 공경스럽도다.

古訓是式, (고훈시식) : 옛 도리를 본받으며,

威儀是力. (위의시력) : 위엄스러운 거동에 힘쓰는구나.

天子是若, (천자시약) : 천자를 따르고,

明命使賦. (명명사부) : 성군의 명령을 뭇 신하들이 따르게 하노라.

王命仲山甫, (왕명중산보) : 왕이 중산보에게 명하시어,

式是百辟. (식시백벽) : 제후들의 모범이 되도록 하시도다.

纘戎祖考, (찬융조고) : 너의 선조를 계승하여,

王躬是保. (왕궁시보) : 왕을 보필하도다.

出納王命, (출납왕명) : 왕명을 출납하니,

王之喉舌. (왕지후설) : 왕의 입이 되도다.

賦政于外, (부정우외) : 밖으로 정사를 펼치니,

四方爰發. (사방원발) : 사방에서 호응하도다.

肅肅王命, (숙숙왕명) : 엄숙한 왕의 명령을,

仲山甫將之. (중산보장지) : 중산보가 받들어 시행하도다.

邦國若否, (방국약부) : 제후국 중 따르거나 따르지 않는 자가 있으면,

仲山甫明之. (중산보명지) : 중산보가 선악을 밝히는구나.

旣明且哲, (기명차철) : 밝고도 명철하여,

以保其身. (이보기신) : 자신을 보호하도다.

夙夜匪解, (숙야비해) : 밤낮으로 게을리 하지 않아서,

以事一人. (이사일인) : 왕을 섬기는구나.

人亦有言, (인역유언) : 사람들이 또한 말하길,

柔則茹之, (유즉여지) : 달면 삼키고,

剛則吐之. (강즉토지) : 쓰면 뱉는다 하노라.

維仲山甫, (유중산보) : 중산보만은,

柔亦不茹, (유역불여) : 달더라도 삼키지 않고,

剛亦不吐, (강역불토) : 쓰더라도 뱉지 않으니,

不侮矜寡, (불모긍과) : 홀아비나 과부를 업신여기지 아니하고,

不畏彊禦. (불외강어) : 난폭한 자를 두려워하지 않는구나.

人亦有言, (인역유언) : 사람들이 또한 말하길,

德輶如毛, (덕유여모) : 덕의 가볍기는 털과도 같은데,

民鮮克擧之. (민선극거지) : 사람들 중 들 수 있는 자가 드물다 하니,

我儀圖之. (아의도지) : 내가 그들과 함께 헤아려보도다.

維仲山甫擧之, (유중산보거지) : 오직 중산보만이 들 수 있는데,

愛莫助之. (애막조지) : 도와줄 자가 없음이 애석하도다.

袞職有闕, (곤직유궐) : 군왕의 일에 결함이 있으면,

維仲山甫補之. (유중산보보지) : 중산보만이 도울 수 있구나.

仲山甫出祖, (중산보출조) : 중산보가 출조(出祖)[22]를 하니,

四牡業業. (사모업업) : 네 마리의 수말이 크고도 높구나.

征夫捷捷, (정부첩첩) : 무리들이 재빨리 도착한데,

每懷靡及. (매회미급) : 사람마다 품고 있는 사심이 미치지 못하는구나.

四牡彭彭, (사모팽팽) : 네 마리의 수말이 움직인데,

八鸞鏘鏘. (팔란장장) : 여덟 개의 방울이 쟁쟁 울리는구나.

王命仲山甫, (왕명중산보) : 왕이 중산보에게 명하시어,

城彼東方. (성피동방) : 저 동쪽에 성을 쌓으라 하셨도다.

四牡騤騤, (사모규규) : 네 마리의 수말이 움직인데,

八鸞喈喈. (팔란개개) : 여덟 개의 방울이 쟁쟁 울리는구나.

仲山甫徂齊, (중산보조제) : 중산보가 제(齊)나라에 가니,

式遄其歸. (식천기귀) : 빨리 되돌아오도록 하는구나.

吉甫作誦, (길보작송) : 길보가 시를 지음에,

穆如淸風. (목여청풍) : 조화로움이 맑은 바람과도 같구나.

仲山甫永懷, (중산보영회) : 중산보는 생각이 많고 수고로우니,

以慰其心. (이위기심) : 이를 통해 그 마음을 위로하노라.

毛序 烝民, 尹吉甫美宣王也, 任賢使能, 周室中興焉.

모서 「증민(烝民)」편은 윤길보가 선왕(宣王)을 찬미한 시이니, 현명한 자에게 일을 맡기고 유능한 자를 등용하여 주나라 왕실이 중흥하였기 때문이다.

---

22) 출조(出祖)는 외부로 출타하게 되었을 때, 도로의 신(神)에게 제사를 지낸다는 뜻이다. 『시(詩)』「대아(大雅)·한혁(韓奕)」편에는 "韓侯出祖, 出宿于屠."라는 기록이 있는데, 이에 대한 공영달(孔穎達)의 소(疏)에서는 "言韓侯出京師之門, 爲祖道之祭."라고 풀이했다. 즉 한후(韓侯)가 수도의 문을 빠져나감에, 도로의 신에게 지내는 제사를 지냈음을 뜻한다.

참고 원문비교

예기대전・공자한거(孔子閒居) "淸明在躬, 氣志如神, 耆欲將至, 有開必先, 天降時雨, 山川出雲. 其在詩曰, '嵩高維嶽, 峻極于天. 維嶽降神, 生甫及申. 維申及甫, 爲周之翰. 四國于蕃, 四方于宣.' 此文武之德也."

공자가어・문옥(問玉) "淸明在躬, 氣志如神①, 有物將至, 其兆必先②, 是故天地之敎, 與聖人相參. 其在詩曰, '嵩高惟嶽, 峻極于天. 惟嶽降神, 生甫及申③. 惟申及甫, 惟周之翰④. 四國于蕃, 四方于宣⑤.' 此文武之德⑥."

王注-① 淸明之德在身, 則其氣志如神也.

번역 맑고 밝은 덕이 자신에게 있다면, 기운과 뜻이 신처럼 된다는 의미이다.

王注-② 物, 事也. 言有事將至, 必先有兆應之者也.

번역 '물(物)'자는 사안을 뜻한다. 즉 어떤 사안이 이르려고 할 때에는 반드시 그보다 앞서서 호응하는 조짐이 발생한다는 뜻이다.

王注-③ 嶽降神靈, 和氣生申甫之大功也.

번역 산악이 신령을 내려서 기운을 조화롭게 하여 신보라는 큰 공적을 낳았다는 뜻이다.

王注-④ 翰, 幹, 美其宗族世有大功於周. 甫侯相穆王, 制祥刑, 申伯佐宣王, 成德敎.

번역 '한(翰)'자는 줄기를 뜻하니, 그의 종족들이 대대로 주나라에 큰 공

적을 세웠음을 찬미한 말이다. 보후는 목왕(穆王)을 도와서 상벌을 제정하
였고, 신백은 선왕(宣王)을 도와서 덕과 교화를 완성하였다.

王注-⑤ 言能藩屛四國, 宣王德化於天下也.

번역 사방에 울타리가 되어줄 수 있었고, 천하에 천자의 덕과 교화를
드러낼 수 있었다는 뜻이다.

王注-⑥ 言文武聖德, 篤佑周家, 天爲之生良佐, 成中興之功.

번역 문왕과 무왕의 성스러운 덕을 뜻하니, 주나라를 돈독히 보우하여,
하늘이 그를 위해 어진 신하를 낳아주었고, 이를 통해 중흥의 공적을 완성
토록 했다는 뜻이다.

그림 6-1 ◉ 주(周)나라 세계도(世系圖) Ⅰ

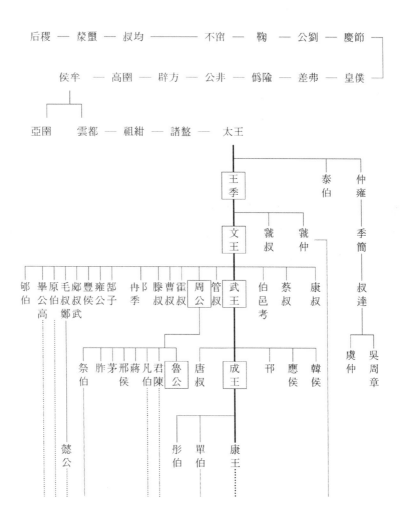

※ **출처**: 『역사(繹史)』 1권 「역사세계도(繹史世系圖)」

그림 6-2 ◨ 주(周)나라 세계도(世系圖) Ⅱ

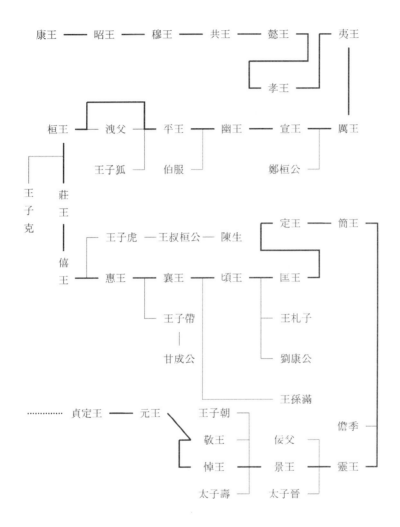

※ 출처:『역사(繹史)』1권「역사세계도(繹史世系圖)」

● 그림 6-3 ▣ 주(周)나라 세계도(世系圖) Ⅲ

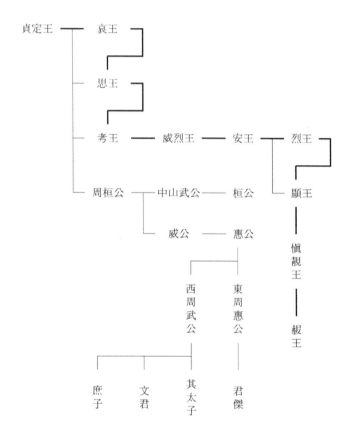

※ 출처:『역사(繹史)』 1권 「역사세계도(繹史世系圖)」

● 그림 6-4 ◨ 거북점의 도구와 시초

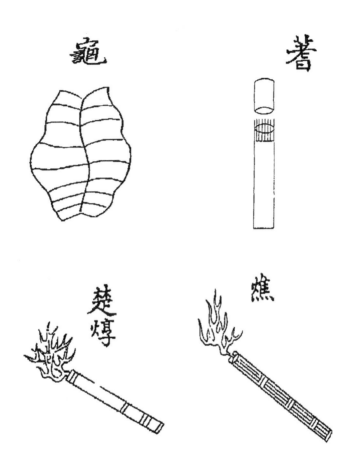

※ **출처**: 『삼례도집주(三禮圖集注)』 17권

그림 6-5 ◨ 동악(東岳) : 태산(泰山)

※ 출처: 『삼재도회(三才圖會)』 「지리(地理)」 8권

그림 6-6 ◼ 북악(北岳) : 항산(恒山)

※ **출처**: 『삼재도회(三才圖會)』「지리(地理)」8권

● 그림 6-7   ▣ 서악(西岳) : 화산(華山)

※ 출처: 『삼재도회(三才圖會)』 「지리(地理)」 8권」

그림 6-8　◉　중악(中岳) : 숭산(嵩山)

※ **출처**: 『삼재도회(三才圖會)』「지리(地理)」9권

● 그림 6-9   ▣ 남악(南岳) : 형산(衡山)

※ 출처:『삼재도회(三才圖會)』「지리(地理)」 10권

태왕(太王)의 덕

【609b】

> "三代之王也, 必先其令聞. 詩云, '明明天子, 令聞不已', 三
> 代之德也. '弛其文德, 恊此四國', 大王之德也." 子夏蹶然而
> 起, 負牆而立曰, "弟子敢不承乎?"

직역 "三代의 王함에는 必히 그 令聞을 先이라. 詩에서 云, '明明하신 天子여, 令聞이 不已로다', 三代의 德이다. '그 文德을 弛하여, 이 四國을 恊이라', 大王의 德이다." 子夏하 蹶然히 起하여, 牆을 負하고 立하여 曰, "弟子가 敢히 不承잇가?"

의역 공자가 계속하여 말하길, "삼대 때 천자가 된 자들에게는 반드시 그보다 앞서 조상들이 쌓은 좋은 소문이 들렸다. 『시』에서 '밝고도 밝으신 천자여, 아름다운 소문이 그치지 않는구나.'라고 했는데, 바로 삼대 때 천자였던 자들의 덕이다. '그 문덕을 베풀어서 사방의 나라에 펼치셨도다.'라고 했는데, 바로 태왕의 덕에 해당한다."라고 했다. 자하는 기뻐하며 펄쩍 뛰듯이 일어나서 뒤로 물러나 벽을 등지고 서서 말하길, "제자가 감히 그 뜻을 받들지 않을 수 있겠습니까?"라고 했다.

集說 先其令聞者, 未王之先, 其祖宗積德, 已有令善之聲聞也. 詩, 大雅江漢之篇. 弛, 猶施也, 詩作矤, 陳也. 恊, 詩作洽. 詩美宣王, 此亦取以爲喩. 子夏問三王之德, 夫子但擧殷周言之者, 禹以禪無可疑, 殷周放伐, 故特明其非私也. 蹶然, 喜躍之貌. 負牆而立者, 問竟則退後背壁而立, 以避進問之人也. 承者, 奉順不失之意.

번역 '선기령문(先其令聞)'은 아직 천자가 되기 이전에 그의 조상들이

덕을 쌓아서 이미 좋은 소문과 평판이 들리게끔 한다는 뜻이다. 시는『시』「
대아(大雅)·강한(江漢)」편이다.[1] '이(弛)'자는 "시행하다[施]."는 뜻인데,
『시』에서는 '시(矢)'자로 기록했으니, "진열하다[陳]."는 뜻이다. '협(恊)'자
를『시』에서는 '흡(洽)'자로 기록했다. 이 시는 선왕(宣王)을 찬미한 것인데,
이 또한 비슷한 시를 인용하여 비유로 삼은 것이다. 자하는 삼왕의 덕에
대해서 물었고, 공자는 단지 은나라와 주나라의 경우만 제시하여 언급을
했는데, 우임금이 제위를 선양했던 것은 의심할 것이 없고, 은나라와 주나
라는 정벌을 하여 제위를 얻었기 때문에, 특별히 그것은 사사로움으로 한
것이 아님을 드러낸 것이다. '궐연(蹶然)'은 기뻐하며 펄쩍 뛰는 모습을 뜻
한다. '부장이립(負牆而立)'은 질문이 끝나자 뒤로 물러나서 벽을 등지고
서 있다는 뜻이니, 질문을 하며 앞으로 나오는 자를 위해 자리를 피해준
것이다. '승(承)'자는 받들고 순종하여 잃어버리지 않는다는 뜻이다.

集說 應氏曰: 嵩高生賢, 本於文武; 德洽四國, 始於大王, 其積累豈一日
哉?

번역 응씨가 말하길, 높고 높은 산이 현자를 태어나게 하는 것은 문왕과
무왕에 근본을 두고 있고, 덕이 사방의 나라에 퍼지게 한 것은 태왕으로부
터 시작되었으니, 그 쌓임이 어찌 하루아침에 이루어지겠는가?

大全 藍田呂氏曰: 奉三無私, 以勞天下, 而得賢佐, 則必有令聞矣. 先以令
聞, 慰服人心, 然後可以興王業, 故三代之王, 必皆先之也. 江漢之詩曰, 明明
天子, 令聞不已. 矢其文德, 洽此四國. 以矢爲弛, 以洽爲恊, 聲之誤也. 此亦宣
王之詩, 而謂明明天子, 令聞不已, 爲三代之德, 矢其文德, 洽此四國, 爲大王
之德, 皆取類言之也. 此篇始論爲民父母之道, 終論參於天地之德, 致五至行
三無者, 爲民父母之道也, 奉三無私, 以勞天下者, 參於天地之德也. 然王者必
得賢佐有令聞, 然後可以施爲, 故以嵩高江漢之詩申言之也.

---

1)『시』「대아(大雅)·강한(江漢)」: 虎拜稽首, 對揚王休, 作召公考, 天子萬壽. <u>明
明天子, 令聞不已, 矢其文德, 洽此四國</u>.

번역 남전여씨가 말하길, 삼무사(三無私)를 받들어서 천하 사람들이 찾아오게끔 하고 현명한 신하를 얻는다면, 반드시 아름다운 소문이 돌게 된다. 먼저 아름다운 소문이 돌게 하여 사람들의 마음을 위로하고 감복시킨 뒤에야 왕업을 흥기시킬 수 있다. 그렇기 때문에 삼대 때의 천자는 반드시 모두들 이것을 먼저 했던 것이다. 「강한(江漢)」편의 시에서는 "밝고 밝으신 천자여, 아름다운 명성이 그치지 않는구나. 문덕을 펼치시니, 사방의 나라를 적시는구나."라고 했다. '시(矢)'자를 '이(弛)'자로 기록하고, '흡(洽)'자를 '협(恊)'자로 기록한 것은 소리가 비슷해서 생긴 오류이다. 이 또한 선왕(宣王)에 대한 시인데, "밝고 밝으신 천자여, 아름다운 명성이 그치지 않는구나."라고 한 말을 삼대 때의 덕이라고 여기고, "문덕을 펼치시니, 사방의 나라를 적시는구나."라고 한 말을 태왕의 덕으로 여긴 것은 모두 비슷한 부류의 시를 인용해서 한 말이다. 「공자한거」편에서는 처음에 백성들의 부모가 되는 도리를 논의하였고, 끝에서는 천지에 참여하는 덕을 논의하였는데, 오지(五至)를 지극히 하고 삼무(三無)를 시행하는 것은 백성들의 부모가 되는 도이며, 삼무사를 받들어서 천하의 백성들이 찾아오게끔 하는 것은 천지에 참여하는 덕이다. 그러나 천자는 반드시 현명한 신하를 얻어야 하며 아름다운 소문이 돌게끔 한 뒤에야 이러한 것들을 시행할 수 있다. 그렇기 때문에 「숭고(嵩高)」편과 「강한」편의 시를 인용해서 거듭 말한 것이다.

鄭注 令, 善也. 言以名德善聞, 天乃命之王也. 不已, 不倦止也. 弛, 施也. 恊, 和也. 大王, 文王之祖, 周道將興, 始有令聞. 承, 奉承, 不失隊也. 起負牆者, 所問竟, 辟後來者.

번역 '영(令)'자는 "좋다[善]."는 뜻이다. 즉 명성·덕·선함으로 인해 소문이 나서, 하늘은 그에게 명령하여 천자로 만든다는 뜻이다. '불이(不已)'는 나태하거나 그치지 않는다는 뜻이다. '이(弛)'자는 "시행하다[施]."는 뜻이다. '협(恊)'자는 "조화롭다[和]."는 뜻이다. '대왕(大王)'은 문왕의 조부이니, 주나라의 도가 흥성하려고 하여 처음으로 아름다운 소문이 생긴 것이다. '승(承)'자는 받들고 따라서 잃어버리지 않는다는 뜻이다. '기부장(起

負牆)'은 질문이 끝나면 이후에 질문하려고 다가올 자들을 위해 자리를 피해주는 것이다.

釋文 弛, 徐式氏反, 一音式支反, 注同. 皇作弛. 大音泰, 注同. 弛·施如字, 皇本作施, 布也. 蹶, 居衛反, 徐音厥. 隊, 直媿反. 辟音避.

번역 '弛'자의 서음(徐音)은 '式(식)'자와 '氏(씨)'자의 반절음이며, 다른 음은 '式(식)'자와 '支(지)'자의 반절음이고, 정현의 주에 나오는 글자도 이와 같다.『황본(皇本)』에서는 '弛'자로 기록했다. '大'자의 음은 '泰(태)'이며, 정현의 주에 나오는 글자도 그 음이 이와 같다. '弛'자와 '施'자는 글자대로 읽는데,『황본』에서는 '施'자로 기록했으니, 펼친다는 뜻이다. '蹶'자는 '居(거)'자와 '衛(위)'자의 반절음이며, 서음은 '厥(궐)'이다. '隊'자는 '直(직)'자와 '媿(괴)'자의 반절음이다. '辟'자의 음은 '避(피)'이다.

孔疏 ●"三代"至"德也". ○正義曰: 此一節總結三代, 以其無私, 故令聞不已.

번역 ●經文: "三代"~"德也". ○이곳 문단은 삼대 때에는 사사로움이 없었기 때문에 아름다운 소문이 그치지 않았다는 뜻을 총괄적으로 결론맺은 것이다.

孔疏 ●"三代之王也, 必先其令聞"者, 所以王天下者, 必父·祖未王之前, 先有令聞也.

번역 ●經文: "三代之王也, 必先其令聞". ○천하에 왕노릇을 하기 위해서는 반드시 아직 천자가 되기 이전인 부친이나 조부 때 먼저 아름다운 소문이 들려야만 한다.

孔疏 ●"詩云: 明明天子, 令聞不已"者, 此詩·大雅·江漢之篇, 美宣王之詩. “明明天子”, 謂宣王也, 令善聲聞不休已. 此記之意, “明明天子”, 謂三代之王也. 言父子及身令聞不休已, 故云“三代之德”也. 按: 上子夏問“三王之德參於天地”, 孔子答以三王之德“奉三無私”, 此文云“三代之王也, 必先其令聞”, 所以前文唯云湯與文·武, 不稱“夏”者, 以夏承禹後, 爲天下治水, 過門不入, 無私事明, 但殷·周以戰爭而取天下, 恐其有私, 故特擧湯與文·武也.

번역 ●經文: “詩云: 明明天子, 令聞不已”. ○이것은 『시』「대아(大雅)·강한(江漢)」편으로, 선왕(宣王)을 찬미한 시이다. “밝고 밝으신 천자여.”라는 말은 선왕을 가리키니, 아름답고 선한 소문이 그치지 않았다는 뜻이다. 『예기』를 기록한 자의 생각은 “밝고 밝으신 천자여.”라는 말은 삼대 때의 천자를 가리킨다고 했다. 즉 부모와 자식 및 본인에게 있어서 아름다운 소문이 그치지 않았기 때문에 “삼대 때의 덕이다.”라고 말했다는 의미이다. 살펴보니, 앞에서 자하는 “삼왕의 덕은 천지에 참여한다.”라고 했던 말을 질문하였고, 공자는 삼왕의 덕에 대해서 “삼무사(三無私)를 받든다.”라고 대답했으며, 이곳에서는 “삼대 때의 천자는 반드시 그보다 먼저 좋은 소문이 돌았다.”라고 했으니, 앞의 문장에서는 오직 탕임금과 문왕 및 무왕만을 언급하여, 하나라에 대해서는 지칭하지 않았다. 그 이유는 하나라는 우임금의 뒤를 이었는데, 우임금은 천하를 위해 치수사업을 해서 자신의 집 대문을 지나쳐도 들어가지 않았으니, 사사롭게 행한 일이 없다는 사실이 명백하다. 다만 은나라와 주나라는 전쟁을 통해 천하를 얻었으니, 아마도 사사로움이 있지 않을까 의심되기 때문에, 특별히 탕임금과 문왕 및 무왕을 제시한 것이다.

孔疏 ●“弛其”至“德也”. ○正義曰: 此亦江漢之詩, 接“令聞不已”之下. 詩本文云: “矢其文德.” 矢, 陳也. 言宣王陳其文德, 和協此四方之國. 此云“弛其文德”, 弛, 施也. 言大王施其文德, 和此四方之國, 則大王居邠, 狄人侵之, 不忍鬪其民, 乃徙居岐山之陽, 王業之起, 故云“大王之德也”.

번역 ●經文: “弛其”至“德也”. ○이 또한 『시』「강한(江漢)」편의 시이니,

"아름다운 소문이 그치지 않았다."라고 한 구문 뒤에 연결되어 있다. 『시』
의 본문에서는 '시기문덕(矢其文德)'이라고 기록했는데, '시(矢)'자는 "진열
하다[陳]."는 뜻이다. 즉 선왕(宣王)은 문덕을 펼쳐서 사방의 나라들을 화합
하도록 만들었다는 뜻이다. 이곳에서는 '이기문덕(弛其文德)'이라고 기록
했는데, '이(弛)'자는 "시행한다[施]."는 뜻이다. 즉 태왕이 문덕을 시행하여
사방의 나라들을 화합시켰다는 뜻이니, 태왕은 빈(邠)에 거처했는데, 적인
이 침략을 하자 백성들에게 잔학하게 굴 것을 참지 못하여 곧 기산의 양지
바른 곳으로 옮겨 거주하였으니, 왕업의 기틀이 일어난 것이다. 그렇기 때
문에 "태왕의 덕이다."라고 했다.

訓纂 一切經音義八: 埤蒼以爲蹶, 起也. 禮記"子夏蹶然而起", 謂急疾之
貌也.

번역 『일체경음의』[2] 팔권에서 말하길, 『비창』에서는 궐(蹶)자를 일어
난다고 했다. 『예기』에서는 '자하궐연이기(子夏蹶然而起)'라고 했는데, 급
박한 모습을 뜻한다.

集解 愚謂: 令聞者, 無私之德之著見而不可掩者也. 先其令聞, 謂先有令
聞爾, 非謂三代之王先以令聞爲務也. 然三王皆有令聞, 而周之積累尤久, 故
又引詩以明大王之德, 以見周之先有無私之德者不獨文武已也.

번역 내가 생각하기에, '영문(令聞)'은 사사로움이 없는 덕이 드러나서
감출 수 없는 것을 뜻한다. '선기령문(先其令聞)'은 먼저 아름다운 소문이
들린다는 뜻이니, 이것은 삼대 때의 천자가 우선적으로 아름다운 소문을

---

2) 『일체경음의(一切經音義)』는 당(唐)나라 때의 승려인 혜림(慧琳)이 찬술한
   음운학 서적이다. 불경(佛經)에 나타난 난해한 글자들을 선별하여, 음과 뜻
   을 설명한 책이다. 한편 당나라 때의 승려인 현응(玄應)이 찬술한 음운학 서
   적을 뜻하기도 한다. 『현응음의(玄應音義)』라고도 부른다. 한(漢)나라 때의
   고운(古韻)을 인용하고 있기 때문에, 고대 음운학 연구에 있어서는 중요한
   서적이 된다.

얻기 위해 힘썼다는 뜻이 아니다. 그런데 삼왕에게 모두 아름다운 소문이 들렸었지만, 주나라가 덕을 쌓은 것은 더욱 오래된 일이기 때문에, 시를 인용하여 태왕의 덕을 드러낸 것이니, 이를 통해 주나라의 선조 중에 사사로움이 없는 덕을 갖춘 자는 문왕이나 무왕에만 국한되지 않았음을 드러낸 것이다.

참고 『시』「대아(大雅)·강한(江漢)」

江漢浮浮, (강한부부) : 강수(江水)와 한수(漢水)가 만나 큰물이 힘차게 흐르는데,
武夫滔滔. (무부도도) : 군사들이 넘실대며 흘러가는구나.
匪安匪遊, (비안비유) : 편안하고자 함이 아니며 놀고자 함이 아니니,
淮夷來求. (회이래구) : 회이(淮夷)가 거주하는 곳에 와서 찾고자 함이로다.
旣出我車, (기출아차) : 내 수레를 내리고,
旣設我旟. (기설아여) : 내 깃발을 꼽도다.
匪安匪舒, (비안비서) : 편안하고자 함이 아니며 천천히 하고자 함이 아니니,
淮夷來鋪. (회이래포) : 회이가 거주하는 곳에 와서 정벌하고자 함이로다.

江漢湯湯, (강한탕탕) : 강수와 한수가 만나 넘실거리며 흐르는데,
武夫洸洸. (무부광광) : 군사들의 무용이 뛰어나구나.
經營四方, (경영사방) : 사방의 배반한 나라를 다스리게 하여,
告成于王. (고성우왕) : 왕에게 공적을 아뢰는구나.
四方旣平, (사방기평) : 사방이 평화롭게 되자,
王國庶定. (왕국서정) : 왕국이 다행스럽게 안정되었도다.
時靡有爭, (시미유쟁) : 때로 다툼이 발생하지 않아서,
王心載寧. (왕심재녕) : 천자의 마음이 편안해졌도다.

江漢之滸, (강한지호) : 강수와 한수의 물가에서,
王命召虎, (왕명소호) : 왕이 소호에게 명하시어,

式辟四方, (식벽사방) : 사방의 나라를 개척하고 본받게 하여,

徹我疆土. (철아강토) : 영토의 경계를 구획하라.

匪疚匪棘, (비구비극) : 해를 끼치고자 함이 아니며 겁박하고자 함이 아
　　　　　　　　　 니니,

王國來極. (왕국래극) : 왕국에 와서 정교를 받들게 함이라.

于疆于理, (우강우리) : 이에 경계에 가서 영토를 구획하니,

至于南海. (지우남해) : 남해에 이르렀도다.

王命召虎, (왕명소호) : 왕이 소호에게 명하시어,

來旬來宣. (내순래선) : 사방을 경영하고 구획을 나눔에 힘쓰라.

文武受命, (문무수명) : 문왕과 무왕께서 천명을 받으심에,

召公維翰. (소공유한) : 소공은 근간의 신하가 되었느니라.

無曰予小子, (무왈여소자) : 나 때문이라고 말하지 말지니,

召公是似. (소공시사) : 소공의 업적을 계승했기 때문이니라.

肇敏戎公, (조민융공) : 너의 일을 계획하여 민첩히 한다면,

用錫爾祉. (용석이지) : 너에게 복을 하사하리라.

釐爾圭瓚, (이이규찬) : 너에게 규찬(圭瓚)과,

秬鬯一卣, (거창일유) : 검은 기장술 한 동이를 하사하노니,

告于文人. (고우문인) : 문덕을 갖춘 선조께 아뢰어라.

錫山土田, (석산토전) : 산과 토지를 하사하노니,

于周受命, (우주수명) : 기주(岐周)에서 명을 받들되,

自召祖命. (자소조명) : 너의 선조인 소공이 명을 받든 것처럼 하라.

虎拜稽首, (호배계수) : 소호가 절을 하며 머리를 조아리고서,

天子萬年. (천자만년) : 천자시여 천년만년 누리소서.

虎拜稽首, (호배계수) : 소호가 절을 하며 머리를 조아리고,

對揚王休, (대양왕휴) : 화답하여 천자의 아름다운 덕업을 드날리니,

作召公考, (작소공고) : 이에 소공이 왕명을 이룬 것을 지어,

天子萬壽, (천자만수) : 천자께서 만수무강토록 할 것이며,

明明天子, (명명천자) : 밝고도 밝으신 천자시여,

令聞不已, (영문불이) : 아름다운 명성이 끊이지 않도록 할 것이며,

矢其文德, (시기문덕) : 문덕을 펼쳐서,
洽此四國. (흡차사국) : 사방의 나라를 무젖게 하리라.

毛序 江漢, 尹吉甫美宣王也, 能興衰撥亂, 命召公平淮夷.

모서 「강한(江漢)」편은 윤길보가 선왕(宣王)을 찬미한 시이니, 쇠망한 나라를 일으키고 혼란을 다스려서, 소공에게 명하여 회이를 평정토록 했기 때문이다.

참고 원문비교

예기대전·공자한거(孔子閒居) "三代之王也, 必先其令聞. 詩云, '明明天子, 令聞不已', 三代之德也. '弛其文德, 恊此四國', 大王之德也." 子夏蹶然而起, 負牆而立曰, "弟子敢不承乎?"

공자가어·문옥(問玉) "矢其文德, 協此四國①', 此文王之德也. 凡三代之王, 必先其令問. 詩云, '明明天子, 令問不已', 三代之德也②."

공자가어·논례(論禮) 子夏蹶然而起, 負牆而立曰, "弟子敢不志之?"

王注-① 毛詩矢其文德, 矢, 陳. 協, 和.

번역 『모시』에서는 '시기문덕(矢其文德)'이라고 기록했는데, '시(矢)'자는 진열하다는 뜻이다. '협(協)'자는 조화롭다는 뜻이다.

王注-② 令, 力正反, 下同.

번역 '令'자는 '力(력)'자와 '正(정)'자의 반절음이며, 아래문장에 나오는 글자도 그 음이 이와 같다.

그림 7-1 ◨ 규찬(圭瓚)

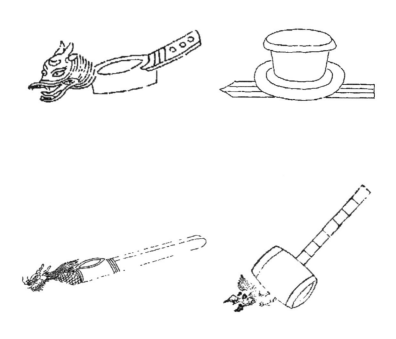

※ **출처**: 상좌-『삼례도집주(三禮圖集注)』14권 ; 상우-『삼례도(三禮圖)』3권
　　　　하좌-『육경도(六經圖)』2권 ; 하우-『삼재도회(三才圖會)』「기용(器用)」1권

仲尼燕居·孔子閒居 人名 및 用語 辭典

ㄱ

◎ 가공언(賈公彦, ?~?) : 당(唐)나라 때의 유학자이다. 정현(鄭玄)을 존숭
   하였다. 예학(禮學)에 조예가 깊었다. 『주례소(周禮疏)』, 『의례소(儀禮
   疏)』 등의 저서를 남겼으며, 이 저서들은 『십삼경주소(十三經注疏)』에
   포함되었다.

◎ 가정본(嘉靖本) : 『가정본(嘉靖本)』에는 간행한 자의 정보가 기록되어
   있지 않다. 『십삼경주소(十三經注疏)』의 판본이다. 20권으로 구성되어
   있으며, 각 권의 뒤편에는 경문(經文)과 그에 따른 주(注)를 간략히 기
   록하고 있다. 단옥재(段玉裁)는 이 판본이 가정(嘉靖) 연간에 송본(宋
   本)을 모방하여 간행된 것이라고 여겼다.

◎ 감본(監本) : 『감본(監本)』은 명(明)나라 국자감(國子監)에서 간행한 『십
   삼경주소(十三經注疏)』의 판본이다.

◎ 개규(介圭) : '개규'는 대규(大圭)를 뜻한다. 허리에 차는 옥(玉)으로 정
   (丁)자 형태로 만들었다.

◎ 개성석경(開成石經) : 『개성석경(開成石經)』은 당(唐)나라 만들어진 석
   경(石經)을 뜻한다. 돌에 경문(經文)을 새겼기 때문에, '석경'이라고 부
   른다. 당나라 때 만들어진 '석경'은 대화(大和) 7년(A.D.833)에 만들기
   시작하여, 개성(開成) 2년(A.D.837)에 완성되었기 때문에, '개성석경'
   이라고도 부르는 것이다.

◎ 경원보씨(慶源輔氏, ?~?) : =보광(輔廣) · 보한경(輔漢卿). 남송(南宋) 때의 학자이다. 자(字)는 한경(漢卿)이고, 호(號)는 잠암(潛庵) · 전이(傳貽)이다. 여조겸(呂祖謙)과 주자(朱子)에게서 학문을 배웠다. 저서로는 『사서찬소(四書纂疏)』, 『육경집해(六經集解)』 등이 있다.

◎ 고문(皐門) : '고문'은 천자의 궁(宮)에 설치된 문들 중에서 가장 바깥쪽에 설치하는 문이다. 높다는 의미의 '고(高)'자가 '고(皐)'자와 통용되므로, 붙여진 명칭이다. 『시』「대아(大雅) · 면(緜)」편에는 "迺立皐門, 皐門有伉."이라는 용례가 있고, 『예기』「명당위(明堂位)」편의 "大廟, 天子明堂. 庫門, 天子皐門. 雉門, 天子應門."이라는 기록에 대해, 정현의 주에서는 "皐之言高也."라고 풀이했다.

◎ 고문송판(考文宋板) : 『고문송판(考文宋板)』은 일본 학자 산정정(山井鼎) 등이 출간한 『칠경맹자고문보유(七經孟子考文補遺)』에 수록된 『예기정의(禮記正義)』를 뜻한다. 산정정은 『예기정의』를 수록할 때, 송(宋)나라 때의 판본을 저본으로 삼았다.

◎ 곡(斛) : '곡'은 곡(斛)이라고도 기록한다. '곡'은 곡식의 양을 재는 기구이자, 그 수량을 표시하는 단위였다. 지역 및 각 시대마다 다소 차이를 보이는데, 고대에는 10두(斗)가 1곡이었다. 『의례』「빙례(聘禮)」편에는 "十斗曰斛."이라는 기록이 있다.

◎ 곡(斛) : =곡(斛)

◎ 곡풍(谷風) : '곡풍'은 동쪽에서 불어오는 바람을 뜻한다. 『이아』「석천(釋天)」편에는 "東風謂之谷風."이라는 기록이 있고, 이에 대한 형병(邢昺)의 소에서는 손염(孫炎)의 주장을 인용하여, "谷之言穀. 穀, 生也; 谷風者, 生長之風也."라고 풀이했다. 즉 '곡풍'의 '곡(谷)'자는 '곡(穀)'자의 뜻이 되는데, '곡(穀)'은 생장시킨다는 뜻이다. 따라서 '곡풍'은 동쪽에서 불어와서 만물을 생장시키는 바람을 뜻한다.

◎ 공씨(孔氏) : =공영달(孔穎達)

◎ 공영달(孔穎達, A.D.574 ~ A.D.648) : =공씨(孔氏). 당대(唐代)의 경학자이다. 자(字)는 중달(仲達)이고, 시호(諡號)는 헌공(憲公)이다. 『오경정의(五經正義)』를 찬정(撰定)하는데 중심적인 역할을 했다.

◎ 곽경순(郭景純) : =곽박(郭璞)

◎ 곽박(郭璞, A.D.276~A.D.324) : =곽경순(郭景純). 진(晉)나라 때의 학자이다. 자(字)는 경순(景純)이다. 저서로는 『이아주(爾雅注)』, 『방언주

(方言注)』,『산해경주(山海經注)』 등이 있다.

◎ 교감기(校勘記) : 『교감기(校勘記)』는 완원(阮元)이 학자들을 모아서 편
   차했던 『십삼경주소교감기(十三經註疏校勘記)』를 뜻한다.

◎ 교기(校記) : 『교기(校記)』는 손이양(孫詒讓)이 지은 『십삼경주소교기
   (十三經注疏校記)』를 뜻한다.

◎ 교사(郊社) : '교사'는 본래 천지(天地)에 대한 제사를 뜻한다. 교(郊)는
   천(天)에 대한 제사를 뜻하고, 사(社)는 지(地)에 대한 제사를 뜻한다.
   '교사(郊祀)'라고도 부르고, '교제(郊祭)'라고도 부른다. 또한 하늘에 대
   한 제사만을 지칭하기도 한다.

◎ 구(區) : '구'는 고대에 사용된 용량을 재는 기구의 명칭이다. 또한 그
   안에 수용되는 양을 표준으로 삼아서, 용량의 단위로 사용되기도 하였
   다. 4두(豆)가 1'구'가 되었으니, 1'구'는 곧 1두(斗) 6승(升)의 용량이
   된다. 『춘추좌씨전』「소공(昭公) 3년」편에는 "齊 舊四量, 豆・區・釜・
   鍾."이라는 기록이 있는데, 이에 대한 두예(杜預)의 주에서는 "四豆爲
   區, 區, 一斗六升."이라고 풀이했다.

◎ 구룡(句龍) : '구룡'은 공공(共工)의 아들이었다고 전해지며, 치수 사업
   을 잘했던 인물이다. 후세에는 그를 후토(后土)의 신(神)으로 여겨서,
   그에게 제사를 지내기도 했다. 『춘추좌씨전』「소공(昭公) 29년」편에는
   "共工氏有子曰句龍, 爲后土."라는 기록이 있다.

◎ 구성(九成) : '구성'은 아홉 번 연주를 한다는 뜻이다. 『서』「우서(虞
   書)・익직(益稷)」편에는 "簫韶九成, 鳳凰來儀."라는 기록이 있고, 이에
   대한 공영달(孔穎達)의 소(疏)에서는 "成猶終也, 每曲一終, 必變更奏.
   故經言九成, 傳言九奏, 周禮謂之九變, 其實一也."라고 풀이했다. 즉 '구
   성'이라고 할 때의 성(成)자는 한 악곡을 끝낸다는 뜻으로, 매 악곡마
   다 연주를 끝내게 되면, 반드시 새롭게 바꿔서 다시 연주를 시작한다.
   그렇기 때문에 '구성'이라고 한 것이며, 공안국(孔安國)의 전(傳)에서
   는 이것을 구주(九奏)라고 풀이하고, 『주례』에서는 구변(九變)이라고
   기록하고 있는데, 이 세 용어의 뜻은 같다.

◎ 구위(九圍) : '구위'는 구주(九州)를 뜻한다. 천하를 아홉 권역으로 나눠
   서 천자의 수도를 둘러싸도록 했기 때문에 구주를 '구위'라고도 부른
   다.

◎ 구주(九州) : '구주'는 9개의 주(州)를 뜻한다. 고대 중국에서는 중원 지

역을 9개의 주로 구분하여, 다스렸다. 따라서 '구주'는 오랑캐 지역과 대비되는 중국 땅을 지칭하는 용어로 사용되었다. '구주'의 포함되는 '주'의 이름들은 각 기록마다 차이를 보인다. 『서』「우서(虞書)·우공(禹貢)」편에는 "禹敷土, 隨山刊木, 奠高山大川. 冀州旣載. …… 濟河惟兗州. 九河旣道. …… 海岱惟靑州. 嵎夷旣略, 濰淄其道. …… 海岱及淮惟徐州, 淮沂其乂, 蒙羽其藝. …… 淮海惟揚州, 彭蠡旣豬, 陽鳥攸居. …… 荊及衡陽惟荊州. 江漢朝宗于海. …… 荊河惟豫州, 伊洛瀍澗, 旣入于河. …… 華陽黑水惟梁州. 岷嶓旣藝, 沱潛旣道. …… 黑水西河惟雍州. 弱水旣西."라는 기록이 있다. 즉『서』에 기록된 '구주'는 기주(冀州)·연주(兗州)·청주(靑州)·서주(徐州)·양주(揚州)·형주(荊州)·예주(豫州)·양주(梁州)·옹주(雍州)이다. 한편『이아』「석지(釋地)」편에는 " 兩河間曰冀州. 河南曰豫州. 河西曰雝州. 漢南曰荊州. 江南曰揚州. 濟河間曰兗州. 濟東曰徐州. 燕曰幽州. 齊曰營州."라는 기록이 있다. 즉『이아』에 기록된 '구주'는『서』의 기록과 달리, '서주'와 '양'주에 대한 기록이 없고, 대신 유주(幽州)와 영주(營州)가 기록되어 있다. 또『주례』「하관(夏官)·직방씨(職方氏)」편에는 "乃辨九州之國使同貫利. 東南曰揚州. …… 正南曰荊州. …… 河南曰豫州. …… 正東曰靑州. …… 河東曰兗州. …… 正西曰雍州. …… 東北曰幽州. …… 河內曰冀州. …… 正北曰幷州."라는 기록이 있다. 즉『주례』에 기록된 '구주'는『서』의 기록과 달리, '서주'와 '양주'에 대한 기록이 없고, 대신 '유주'와 병주(幷州)에 대한 기록이 있다. 이외에도 일부 차이를 보이는 기록들이 있다.

◎ 구하(九夏) : '구하'는 고대의 아홉 가지 악곡을 총칭하는 말이다. '하(夏)'자는 성대하다는 뜻에서 붙여진 명칭이다. 아홉 가지 악곡은 왕하(王夏), 사하(肆夏), 소하(昭夏), 납하(納夏), 장하(章夏), 제하(齊夏), 족하(族夏), 개하(祴夏: =陔夏), 오하(驁夏)이다. '구하'의 쓰임은 다양한데,『주례』에 따르면 '왕하'는 천자가 출입할 때 연주하는 악곡이고, '사하'는 시동이 출입할 때 연주하는 악곡이며, '소하'는 희생물이 출입할 때 연주하는 악곡이고, '납하'는 사방의 빈객들이 찾아왔을 때 연주하는 악곡이며, '장하'는 신하가 공적을 세웠을 때 연주하는 악곡이고, '제하'는 부인이 제사를 지낼 때 연주하는 악곡이며, '족하'는 족인들이 모시고 있을 때 연주하는 악곡이고, '개하'는 빈객이 술을 마시고 밖으

로 나갈 때 연주하는 악곡이며, '오하'는 공(公)이 출입할 때 연주하는 악곡이다. 『주례』「춘관(春官)・종사(鍾師)」편에는 "凡樂事, 以鍾鼓奏九夏: 王夏・肆夏・昭夏・納夏・章夏・齊夏・族夏・祴夏・驚夏."라는 기록이 있고, 이에 대한 정현의 주에서는 두자춘(杜子春)의 주를 인용하여, "杜子春云, '內當爲納, 祴讀爲陔鼓之陔. 王出入奏王夏, 尸出入奏肆夏, 牲出入奏昭夏, 四方賓來奏納夏, 臣有功奏章夏, 夫人祭奏齊夏, 族人侍奏族夏, 客醉而出奏陔夏, 公出入奏驚夏,'"라고 풀이했다.

◎ 궤식(饋食) : '궤식'은 음식을 바친다는 뜻이다. 고대에는 천자 및 제후들이 매월 초하루마다 종묘(宗廟)에서 음식을 바치는 의식을 치렀는데, 이것을 '궤식'이라고도 부른다. 『주례』「춘관(春官)・대종백(大宗伯)」편에는 "以饋食享先王."이라는 기록이 있다. 한편 조사(朝事)를 시행할 때, 조천(朝踐)을 끝낸 뒤, 생고기를 삶아서 재차 바치는 의식을 가리키기도 한다.

◎ 궤전(饋奠) : '궤전'은 상중(喪中)에 시행하는 전제사[奠祭]를 가리킨다.

◎ 금화응씨(金華應氏, ?~?) : =응용(應鏞)・응씨(應氏)・응자화(應子和). 이름은 용(鏞)이다. 자(字)는 자화(子和)이다. 『예기찬의(禮記纂義)』를 지었다.

◎ 기년복(期年服) : '기년복'은 1년 동안 상복(喪服)을 입는다는 뜻이다. 또는 그 기간 동안 입게 되는 상복을 뜻하기도 하는데, 일반적으로 자최복(齊衰服)을 가리키는 용어로 사용된다. '기년복'이라고 할 때의 '기년(期年)'은 1년을 뜻하는데, '자최복'은 일반적으로 1년 동안 입게 되는 상복이 되기 때문이다.

◎ 길제(吉祭) : '길제'는 상례(喪禮)의 단계를 뜻한다. 우제(虞祭)를 지낸 뒤, 졸곡(卒哭)을 하며 제사를 지내게 되는데, 이 단계부터 지내는 제사를 '길제'라고 부른다. 상(喪)은 흉사(凶事)에 해당하는데, 그 이전까지는 슬픔에서 벗어나기 힘들기 때문에 흉제(凶祭) 또는 상제(喪祭)라고 부르며, 이 단계부터는 평상시처럼 길(吉)한 때로 접어들기 때문에 '길제'라고 부른다. 『예기』「단궁하(檀弓下)」편에는 "是月也, 以虞易奠, 卒哭曰成事. 是日也, 以吉祭易喪祭."라는 기록이 있다. 또한 평상시 정규적으로 지내는 제사를 '길제'라고도 부른다.

◎ 남송석경(南宋石經) : 『남송석경(南宋石經)』은 송(宋)나라 고종(高宗) 때 돌에 새긴 『십삼경주소(十三經注疏)』의 판본이다. 그러나 『예기(禮記)』에 대해서는 「중용(中庸)」 1편만을 기록하고 있다.

◎ 남약(南籥) : '남약'은 주(周)나라 문왕(文王) 시대의 악무(樂舞)를 가리킨다. 『춘추좌씨전』「양공(襄公) 29년」편에는 "見舞象箾・南籥者, 曰, 美哉! 猶有憾."이라는 기록이 있다. 이에 대한 공영달(孔穎達)의 소(疏)에서는 "杜云, 皆文王之樂, 則象箾與南籥, 各是一舞. 南籥, 旣是文舞, 則象箾, 當是武舞也."라고 풀이했다. 즉 『춘추좌씨전』에 대한 두예(杜預)의 주에서 이 두 악무를 모두 문왕의 악무라고 하였으니, '상소'와 '남약'은 각각 독립된 하나의 악무이다. 그리고 '남약'은 문무(文舞)가 되므로, '상소'는 무무(武舞)가 된다.

◎ 남전여씨(藍田呂氏, A.D.1040~A.D.1092) : =여대림(呂大臨)・여씨(呂氏)・여여숙(呂與叔). 북송(北宋) 때의 학자이다. 이름은 대림(大臨)이고, 자(字)는 여숙(與叔)이며, 호(號)는 남전(藍田)이다. 장재(張載) 및 이정(二程)형제에게서 수학하였다. 저서로는 『남전문집(藍田文集)』 등이 있다.

◎ 노거(路車) : '노거'는 천자 및 제후 등이 타는 수레이다. 후대에는 귀족들이 타는 수레까지도 지칭하는 용어로 사용되었다. '노거'의 '노(路)'자는 그 뜻이 크다[大]는 의미이다. 따라서 군주가 이용하거나 머무는 장소에 '노'자를 붙여서 부르게 된 것이다. 『춘추좌씨전』「환공(桓公) 2년」편에는 "大路越席."이라는 기록이 있는데, 이에 대한 공영달(孔穎達)의 소(疏)에서는 "路, 訓大也. 君之所在以大爲號, 門曰路門, 寢曰路寢, 車曰路車, 故人君之車, 通以路爲名也."라고 풀이했다.

◎ 노식(盧植, A.D.159?~A.D.192) : =노씨(盧氏). 후한(後漢) 때의 유학자이다. 자(字)는 자간(子幹)이다. 어려서 마융(馬融)을 스승으로 섬겼다. 영제(靈帝)의 건녕(建寧) 연간(A.D.168~A.D.172)에 박사(博士)가 되었다. 채옹(蔡邕) 등과 함께 동관(東觀)에서 오경(五經)을 교정했다. 후에 동탁(董卓)이 소제(少帝)를 폐위시키자, 은거하며 『상서장구(尙書章句)』, 『삼례해고(三禮解詁)』를 저술했지만, 남아 있지 않다.

◎ 노씨(盧氏) : =노식(盧植)

ㄷ

◎ 대무(大武) : '대무'는 주(周)나라 때의 악무(樂舞) 중 하나로, 무왕(武王)에 대한 악무이다. 『주례』「춘관(春官)・대사악(大司樂)」편에는 '대무'에 대한 용례가 나오고, 이에 대한 정현의 주에서는 "大武, 武王樂也."라고 풀이하였다.

◎ 대사례(大射禮) : '대사례'는 제사를 지낼 때, 제사를 돕는 자들을 채택하기 위해 시행하는 활쏘기 대회이다. 천자의 경우에는 '교외 및 종묘[郊廟]'에서 제사를 지낼 때, 제후 및 군신(群臣)들과 미리 활쏘기를 하여, 적중함이 많은 자를 채택하고, 채택된 자로 하여금 천자가 주관하는 제사에 참여하도록 하는 의례(儀禮)이다. 『주례』「천관(天官)・사구(司裘)」편에는 "王大射, 則共虎侯, 熊侯, 豹侯, 設其鵠."이라는 기록이 있는데, 이에 대한 정현의 주에서는 "大射者, 爲祭祀射. 王將有郊廟之事, 以射擇諸侯及群臣與邦國所貢之士可以與祭者. …… 而中多者得與於祭."라고 풀이하였다. 한편 각 계급에 따라 '대사례'의 예법에는 차등이 있었는데, 예를 들어 천자가 시행하는 '대사례'에서는 표적으로 호후(虎侯), 웅후(熊侯), 표후(豹侯)가 사용되었고, 표적지에는 곡(鵠)을 설치했다. 그리고 제후가 시행하는 '대사례'에서는 웅후(熊侯), 표후(豹侯)가 사용되었고, 표적지에 곡(鵠)을 설치했다. 경(卿)과 대부(大夫)의 경우에는 미후(麋侯)를 사용하였고, 표적지에 곡(鵠)을 설치했다.

◎ 대하(大夏) : '대하'는 주(周)나라 때의 악무(樂舞) 중 하나이다. 하(夏)나라 우(禹)임금 때의 악무를 근간으로 삼아서 만든 악무이다.

◎ 도(堵) : '도'는 성곽이나 담장 등을 측량할 때 사용하는 단위이다. 고대에는 판축법을 사용하여 흙을 쌓아 담을 올렸는데, 1개의 판(版) 길이에 5개 판의 높이가 1도(堵)가 된다.

◎ 도비(都鄙) : '도비'는 천자의 수도에 있는 신하 및 자제들의 채지(采地)를 뜻한다. 『주례』「천관(天官)・대재(大宰)」편에는 "以八則治都鄙."라는 기록이 있는데, 이에 대한 정현의 주에서는 "都鄙, 公卿大夫之采邑, 王子弟所食邑."이라고 풀이했고, 손이양(孫詒讓)의 정의(正義)에서는 "凡公卿大夫貴戚有功德, 得世祿者, 皆頒邑以爲其祿, 是謂采邑. 在王子弟無官者, 雖無祿, 而得以恩澤食邑"이라고 풀이했다.

◎ 두(斗) : '두'는 곡식 등의 양을 재는 기구이자, 그 수량을 표시하는 단위였다. 지역 및 각 시대마다 다소 차이를 보이는데, 고대에는 10승(升)이 1두였다.

◎ 두(豆) : '두'는 고대에 사용된 용기(容器)이다. 그 안에 수용되는 양을 표준으로 삼아서, 용량의 단위로 사용되기도 하였다. 4승(升) 만큼을 1'두'라고 불렀다. 『춘추좌씨전』「소공(昭公) 3년」편에는 "齊 舊四量, 豆·區·釜·鍾. 四升爲豆."라는 기록이 있고, 『의례』「사상례(士喪禮)」편에는 "稻米一豆實於筐."이라는 기록이 있는데, 이에 대한 정현의 주에서는 "豆, 四升."이라고 풀이했다. 한편 한 손에 담을 수 있는 양을 일(溢)이라고 부르고, 두 손에 담을 수 있는 양을 국(掬)이라고 부르는데, '국' 4개만큼을 1'두'라고 부른다. 『소이아(小爾雅)』「광량(廣量)」편에는 "一手之盛謂之溢, 兩手謂之掬, 掬四謂之豆, 豆四謂之區."라는 기록이 있다.

◎ 마(禡) : '마'는 군대를 출병할 때 지내는 제사이다. '마'제사와 관련된 예법은 망실되어, 자세한 내용을 알 수 없다. 다만 정벌한 지역에서 지내는 제사로, 병사들을 위해 기도하는 것이 주된 목적이었다. 『예기』「왕제(王制)」편에는 "天子將出征, 類乎上帝, 宜乎社, 造乎禰, 禡於所征之地, 受命於祖, 受成於學."이라는 기록이 있고, 이 문장에 대한 정현의 주에서는 "禡, 師祭也, 爲兵禱, 其禮亦亡."이라고 풀이했다.

◎ 마씨(馬氏) : =마희맹(馬晞孟)

◎ 마언순(馬彦醇) : =마희맹(馬晞孟)

◎ 마희맹(馬晞孟, ?~?) : =마씨(馬氏)·마언순(馬彦醇). 자(字)는 언순(彦醇)이다. 『예기해(禮記解)』를 찬술했다.

◎ 모본(毛本) : 『모본(毛本)』은 명(明)나라 말기 급고각(汲古閣)에서 간행된 『십삼경주소(十三經注疏)』의 판본이다. 급고각은 모진(毛晋)이 지은 장서각이었으므로, 이러한 명칭이 생겼다.

◎ 목록(目錄) : 『목록(目錄)』은 정현이 찬술했다고 전해지는 『삼례목록(三禮目錄)』을 가리킨다. 『십삼경주소(十三經注疏)』에서 인용되고 있지만, 이 책은 『수서(隋書)』가 편찬될 당시에 이미 일실되어 존재하지

않았다. 『수서』「경적지(經籍志)」편에는 "三禮目錄一卷, 鄭玄撰, 梁有
陶弘景注一卷, 亡."이라는 기록이 있다.

◎ 묘(苗) : '묘'는 사냥의 한 종류이다. 동물들이 곡식의 싹을 해치는 것
을 방지하기 위해, 여름에 사냥을 시행했는데, 이러한 뜻에서 여름에
실시하는 사냥을 '묘'라고 불렀다. 참고적으로 각 계절에 따라 사냥의
명칭을 다르게 부르는데, 봄에 실시하는 사냥은 수(蒐)라고 불렀고, 가
을은 선(獮)이라고 불렀으며, 겨울은 수(狩)라고 불렀다. 『춘추좌씨전』
「은공(隱公) 5년」편에는 "故春蒐, 夏苗, 秋獮, 冬狩, 皆於農隙以講事
也."라는 기록이 있는데, 이에 대한 두예(杜預)의 주에서는 "苗, 爲苗
除害也."라고 풀이했다. 한편 일설(一說)에는 봄에 시행하는 사냥을 묘
(苗)라고 부른다고 주장한다. 『춘추공양전』「환공(桓公) 4년」편에는
"春曰苗."라는 기록이 있다.

◎ 무무(武舞) : '무무'는 문무(文舞)와 상대되는 용어이다. 주(周)나라 때
에 생겨났다. 무용수들이 도끼와 방패 등의 병장기를 들고 추는 춤이
다. 통치자의 무공(武功)을 기리는 뜻을 춤으로 표현한 것이다.

◎ 문무(文舞) : '문무'는 무무(武舞)와 상대되는 용어이다. 무용수들이 피
리 및 깃털 등의 도구를 들고 추는 춤이다. 통치자의 치적(治積)을 기
리는 뜻을 춤으로 표현한 것이다.

◎ 민본(閩本) : 『민본(閩本)』은 명(明)나라 가정(嘉靖) 연간 때 이원양(李
元陽)이 간행한 『십삼경주소(十三經注疏)』 판본이다. 한편 『칠경맹자
고문보유(七經孟子考文補遺)』에서는 이 판본을 『가정본(嘉靖本)』으로
지칭하고 있다.

ㅂ

◎ 방각(方慤) : =엄릉방씨(嚴陵方氏)
◎ 방성부(方性夫) : =엄릉방씨(嚴陵方氏)
◎ 방씨(方氏) : =엄릉방씨(嚴陵方氏)
◎ 별록(別錄) : 『별록(別錄)』은 후한(後漢) 때 유향(劉向)이 찬(撰)했다고
전해지는 책이다. 현재는 일실되어 존재하지 않으며, 『한서(漢書)』「예
문지(藝文志)」편을 통해서 대략적인 내용만을 추측해볼 수 있다.
◎ 보개(保介) : '보개'는 수레의 우측에 타는 사람을 가리킨다. 수레의 우

측에 타서, 주인의 시중을 들거나, 주인을 보호하는 임무를 맡았다.『시』「주송(周頌) · 신공(臣工)」편에는 “嗟嗟保介, 維莫之春, 亦又何求, 如何新畬.”라는 기록이 있는데, 이에 대한 정현의 전(箋)에서는 “保介, 車右也. …… 介, 甲也. 車右勇力之士, 被甲執兵也.”라고 풀이했다. 즉 ‘보개’의 개(介)자는 갑옷을 뜻한다. 수레의 우측에 타는 용사(勇士)는 갑옷을 입고 병장기를 들고서, 수레를 보호하는 임무를 맡았기 때문에, 이러한 명칭이 생기게 되었다.

◎ 보광(輔廣) : =경원보씨(慶源輔氏)

◎ 보한경(輔漢卿) : =경원보씨(慶源輔氏)

◎ 사공(司空) : ‘사공’은 주(周)나라 때의 관리로, 토목 공사 및 각종 건설과 기물 제작 등을 주관했다. 전설상으로는 소호(少昊) 시대 때부터 설치되었다고 전해진다. 주나라의 육경(六卿) 중 하나였으며, 동관(冬官)의 수장인 대사공(大司空)에 해당한다. 한(漢)나라 때에는 어사대부(御史大夫)를 ‘대사공’으로 고쳐 불렀고, 대사마(大司馬), 대사도(大司徒)와 함께 삼공(三公)의 반열에 있었다. 후대에는 대(大)자를 빼고 ‘사공’으로 불렀다. 청(淸)나라 때에는 공부상서(工部尙書)를 ‘대사공’으로 부르고, 시랑(侍郞)을 소사공(少司空)으로 불렀다.

◎ 사도(司徒) : ‘사도’는 본래 주(周)나라 때의 관리로, 국가의 토지 및 백성들에 대한 교화(敎化)를 담당했다. 전설상으로는 소호(少昊) 시대 때부터 설치되었다고 전해진다. 주나라의 육경(六卿) 중 하나였으며, 전한(前漢) 애제(哀帝) 원수(元壽) 2년(B.C. 1)에는 승상(丞相)의 관직명을 고쳐서, 대사도(大司徒)라고 불렀고, 대사마(大司馬), 대사공(大司空)과 함께 삼공(三公)의 반열에 있었다. 후한(後漢) 때에는 다시 ‘사도’로 명칭을 고쳤고, 그 이후로는 이 명칭을 계속 사용하다가 명(明)나라 때 폐지되었다. 명나라 이후로는 호부상서(戶部尙書)를 ‘대사도’라고 불렀다.

◎ 사례(食禮) : ‘사례’는 연회의 한 종류이다. ‘사례’는 그 행사에 밥이 있고 반찬이 있는 것이니, 비록 술도 두었지만 마시지는 않았다. 그 예법에서는 밥을 위주로 한 것이기 때문에, ‘사례’라고 부른 것이다.『예기

』「왕제(王制)」편에는 “殷人以食禮.”라는 기록이 있고, 이에 대한 진호 (陳澔)의 주에서는 “食禮者, 有飯有殽, 雖設酒而不飲, 其禮以飯爲主, 故曰食也.”라고 풀이했다. 또한 연회를 범칭하는 말로도 사용된다.

◎ 사례(射禮) : ‘사례’는 활 쏘는 예법을 가리킨다. 고대에는 활쏘기가 문무(文武)에 두루 관련이 있다고 생각하여서 중시하였다. 따라서 행사를 거행할 때에는 이러한 ‘사례’를 실시하였다. ‘사례’에는 대략 4종류가 있다. 즉 대사례(大射禮), 빈사례(賓射禮), 연사례(燕射禮), 향사례(鄕射禮)를 가리키는데, ‘대사례’는 제사를 지내고자 할 때, 제사에 참가하는 사(士)들을 선발하기 위해 실시하는 ‘사례’이다. ‘빈사례’는 제후들이 천자를 찾아뵙거나, 또는 제후들끼리 서로 회동을 할 때에, 활쏘기를 하며 연회를 베푸는 것이다. ‘연사례’는 연회를 즐기며 실시하는 ‘사례’를 뜻한다. ‘향사례’는 향(鄕)을 담당하는 향대부(鄕大夫)가 자신의 행정구역에서 관리로 등용될 사(士)들을 선발한 뒤에, 그들에게 연회를 베풀며 시행하는 ‘사례’이다.

◎ 사하(肆夏) : ‘사하’는 고대의 악곡 이름이다. 구하(九夏) 중 하나이다. ‘구하’에는 왕하(王夏), 사하(肆夏), 소하(昭夏), 납하(納夏), 장하(章夏), 제하(齊夏), 족하(族夏), 개하(祴夏), 오하(驁夏)이다. 종묘(宗廟) 제사 때에는 시동이 출입할 때 이 악곡을 연주하기도 하였다. 『시』의 송(頌)과 같은 것으로, 노래 중에서도 비중이 컸던 것이다. 『악(樂)』이 없어지면서, 이에 대한 음악도 함께 사라지게 되었다. 『주례』「춘관(春官)·대사악(大司樂)」편에는 “王出入則令奏王夏, 尸出入則令奏肆夏, 牲出入則令奏昭夏.”라는 기록이 있고, 이에 대한 정현의 주에서는 “三夏, 皆樂章名.”이라고 풀이했다. 또 『주례』「춘관(春官)·종사(鍾師)」편에는 “鍾師掌金奏. 凡樂事以鍾鼓奏九夏, 王夏·肆夏·昭夏·納夏·章夏·齊夏·族夏·祴夏·驁夏.”라는 기록이 있고, 이에 대한 정현의 주에서는 “九夏皆詩篇名, 頌之族類也. 此歌之大者, 載在樂章, 樂崩亦從而亡.”이라고 풀이했다.

◎ 사향(食饗) : ‘사향’은 술과 음식을 준비하여, 빈객(賓客)들을 대접하거나, 종묘(宗廟)에서 제사를 지내는 등의 일을 뜻한다. 『예기』「악기(樂記)」편에는 “食饗之禮, 非致味也.”라는 기록이 있는데, 이에 대한 공영달(孔穎達)의 소(疏)에서는 “食饗, 謂宗廟祫祭.”라고 풀이했으며, 『공자가어(孔子家語)』「논례(論禮)」편에는 “食饗之禮, 所以仁賓客也.”라는

기록이 있다.

◎ 산음육씨(山陰陸氏, A.D.1042~A.D.1102) : =육농사(陸農師) · 육전(陸佃). 북송(北宋) 때의 유학자이다. 자(字)는 농사(農師)이며, 호(號)는 도산 (陶山)이다. 어려서 집안이 매우 가난했다고 전해지며, 왕안석(王安石) 에게 수학하였으나 왕안석의 신법에 대해서는 반대하였다. 저서로는 『비아(埤雅)』, 『춘추후전(春秋後傳)』, 『도산집(陶山集)』 등이 있다.

◎ 삼례(三禮) : '삼례'는 천(天), 지(地), 종묘(宗廟)에서 지내는 제례(祭禮) 를 뜻한다. 『서』「우서(虞書) · 순전(舜典)」편에는 "帝曰, 咨! 四岳, 有能 典朕三禮."라는 기록이 있는데, 이에 대한 공안국(孔安國)의 전(傳)에 서는 "三禮, 天·地·人之禮."라고 풀이했다.

◎ 삼무(三無) : '삼무'는 소리가 없는 음악[樂], 본체가 없는 예(禮), 상복 (喪服)이 없는 상(喪)을 뜻한다. 이 세 가지는 마음으로만 시행하고, 겉으로 드러나는 형체가 없기 때문에 '삼무'라고 부른다.

◎ 삼무사(三無私) : '삼무사'는 하늘은 사사롭게 덮어주는 것이 없고, 땅은 사사롭게 실어주는 것이 없으며, 해와 달은 사사롭게 비춰주는 것이 없음을 뜻한다.

◎ 삼왕(三王) : '삼왕'은 하(夏), 은(殷), 주(周) 삼대(三代)의 왕을 뜻한다. 『춘추곡량전』「은공(隱公) 8年」편에는 "盟詛不及三王."이라는 기록이 있고, 이에 대한 범녕(範寧)의 주에서는 '삼왕'을 하나라의 우(禹), 은 나라의 탕(湯), 주나라의 무왕(武王)을 지칭한다고 풀이했다. 그리고 『 맹자』「고자하(告子下)」편에는 "五覇者, 三王之罪人也."이라는 기록이 있고, 이에 대한 조기(趙岐)의 주에서는 '삼왕'을 범녕의 주장과 달리, 주나라의 무왕 대신 문왕(文王)을 지칭한다고 풀이했다.

◎ 삼하(三夏) : '삼하'는 고대의 악곡으로 사하(肆夏) · 소하(韶夏) · 납하 (納夏)를 총칭하는 말이다.

◎ 상전(喪奠) : '상전'은 상례(喪禮)를 시행하는 도중 아직 장례(葬禮)를 치르지 않은 상태에서, 음식물들을 진설하며 지내는 전(奠)제사를 뜻 한다.

◎ 상체(嘗禘) : '상체'는 본래 종묘에서 정규적으로 지내는 가을제사인 상 (嘗)과 여름제사인 체(禘)를 합쳐서 부른 말이다. 따라서 '상체'는 종묘 제사를 범칭하는 용어로 사용되었으며, 후대에는 제사 자체를 범칭하 는 용어로도 사용되었다.

◎ 석경(石經) : 『석경(石經)』은 당(唐)나라 개성(開成) 2년(A.D.714)에 돌에 새긴 『십삼경주소(十三經注疏)』의 판본이다. 당나라 국자학(國子學)의 비석에 새겨졌다는 판본이 바로 이것을 가리킨다.

◎ 석량왕씨(石梁王氏, ?~?) : 자세한 이력이 남아 있지 않다.

◎ 석림섭씨(石林葉氏, ?~A.D.1148) : =섭몽득(葉夢得)·섭소온(葉少蘊). 남송(南宋) 때의 유학자이다. 자(字)는 소온(少蘊)이고, 호(號)는 몽득(夢得)이다. 박학다식했다고 전해지며, 『춘추(春秋)』에 대한 조예가 깊었다.

◎ 선(獮) : '선'은 가을철에 실시하는 사냥을 뜻한다. '선'자는 "죽인다[殺]."는 뜻이다. 가을 사냥을 죽인다는 뜻의 '선'자로 부르는 것은 가을의 숙살(肅殺)하는 기운에 따르기 때문이다.

◎ 설문(說文) : =설문해자(說文解字)

◎ 설문해자(說文解字) : 『설문해자(說文解字)』는 후한(後漢) 때의 학자인 허신(許愼)이 찬(撰)했다고 전해지는 자서(字書)이다. 『설문(說文)』이라고도 칭해진다. A.D.100년경에 완성되었다고 전해진다. 글자의 형태, 뜻, 음운(音韻)을 수록하고 있다.

◎ 섭몽득(葉夢得) : =석림섭씨(石林葉氏)

◎ 섭소온(葉少蘊) : =석림섭씨(石林葉氏)

◎ 세본(世本) : 『세본(世本)』은 『세(世)』·『세계(世系)』 등으로 일컬어지기도 한다. 선진시대(先秦時代) 때의 사관(史官)이 기록한 문헌이라고 전해지지만, 진위여부를 확인할 수 없다. 『세본』은 고대의 제왕(帝王), 제후(諸侯) 및 경대부(卿大夫)들의 세계도(世系圖)를 기록한 서적이다. 일실되어 현존하지 않지만, 후대 학자들이 다른 문헌 속에 남아 있는 기록들을 수집하여, 일집본(佚輯本)을 남겼다. 이러한 일집본에는 여덟 종류의 주요 판본이 있는데, 각 판본마다 내용상의 차이를 보이고 있다. 1959년에는 상무인서관(商務印書館)에서 이러한 여덟 종류의 판본을 모아서 『세본팔종(世本八種)』을 출판하였다.

◎ 소소(簫韶) : '소소'는 대소(大韶)라고도 부른다. '대소'는 순(舜)임금 때의 악무(樂舞)이다. 주(周)나라에 와서 육무(六舞) 중 하나로 정착하였다.

◎ 소하(昭夏) : '소하'는 고대의 악곡 이름이다. 구하(九夏) 중 하나이다. 희생물이 출입할 때 연주하는 악곡이며, 제후 또한 사용할 수 있었다.

『주례』 「춘관(春官) · 대사악(大司樂)」 편에는 "牲出入則令奏昭夏."라는 기록이 있다.

◎ 속형(贖刑) : '속형'은 범칙금을 내고 죄를 사면 받는 것을 뜻한다.

◎ 손장명(孫鏘鳴, A.D.1817~A.D.1901) : 청(淸)나라 때의 학자이다. 자(字) 는 소보(紹甫)이고, 호(號)는 거전(蕖田) · 지암(止庵)이다. 손희단(孫 希旦)의 『예기집해(禮記集解)』를 편찬하였다.

◎ 수(蒐) : '수'는 수전(蒐田)이라고도 부른다. 봄에 시행하는 사냥을 뜻 하며, 또한 사냥 전체를 범칭하는 용어로도 사용되었다. '수'자는 "찾 는다[索]."는 뜻으로, 사냥을 할 때 새끼를 잉태하지 않은 동물을 가려 서 잡기 때문에 이러한 명칭이 붙었다.

◎ 수(狩) : '수'는 겨울에 시행하는 사냥을 뜻한다. '수'자는 포위한다는 뜻이다. 겨울에는 만물이 완성되는 시기이므로, 겨울철 사냥에서는 포 위해서 동물을 취하며, 잉태한 동물 등을 가리는 절차가 없게 된다.

◎ 승(升) : '승'은 용량을 재는 단위이다. 지역 및 각 시대마다 다소 차이 를 보이는데, 고대에는 10합(合)을 1승(升)으로 여겼고, 10승(升)을 1 두(斗)로 여겼다. 『한서(漢書)』 「율력지상(律曆志上)」 편에는 "合龠爲合, 十合爲升."이라는 기록이 있다.

◎ 신전(新田) : '신전'은 개간하고 2년이 된 농경지를 뜻한다.

◎ 악본(岳本) : 『악본(岳本)』은 송(頌)나라 악가(岳珂)가 간행한 『십삼경 주소(十三經注疏)』의 판본이다.

◎ 악정(樂正) : '악정'은 음악을 담당했던 관리들의 우두머리를 뜻한다. 정(正)자는 우두머리를 뜻하는 장(長)자와 같다. 한편 『주례』에는 '악 정'이라는 직책은 보이지 않으며, 대신 대사악(大司樂)이라는 직책이 있다. 한편 『의례』 「향사례(鄕射禮)」 편에는 "樂正先升, 北面立于其西." 라는 기록이 있는데, 이에 대한 가공언(賈公彦)의 소(疏)에서는 "案周 禮有大司樂, 樂師, 天子之官. 此樂正, 諸侯及士大夫之官."이라고 풀이 했다. 즉 '악정'은 제후 및 대부(大夫)의 관리였고, 천자에게는 대신 '대사악'과 악사(樂師)라는 관리가 소속되어 있었다. 따라서 간혹 '악 정'을 '대사악'과 같은 의미로 사용하기도 한다.

◎ 양간(楊簡) : =자호양씨(慈湖楊氏)

◎ 양경중(楊敬仲) : =자호양씨(慈湖楊氏)

◎ 양웅(楊雄, B.C.53~A.D.18) : =양웅(揚雄)·양자(揚子). 전한(前漢) 때의 학자이다. 자(字)는 자운(子雲)이다. 사부작가(辭賦作家)로도 명성이 높았다. 왕망(王莽)에게 동조했다는 이유로 송(宋)나라 이후부터는 배척을 당하였다. 만년에는 경학(經學)에 전념하여, 자신을 성현(聖賢)이라고 자처하였다. 참위설(讖緯說) 등을 배척하고, 유가(儒家)와 도가(道家)의 사상을 절충하였다. 저서로는 『법언(法言)』, 『태현경(太玄經)』 등이 있다.

◎ 양웅(揚雄) : =양웅(楊雄)

◎ 양자(揚子) : =양웅(楊雄)

◎ 엄릉방씨(嚴陵方氏, ?~?) : =방각(方慤)·방씨(方氏)·방성부(方性夫). 송대(宋代)의 유학자이다. 이름은 각(慤)이다. 자(字)는 성부(性夫)이다. 『예기집해(禮記集解)』를 지었고, 『예기집설대전(禮記集說大全)』에는 그의 주장이 많이 인용되고 있다.

◎ 여대림(呂大臨) : =남전여씨(藍田呂氏)

◎ 여씨(呂氏) : =남전여씨(藍田呂氏)

◎ 여여숙(呂與叔) : =남전여씨(藍田呂氏)

◎ 여전(畲田) : '여전'은 개간하고 3년이 된 농경지를 뜻한다.

◎ 예기은의(禮記隱義) : 『예기은의(禮記隱義)』는 『예기』에 대한 주석서로 하윤(何胤, A.D.446~A.D.531)의 저작이다.

◎ 오로(五路) : '오로'는 오로(五輅)라고도 기록한다. 고대의 천자가 탔던 다섯 종류의 수레를 뜻한다. 다섯 종류의 수레는 옥로(玉路)·금로(金路)·상로(象路)·혁로(革路)·목로(木路)이다. 또한 왕후(王后)가 탔던 다섯 종류의 수레를 뜻하기도 한다. 왕후가 탔던 다섯 종류의 수레는 중적(重翟)·염적(厭翟)·안거(安車)·적거(翟車)·연거(輦車)이다.

◎ 오미(五味) : '오미'는 다섯 가지 맛을 뜻한다. 맛의 종류를 총칭하는 용어로도 사용된다. '오미'는 구체적으로 산(酸: 신맛), 고(苦: 쓴맛), 신(辛: 매운맛), 함(鹹: 짠맛), 감(甘: 단맛)을 가리킨다. 『예기』「예운(禮運)」편에는 "五味, 六和, 十二食, 還相爲質也."라는 기록이 있는데, 이에 대한 정현의 주에서는 "五味, 酸, 苦, 辛, 鹹, 甘也."라고 풀이하였다.

◎ 오복(五服) : '오복'은 죽은 자와 친하고 소원한 관계에 따라 입게 되는

다섯 가지 상복(喪服)을 뜻한다. 참최복(斬衰服), 자최복(齊衰服), 대공복(大功服), 소공복(小功服), 시마복(緦麻服)을 가리킨다. 『예기』「학기(學記)」편에는 "師無當於五服, 五服弗得不親."이라는 기록이 있는데, 이에 대한 공영달(孔穎達)의 소(疏)에서는 "五服, 斬衰也, 齊衰也, 大功也, 小功也, 緦麻也."라고 풀이했다. 또한 '오복'에 있어서는 죽은 자와 가까운 관계일수록 중대한 상복을 입고, 복상(服喪) 기간도 늘어난다. 위의 '오복' 중 참최복이 가장 중대한 상복에 속하며, 그 다음은 자최복이고, 대공복, 소공복, 시마복 순으로 내려간다.

◎ 오악(五岳) : '오악'은 오악(五嶽)이라고도 부르며, 다섯 방위에 따른 대표적인 산들을 뜻한다. 그러나 각 기록에 따라서 해당하는 산의 명칭에는 다소 차이가 있다. 첫 번째 주장은 동쪽의 태산(泰山), 남쪽의 형산(衡山), 서쪽의 화산(華山), 북쪽의 항산(恒山), 중앙의 숭산(嵩山:=嵩高山)을 '오악'으로 부른다. 『주례』「춘관(春官)·대종백(大宗伯)」편에는 "以血祭祭社稷·五祀·五嶽."이라는 기록이 있는데, 이에 대한 정현의 주에서는 "五嶽, 東曰岱宗, 南曰衡山, 西曰華山, 北曰恒山, 中曰嵩高山."이라고 풀이했다. 두 번째 주장은 동쪽의 태산(泰山), 남쪽의 곽산(霍山), 서쪽의 화산(華山), 북쪽의 항산(恒山), 중앙의 숭산(嵩山)을 '오악'으로 부른다. 『이아』「석산(釋山)」편에는 "泰山爲東嶽, 華山爲西嶽, 翟山爲南嶽, 恒山爲北嶽, 嵩高爲中嶽."이라는 기록이 있다. 세 번째 주장은 동쪽의 대산(岱山), 남쪽의 형산(衡山), 서쪽의 화산(華山), 북쪽의 항산(恒山), 중앙의 악산(嶽山: =吳嶽)을 '오악'으로 부른다. 『주례』「춘관(春官)·대사악(大司樂)」편에는 "凡日月食, 四鎭·五嶽崩."이라는 기록이 있는데, 이에 대한 정현의 주에서는 "五嶽, 岱在兗州, 衡在荊州, 華在豫州, 嶽在雍州, 恒在幷州."라고 풀이했고, 『이아』「석산(釋山)」편에는 "河南, 華; 河西, 嶽; 河東, 岱; 河北, 恒; 江南, 衡."이라고 풀이했다.

◎ 오악(五嶽) : =오악(五岳)

◎ 오유청(吳幼淸) : =오징(吳澄)

◎ 오지(五至) : '오지'는 뜻[志]·시(詩)·예(禮)·악(樂)·슬픔[哀]이 두루 이루어진 최상의 경지를 뜻한다.

◎ 오징(吳澄, A.D.1249~A.D.1333) : =임천오씨(臨川吳氏)·오유청(吳幼淸)·초려오씨(草廬吳氏). 송원대(宋元代)의 유학자이다. 이름은 징

(澄)이다. 자(字)는 유청(幼淸)이다. 저서로 『예기해(禮記解)』가 있다.

◎ 옥편(玉篇) : 『옥편(玉篇)』은 남북조시대(南北朝時代) 때 양(梁)나라 고
야왕(顧野王, A.D.519~581)이 편찬한 자서(字書)이다. 이후 송(宋)나
라 때 증보가 되어, 『대광익회옥편(大廣益會玉篇)』으로 간행되었다.

◎ 왕숙(王肅, A.D.195~A.D.256) : =왕자옹(王子雍). 위진남북조(魏晉南北
朝) 때의 위(魏)나라 경학자이다. 자(字)는 자옹(子雍)이다. 출신지는
동해(東海)이다. 부친 왕랑(王朗)으로부터 금문학(今文學)을 공부했으
나, 고문학(古文學)의 고증적인 해석을 따랐다. 『상서(尙書)』, 『시경
(詩經)』, 『좌전(左傳)』, 『논어(論語)』 및 삼례(三禮)에 대한 주석을 남
겼다.

◎ 왕자옹(王子雍) : =왕숙(王肅)

◎ 왕하(王夏) : '왕하'는 고대의 악곡 이름이다. 구하(九夏) 중 하나이다.
천자가 출입할 때 연주하는 악곡이며, 천자만 사용할 수 있고 제후는
사용할 수 없다. 『주례』 「춘관(春官)·대사악(大司樂)」편에는 "王出入
則令奏王夏."라는 기록이 있다.

◎ 원후(元侯) : '원후'는 제후들의 수장을 뜻한다. 구주(九州) 중 한 개의
주(州)를 대표하는 제후를 목(牧)이라고 하며, 제후국 전체를 동서(東
西)로 구분하여, 각 지역을 대표하는 두 명의 제후를 이백(二伯)이라
고 부른다. '원후'는 '목'과 '이백'을 지칭하는 말이다. 『춘추좌씨전』 「양
공(襄公) 4년」편에는 "三夏, 天子所以享元侯也, 使臣弗敢與聞."이라는
기록이 있는데, 이에 대한 두예(杜預)의 주에서는 "元侯, 牧伯."이라고
풀이했고, 공영달(孔穎達)의 소(疏)에서는 "牧是州長, 伯是二伯, 雖命
數不同, 俱是諸侯之長也."라고 풀이했다. 한편 '원후'는 제후국 중 대
국(大國)의 제후를 가리키는 용어로도 사용된다. 그러나 '목'과 '이백'
등은 모두 대국의 군주이기 때문에, 가리키는 대상은 대체적으로 동일
하다. 『국어(國語)』 「노어하(魯語下)」편에는 "元侯作師, 卿帥之, 以承天
子."라는 기록이 있는데, 이에 대한 위소(韋昭)의 주에서는 "元侯, 大
國之君."이라고 풀이했다.

◎ 유(類) : '유'는 천신(天神)에게 지내는 제사의 일종이다. 『서』 「우서(虞
書)·순전(舜典)」편에는 "肆類于上帝."라는 기록이 있다. '유'제사와 관
련된 예법들은 망실되어 전해지지 않지만, 군대를 출병하게 될 때 상
제(上帝)에게 '유'제사를 지냈다는 기록이 있다. 『예기』 「왕제(王制)」편

에는 "天子將出, 類乎上帝, 宜乎社, 造乎禰."라는 기록이 있고, 이 문장
에 대한 정현의 주에서는 "類·宜·造, 皆祭名, 其禮亡."이라고 풀이했
다.

◎ 유씨(劉氏) : =장락유씨(長樂劉氏)

◎ 유이(劉彝) : =장락유씨(長樂劉氏)

◎ 유집중(劉執中) : =장락유씨(長樂劉氏)

◎ 육기(六氣) : '육기'는 자연 기후의 변화 속에 나타나는 여섯 가지 주요
현상을 뜻한다. 음기(陰氣), 양기(陽氣), 바람[風], 비[雨], 어둠[晦], 밝
음[明]을 뜻한다. 『춘추좌씨전』「소공(昭公) 1년」편에는 "六氣曰陰·
陽·風·雨·晦·明也."라는 기록이 있고, 『장자(莊子)』「재유(在宥)」
편에는 "天氣不和, 地氣鬱結, 六氣不調, 四時不節."이라는 기록이 있는
데, 이에 대한 성현영(成玄英)의 소(疏)에서는 "陰·陽·風·雨·晦·
明, 此六氣也."라고 풀이했으며, 또 『국어(國語)』「주어하(周語下)」편에
대한 위소(韋昭)의 주에서는 "六氣, 陰陽風雨晦明也."라고 풀이했다.

◎ 육농사(陸農師) : =산음육씨(山陰陸氏)

◎ 육덕명(陸德明, A.D.550~A.D.630) : =육원랑(陸元朗). 당대(唐代)의 경
학자이다. 이름은 원랑(元朗)이고, 자(字)는 덕명(德明)이다. 훈고학에
뛰어났으며, 『경전석문(經典釋文)』 등을 남겼다.

◎ 원사(元士) : '원사'는 천자에게 소속된 사(士) 계층 중 하나이다. '사'
계층은 상·중·하로 구분되어, 상사(上士), 중사(中士), 하사(下士)로
나뉜다. 다만 천자에게 소속된 '상사'에게는 제후에게 소속된 '상사'보
다 높여서 '원(元)'자를 붙이게 된다. 그래서 '원사'라고 부르는 것이다.

◎ 육등(六等) : '육등'은 여섯 종류의 계급을 뜻한다. 주로 제후국의 계급
에 해당한다. 순서에 따라 군(君)·경(卿)·대부(大夫)·상사(上士)·
중사(中士)·하사(下士)를 뜻한다. 『맹자』「만장하(萬章下)」편에는 "君
一位, 卿一位, 大夫一位, 上士一位, 中士一位, 下士一位, 凡六等."이라는
기록이 있다.

◎ 육원랑(陸元朗) : =육덕명(陸德明)

◎ 육전(陸佃) : =산음육씨(山陰陸氏)

◎ 육전(六典) : '육전'은 치전(治典), 교전(敎典), 예전(禮典), 정전(政典),
형전(刑典), 사전(事典)을 뜻한다. 고대에 국가를 통치하던 여섯 방면
의 법령을 가리킨다. 국가의 전반적인 통치, 교화, 예법, 전장제도(典

章制度), 형벌, 임무수행에 대한 법이다.『주례』「천관(天官)·대재(大宰)」편에는 "大宰之職, 掌建邦之六典, 以佐王治邦國. 一曰治典, 以經邦國, 以治官府, 以紀萬民. 二曰敎典, 以安邦國, 以敎官府, 以擾萬民. 三曰禮典, 以和邦國, 以統百官, 以諧萬民. 四曰政典, 以平邦國, 以正百官, 以均萬民. 五曰刑典, 以詰邦國, 以刑百官, 以糾萬民. 六曰事典, 以富邦國, 以任百官, 以生萬民."이라는 기록이 있다.

◎ 응문(應門) : '응문'은 궁(宮)의 정문을 가리킨다.『시』「대아(大雅)·면(緜)」편에는 "迺立應門, 應門將將."이라는 기록이 있는데, 이에 대한 모전(毛傳)에서는 "王之正門曰應門."이라고 풀이하였다.

◎ 응씨(應氏) : =금화응씨(金華應氏)

◎ 응용(應鏞) : =금화응씨(金華應氏)

◎ 응자화(應子和) : =금화응씨(金華應氏)

◎ 일체경음의(一切經音義) :『일체경음의(一切經音義)』는 당(唐)나라 때의 승려인 혜림(慧琳)이 찬술한 음운학 서적이다. 불경(佛經)에 나타난 난해한 글자들을 선별하여, 음과 뜻을 설명한 책이다. 한편 당나라 때의 승려인 현응(玄應)이 찬술한 음운학 서적을 뜻하기도 한다.『현응음의(玄應音義)』라고도 부른다. 한(漢)나라 때의 고운(古韻)을 인용하고 있기 때문에, 고대 음운학 연구에 있어서는 중요한 서적이 된다.

◎ 임천오씨(臨川吳氏) : =오징(吳澄)

ㅈ

◎ 자호양씨(慈湖楊氏, A.D.1141~A.D.1226) : =양간(楊簡)·양경중(楊敬仲). 남송(南宋) 때의 학자이다. 자(字)는 경중(敬仲)이고, 호(號)는 자호(慈湖)이며, 시호(諡號)는 문원(文元)이다. 육구연(陸九淵)의 제자이다. 저서로는 『자호선생유서(慈湖先生遺書)』·『양씨역전(楊氏易傳)』 등이 있다.

◎ 장락유씨(長樂劉氏, A.D.1017~A.D.1086) : =유씨(劉氏)·유이(劉彛)·유집중(劉執中). 북송(北宋) 때의 성리학자이다. 자(字)는 집중(執中)이다. 복주(福州) 출신이며, 어려서 호원(胡瑗)에게서 학문을 배웠다.『정속방(正俗方)』,『주역주(周易注)』를 지었으나 현존하지 않는다.『칠경중의(七經中議)』,『명선집(明善集)』,『거이집(居易集)』 등이 남아 있다.

◎ 장락진씨(長樂陳氏) : =진상도(陳祥道)

◎ 전제(奠祭) : '전제'는 죽은 자 및 귀신들에게 음식을 헌상하는 제사이다. 상례(喪禮)를 치를 때, 빈소를 차리고 나면, 매일 아침과 저녁에 음식을 바치며 제사를 지내게 되는데, '전제'는 주로 이러한 제사를 뜻한다.

◎ 정강성(鄭康成) : =정현(鄭玄)

◎ 정사농(鄭司農) : =정중(鄭衆)

◎ 정씨(鄭氏) : =정현(鄭玄)

◎ 정의(正義) : 『정의(正義)』는 『예기정의(禮記正義)』 또는 『예기주소(禮記注疏)』를 뜻한다. 당(唐)나라 때에는 태종(太宗)이 공영달(孔穎達) 등을 시켜서 『오경정의(五經正義)』를 편찬하였는데, 이때 『예기정의』에는 정현(鄭玄)의 주(注)와 공영달의 소(疏)가 수록되었다. 송대(宋代)에는 『오경정의』와 다른 경전(經典)에 대한 주석서를 포함한 『십삼경주소(十三經注疏)』가 편찬되어, 『예기주소』라는 명칭이 되었다.

◎ 정중(鄭衆, ?~A.D.83) : =정사농(鄭司農). 후한(後漢) 때의 경학자이다. 자(字)는 중사(仲師)이다. 부친은 정흥(鄭興)이다. 부친에게 『춘추좌씨전(春秋左氏傳)』의 학문을 전수받았다. 또한 그는 대사농(大司農) 등의 관직을 역임하였기 때문에, '정사농'이라고도 불렀다. 한편 정흥과 그의 학문은 정현(鄭玄)에게 많은 영향을 주었기 때문에, 후대에서는 정현을 후정(後鄭)이라고 불렀고, 정흥과 그를 선정(先鄭)이라고도 불렀다. 저서로는 『춘추조례(春秋條例)』, 『주례해고(周禮解詁)』 등을 지었다고 하지만, 현재는 전해지지 않았다.

◎ 정지(鄭志) : 『정지(鄭志)』는 정현(鄭玄)과 그의 제자들이 오경(五經)에 대해서 문답을 주고받은 내용을 기록한 문헌이다. 『논어』의 형식에 의거하여, 정현의 제자들이 편찬하였다. 『후한서(後漢書)』「장조정열전(張曹鄭列傳)」편에는 "門人相與撰玄荅諸弟子問五經, 依論語作鄭志八篇."라는 기록이 있다.

◎ 정현(鄭玄, A.D.127 ~ A.D.200) : =정강성(鄭康成)·정씨(鄭氏). 한대(漢代)의 유학자이다. 자(字)는 강성(康成)이다. 『주역(周易)』, 『상서(尙書)』, 『모시(毛詩)』, 『주례(周禮)』, 『의례(儀禮)』, 『예기(禮記)』, 『논어(論語)』, 『효경(孝經)』 등에 주석을 하였다.

◎ 주자(冑子) : '주자'는 국자(國子)와 같은 뜻이다. 자 및 공(公), 경(卿), 대부(大夫)의 자제들을 말한다. 때론 상황에 따라 천자의 태자(太子)

및 왕자(王子)를 포함시키지 않는 경우도 있다. 『서』「우서(虞書)・순전(舜典)」편에는 "帝曰, 夔, 命汝典樂, 教冑子."라는 기록이 있는데, 이에 대한 공안국(孔安國)의 전(傳)에서는 "冑, 長也, 謂元子以下至卿大夫子弟."라고 풀이했다.

◎ 진상도(陳祥道, A.D.1159 ～ A.D.1223) : =장락진씨(長樂陳氏)・진씨(陳氏)・진용지(陳用之). 북송대(北宋代)의 유학자이다. 자(字)는 용지(用之)이다. 장락(長樂) 지역 출신으로, 1067년에 과거에 급제하여 태상박사(太常博士) 등을 지냈다. 왕안석(王安石)의 제자로, 그의 학문을 전파하는데 공헌하였다. 저서에는 『예서(禮書)』, 『논어전해(論語全解)』등이 있다.

◎ 진씨(陳氏) : =진상도(陳祥道)

◎ 진용지(陳用之) : =진상도(陳祥道)

ㅊ

◎ 차국(次國) : '차국'은 제후국(諸侯國)의 등급 중 하나이다. 제후국을 등급에 따라 구분하면, 대국(大國), 차국(次國), 소국(小國)으로 구분된다. 영토의 크기, 보유할 수 있는 군대의 수, 휘하에 둘 수 있는 신하의 수가 각 등급에 따라 달라진다.

◎ 창힐(倉頡) : 『창힐(倉頡)』은 또한 『창힐(蒼頡)』・『창힐편(倉頡篇)』・『창힐편(蒼頡篇)』 등으로 부른다. 『창힐』편은 본래 진(秦)나라 때의 이사(李斯)가 만들었다고 전해지는 자서(字書)이다. 본래 어린아이들에게 글자를 가르치기 위해서 작성된 자서(字書)이다. 진시황(秦始皇)이 문자(文字)를 통일한 이후 글자를 익히게 하기 위해서, 소전체(小篆體)로 작성되었다. 한(漢)나라 때에는 『창힐(倉頡)』, 『원력(爰歷)』, 『박학(博學)』을 합쳐서 한 권을 책으로 만들었고, 이것을 통칭하여 『창힐편』 또는 『삼창(三倉)』・『삼창(三蒼)』 등으로 불렀다.

◎ 채옹(蔡邕, A.D.131~A.D.192) : 후한(後漢) 때의 학자이다. 자(字)는 백개(伯喈)이다. A.D.189년 동탁(董卓)에게 발탁되어, 시어사(侍御史)와 좌중랑장(左中郎將) 등을 역임하였으나, 동탁이 죽은 후 투옥되어 옥중에서 죽었다. 박학하였으며 술수(術數), 천문(天文), 사장(辭章) 등에 조예가 깊었다.

◎ 청기(請期) : '청기'는 혼례 절차 중 하나이다. 남자 집안에서 여자 집안에 예물을 보낸 뒤에, 혼인하기에 좋은 길일(吉日)을 점치게 된다. 길(吉)한 날을 잡게 되면, 여자 집안에 통보를 하며 가부(可否)를 묻게 되는데, 이 절차가 바로 '청기'이다.

◎ 체제(禘祭) : '체제'는 천신(天神) 및 조상신(祖上神)에게 지내는 '큰 제사[大祭]'를 뜻한다. 『이아』「석천(釋天)」편에는 "禘, 大祭也."라는 기록이 있고, 이에 대한 곽박(郭璞)의 주에서는 "五年一大祭."라고 풀이하여, 대제(大祭)로써의 체제사는 5년마다 1번씩 지낸다고 설명한다. 그러나 『예기』「왕제(王制)」에 수록된 각종 제사들에 대한 기록을 살펴보면, 체제사는 큰 제사임에는 분명하나, 반드시 5년마다 1번씩 지내는 제사는 아니었다.

◎ 초려오씨(草盧吳氏) : =오징(吳澄)

◎ 총토(冢土) : '총토'는 토지신을 뜻한다. 『서』「주서(周書) · 태서상(泰誓上)」편에는 "宜于冢土."라는 기록이 있는데, 이에 대한 공안국(孔安國)의 전(傳)에서는 "冢土, 社也."라고 풀이했다. 그리고 『시』「대아(大雅) · 면(綿)」편에는 "迺立冢土, 戎醜攸行."이라는 기록이 있는데, 이에 대한 모전(毛傳)에서는 "冢土, 大社也."라고 풀이했다.

◎ 출조(出祖) : '출조'는 외부로 출타하게 되었을 때, 도로의 신(神)에게 제사를 지낸다는 뜻이다. 『시(詩)』「대아(大雅) · 한혁(韓奕)」편에는 "韓侯出祖, 出宿于屠."라는 기록이 있는데, 이에 대한 공영달(孔穎達)의 소(疏)에서는 "言韓侯出京師之門, 爲祖道之祭."라고 풀이했다. 즉 한후(韓侯)가 수도의 문을 빠져나감에, 도로의 신에게 지내는 제사를 지냈음을 뜻한다.

◎ 친영(親迎) : '친영'은 혼례(婚禮)에서 시행하는 여섯 가지 예식(禮式) 중 하나이다. 사위될 자가 여자 집에 가서 혼례를 치르고, 자신의 집으로 데려오는 예식을 뜻한다.

ㅍ

◎ 팔법(八法) : '팔법'은 관속(官屬), 관직(官職), 관련(官聯), 관상(官常), 관성(官成), 관법(官法), 관형(官刑), 관계(官計)를 뜻한다. 국가를 통치하기 위해 마련된 법(法)을 뜻하는 것으로, 앞서 열거했던 여덟 가지

항목들은 국가에 소속된 관리들과 백성들에게 통상적으로 적용되는 여덟 가지 법률 가리킨다. 첫 번째 ‘관속(官屬)’은 『주례』에 기록된 천관(天官), 지관(地官), 춘관(春官), 하관(夏官), 추관(秋官), 동관(冬官) 등 여섯 개의 관부를 뜻하는 말이며, 각각의 관부에는 60개의 관직이 소속되어 있다. 그렇기 때문에 ‘관속’이라고 부르는 것으로, 이러한 ‘관속’을 통해서 국가의 정치를 시행하게 된다. 두 번째 ‘관직(官職)’은 여섯 관부에서 각자 맡고 있는 직무를 뜻한다. 직무는 또한 그 분야에 따라 치직(治職), 교직(敎職), 예직(禮職), 정직(政職), 형직(刑職), 사직(事職) 등 여섯 가지로 나뉘는데, ‘관직’은 이러한 여섯 가지 직무를 통해 국가의 정치를 분야별로 구분하는 것이다. 세 번째 ‘관련(官聯)’은 국가의 큰 행사가 있을 때, 관련된 임무를 협조하여 함께 시행한다는 뜻으로, 이러한 ‘관련’을 통해 각 관부의 기능과 치적을 규합하게 된다. 네 번째 ‘관상(官常)’은 각 관부에게 고유하게 주어진 각자의 임무를 뜻한다. 이러한 임무들은 각 관부에서 일상적으로 시행하는 것들을 뜻한다. 다섯 번째 ‘관성(官成)’은 일종의 규범으로, 각 관부에서 업무를 처리하며 작성한 문서들이다. 각 사안마다 일을 처리하는 방식을 기록하여, 새로운 업무를 처리할 때 참고하여 따르게 된다. 여섯 번째 ‘관법(官法)’은 각 관부에서 따르고 있는 규율 및 법칙을 뜻한다. 즉 각 관부에서는 해당 부서의 규율 및 법칙에 따라 임무를 시행하며, 국가의 각 분야를 통치한다는 뜻이다. 일곱 번째 ‘관형(官刑)’은 각종 형벌 제도를 뜻한다. ‘관형’에 따라서 국가의 규율을 세우게 된다. 여덟 번째 ‘관계(官計)’는 각 관부의 치적을 평가하여 상벌을 시행하는 것이다. 『주례』「천관(天官)・대재(大宰)」편에는 “以八法治官府. 一曰官屬, 以擧邦治. 二曰官職, 以辨邦治. 三曰官聯, 以會官治. 四曰官常, 以聽官治. 五曰官成, 以經邦治. 六曰官法, 以正邦治. 七曰官刑, 以糾邦治. 八曰官計, 以弊邦治.”라는 기록이 있다.

◎ 팔칙(八則) : ‘팔칙’은 제사(祭祀), 법칙(法則), 폐치(廢置), 녹위(祿位), 부공(賦貢), 예속(禮俗), 형상(刑賞), 전역(田役)을 뜻한다. 도비(都鄙)를 다스리던 여덟 가지 법령을 의미한다. ‘제사’는 채지(采地)에 포함된 대상들에 대해서 제사를 지냄으로써 귀신들을 좋은 쪽으로 인도하는 것이다. ‘법칙’은 관부에서 따르고 있는 제도이니, 제도에서 벗어나지 않게끔 하여 관부를 좋은 쪽으로 인도하는 것이다. ‘폐치’는 잘못을

저질렀거나 무능한 자라면 물러나게 하고 현명하고 유능한 자라면 등용하는 것으로, 이를 통해 아전들을 좋은 쪽으로 인도하는 것이다. '녹위'는 학사(學士)들 중에서 뛰어난 행실과 학문적 성취가 높은 자를 가려서 녹봉과 작위를 주는 것으로, 이를 통해 학사들을 좋은 쪽으로 인도하는 것이다. '부공'은 채지(采地)의 백성들에게서 세금을 거두고, 관부에서 재화의 쓰임을 절제함으로써 재화의 쓰임을 좋은 쪽으로 인도하는 것이다. '예속'은 예법에 따라 풍속을 변화하고, 백성들이 그에 따라 행동하도록 만들어서 백성들을 좋은 쪽으로 인도하는 것이다. '형상'은 죄를 지은 자에게는 형벌을 부여하고 공을 이룬 자에게는 상을 하사하여 백성들을 좋은 쪽으로 인도하고 위엄을 외경하게 만드는 것이다. '전역'은 사냥을 하며 백성들을 동원할 때, 그들이 농사를 지어야 할 시기를 놓치지 않게끔 하여 대중들을 좋은 쪽으로 인도하는 것이다. 『주례』「천관(天官) · 대재(大宰)」편에는 "以八則治都鄙: 一曰祭祀, 以馭其神; 二曰法則, 以馭其官; 三曰廢置, 以馭其吏; 四曰祿位, 以馭其士; 五曰賦貢, 以馭其用; 六曰禮俗, 以馭其民; 七曰刑賞, 以馭其威; 八曰田役, 以馭其衆."이라는 기록이 있다.

ㅎ

◎ 합(合) : '합'은 용량을 재는 단위이다. 10분의 1승(升)이다. 『손자산경(孫子算經)』에서는 "十抄爲一勺, 十勺爲一合, 十合爲一升."이라고 했다. 즉 10초(抄)는 1작(勺)이 되고, 10작(勺)은 1합(合)이 되며, 10합(合)은 1승(升)이 된다는 뜻이다. 또 유향(劉向)의 『설원(說苑)』「변물(辨物)」편에서는 "千二百黍爲一龠, 十龠爲一合, 十合爲一升."이라고 했다. 즉 서(黍) 1,250개의 알갱이는 1약(龠)이 되고, 10약(龠)은 1합(合)이 되며, 10합(合)은 1승(升)이 된다는 뜻이다.

◎ 향례(饗禮) : '향례'는 연회의 한 종류이다. 또한 연회를 범칭하는 용어로도 사용된다. 본래 '향례'를 시행할 때에는 희생물을 통째로 바치지만, 그것을 먹지는 않는다. 또 술잔을 가득 채우지만, 마시지는 않으며, 자리에 서 있기만 하고, 앉지는 않는다. 또한 신분의 존비(尊卑)에 의거해서 술잔을 바치게 되는데, 정해진 술잔 바치는 회수가 끝나면, 의식을 끝낸다. 다만 숙위(宿衛)들과 기로(耆老) 및 고아들에게 향례를

할 때에는 술을 취할 때까지 마시게 하는 것을 법도로 삼았다.

◎ 향사례(鄕射禮) : '향사례'는 활쏘기를 하며 음주를 했던 의례(儀禮)이
다. 크게 두 가지로 나뉘는데, 하나는 지방의 수령이 지방학교인 서
(序)에서 사람들을 모아서 활쏘기를 익히며 음주를 했던 의례이고, 다
른 하나는 향대부(鄕大夫)가 3년마다 치르는 대비(大比)라는 시험을
끝내고 공사(貢士)를 한 연후에, 향대부가 향로(鄕老) 및 향인(鄕人)들
과 향학(鄕學)인 상(庠)에서 활쏘기를 익히고 음주를 했던 의례이다.『
주례』「지관(地官)·향대부(鄕大夫)」편에는 "退而以鄕射之禮五物詢衆
庶."라는 기록이 있는데, 이에 대한 손이양(孫詒讓)의『정의(正義)』에
서는 "退, 謂王受賢能之書事畢, 鄕大夫與鄕老, 則退各就其鄕學之庠而
與鄕人習射, 是爲鄕射之禮."라고 풀이하였다.

◎ 향악(鄕樂) : '향악'은 향당(鄕黨) 및 향리(鄕里) 등에서 사용하는 음악
을 뜻한다.『시』의「풍(風)」에 해당하는 시편들을 뜻하기도 한다.

◎ 향음례(鄕飮禮) : '향음례'는 '향음주례(鄕飮酒禮)'라고도 부른다. 주(周)
나라 때에는 향학(鄕學)에서 3년마다 대비(大比)라는 시험을 치러서,
선발된 자들을 천거하였다. 이러한 행사를 실시할 때 향대부(鄕大夫)
는 음주 연회의 자리를 만들어서, 선발된 자들에게 빈례(賓禮)에 따라
대접을 하며, 그들에게 술을 따라주었는데, 이 의식을 '향음례' 또는
'향음주례'라고 불렀다.『의례』「향음주례(鄕飮酒禮)」편에 대한 가공언
(賈公彦)의 소(疏)에서는 정현의『삼례목록(三禮目錄)』을 인용하여,
"諸侯之鄕大夫三年大比, 獻賢者能於其君, 以賓禮待之, 與之飮酒. 於五
禮屬嘉禮."라고 풀이했다. 또한 일반적으로 음주를 즐기며 연회를 하
는 것을 뜻하기도 한다.

◎ 호천상제(昊天上帝) : '호천상제'는 호천(昊天)과 상제(上帝)로 구분하여
해석하기도 하며, '호천상제'를 하나의 용어로 해석하기도 한다. 후자
의 경우 '호천'이라는 말은 '상제'를 수식하는 말이다. 고대에는 축호
(祝號)라는 것을 지어서 제사 때의 용어를 수식어로 꾸미게 되는데,
'호천상제'의 경우는 '상제'에 대한 축호에 해당하며, 세분하여 설명하
자면 신(神)의 명칭에 수식어를 붙이는 신호(神號)에 해당한다.『예기
』「예운(禮運)」편에는 "作其祝號, 玄酒以祭, 薦其血毛, 腥其俎, 孰其骰."
라는 기록이 있고, 이에 대한 진호(陳澔)의 주에서는 "作其祝號者, 造
爲鬼神及牲玉美號之辭. 神號, 如昊天上帝."라고 풀이했다. '호천'과 '상

제'로 풀이할 경우, '상제'는 만물을 주재하는 자이며, '상천(上天)'이라고도 불렀다. 고대인들은 길흉(吉凶)과 화복(禍福)을 내릴 수 있는 능력을 갖추고 있었다고 생각하였다. 한편 '상제'는 오행(五行) 관념에 따라 동·서·남·북·중앙의 구분이 생기면서, 천상을 각각 나누어 다스리는 오제(五帝)로 설명되기도 한다. '호천'의 경우 천신(天神)을 뜻하는데, '상제'와 비슷한 개념이다. '호천'을 '상제'보다 상위의 개념으로 해석하여, 오제 위에서 군림하는 신으로 해석하는 경우도 있다.

◎ 황간(皇侃, A.D.488~A.D.545) : =황씨(皇氏). 남조(南朝) 때 양(梁)나라의 경학자이다. 『주례(周禮)』, 『의례(儀禮)』, 『예기(禮記)』 등에 해박하여, 『상복문구의소(喪服文句義疏)』, 『예기의소(禮記義疏)』, 『예기강소(禮記講疏)』 등을 지었지만, 현재는 전해지지 않는다. 그 일부가 마국한(馬國翰)의 『옥함산방집일서(玉函山房輯佚書)』에 수록되어 있다.

◎ 황씨(皇氏) : =황간(皇侃)

◎ 황천(皇天) : '황천'은 천신(天神)을 높여 부르는 말로, 황천상제(皇天上帝)를 뜻한다. '황천상제'는 또한 상제(上帝), 천제(天帝) 등으로 지칭되기도 한다. 한편 '황천'과 '상제'를 별개의 대상으로 풀이하기도 한다.

◎ 후직(后稷) : '후직'은 전설상의 인물이다. 주(周)나라의 선조(先祖) 중한 사람이다. 강원(姜嫄)이 천제(天帝)의 발자국을 밟고 회임을 하여 '후직'을 낳았는데, 불길하다고 생각하여 버렸기 때문에, 이름을 기(棄)로 지어졌다 한다. 이후 순(舜)이 '기'를 등용하여 농사를 담당하는 신하로 임명해서, 백성들에게 농사짓는 법을 가르쳤기 때문에, '후직'으로 일컬어지게 되었다. 『시』「대아(大雅)·생민(生民)」편에는 "厥初生民, 時維姜嫄. …… 載生載育, 時維后稷."이라는 기록이 있다. 한편 농사를 주관하는 관리를 '후직'으로 부르기도 한다.

번역 참고문헌

- 『禮記』, 서울 : 保景文化社, 초판 1984 (5판 1995) / 저본으로 삼은 책이다.
- 『禮記正義』 1~4(전4권, 『十三經注疏 整理本』 12~15), 北京 : 北京大學出版社, 초판 2000 / 저본으로 삼은 책이다.
- 朱彬 撰, 『禮記訓纂』 上・下(전2권), 北京 : 中華書局, 초판 1996 (2쇄 1998) / 저본으로 삼은 책이다.
- 孫希旦 撰, 『禮記集解』 上・中・下(전3권), 北京 : 中華書局, 초판 1989 (4쇄 2007) / 저본으로 삼은 책이다.
- 服部宇之吉 評點, 『禮記』, 東京 : 富山房, 초판 1913 (증보판 1984) / 鄭玄 注 번역에 대해 참고했던 서적이다.
- 竹內照夫 著, 『禮記』 上・中・下(전3권), 東京 : 明治書院, 초판 1975 (3판 1979) / 經文에 대한 이해에 참고했던 서적이다.
- 市原亨吉 외 2명 著, 『禮記』 上・中・下(전3권), 東京 : 集英社, 초판 1976 (3쇄 1982) / 經文에 대한 이해에 참고했던 서적이다.
- 陳澔 注, 『禮記集說』, 北京 : 中國書店, 초판 1994 / 『集說』에 대한 번역에 참고했던 서적이다.
- 王文錦 譯解, 『禮記譯解』 上・下(전2권), 北京 : 中華書局, 초판 2001 (4쇄 2007) / 經文 및 주석 번역에 참고했던 서적이다.
- 錢玄・錢興奇 編著, 『三禮辭典』, 南京 : 江蘇古籍出版社, 초판 1998 / 용어 및 器物 등에 대해 참고했던 서적이다.
- 張撝之 外 主編, 『中國歷代人名大辭典』 上・下권(전2권), 上海 : 上海古籍出版社, 초판 1999 / 인명에 대해 참고했던 서적이다.
- 呂宗力 主編, 『中國歷代官制大辭典』, 北京 : 北京出版社, 초판 1994 (2쇄 1995) / 관직명에 대해 참고했던 서적이다.
- 中國歷史大辭典編纂委員會 編纂, 『中國歷史大辭典』 上・下(전2권), 上海 : 上海辭書出版社, 초판 2000 / 용어 및 인명에 대해 참고했던 서적이다.
- 羅竹風 主編, 『漢語大詞典』 1~12(전12권), 上海 : 漢語大詞典出版社,

초판 1988 (4쇄 1995) / 용어에 대해 참고했던 서적이다.

- 王思義 編集, 『三才圖會』上·中·下(전3권), 上海 : 上海古籍出版社, 초판 1988 (4쇄 2005) / 器物 등에 대해 참고했던 서적이다.
- 聶崇義 撰, 『三禮圖集注』(四庫全書 129책) / 器物 등에 대해 참고했던 서적이다.
- 劉績 撰, 『三禮圖』(四庫全書 129책) / 器物 등에 대해 참고했던 서적이다.

역자 **정병섭(鄭秉燮)**

- 1979년 출생
- 2002년 성균관대학교 유교철학과 졸업
- 2004년 성균관대학교 대학원 유학과 석사
- 2013년 성균관대학교 대학원 유학과 철학박사
- 현재 『역주 예기집설대전』 완역을 위해 번역중이며,
  이후 『의례』, 『주례』, 『대대례기』 시리즈 번역과
  한국유학자들의 예학 관련 저작들의 번역을 계획 중이다.

예기집설대전 목록

譯註
禮記集說大全 仲尼燕居・孔子閒居

編　陳澔(元)
附　正義・訓纂・集解

초판 인쇄　2016년　2월 11일
초판 발행　2016년　2월 20일

역　　　자 ｜ 정병섭
펴 낸 이 ｜ 하운근
펴 낸 곳 ｜ 學古房

주　　　소 ｜ 경기도 고양시 덕양구 통일로 140 삼송테크노밸리 A동 B224
전　　　화 ｜ (02)353-9908　편집부(02)356-9903
팩　　　스 ｜ (02)6959-8234
홈페이지 ｜ http://hakgobang.co.kr/
전자우편 ｜ hakgobang@naver.com, hakgobang@chol.com
등록번호 ｜ 제311-1994-000001호

ISBN　　　978-89-6071-565-3　94150
　　　　　978-89-6071-267-6　(세트)

값 : 24,000원

이 도서의 국립중앙도서관 출판시도서목록(CIP)은 서지정보유통지원시스템 홈페이지(http://seoji.
nl.go.kr)와 국가자료공동목록시스템(http://www.nl.go.kr/kolisnet)에서 이용하실 수 있습니다.
(CIP제어번호: CIP2016003652)